COLLECTION
FOLIO ESSAIS

L'âge de la régression

Sous la direction de
Heinrich Geiselberger

ARJUN APPADURAI, ZYGMUNT BAUMAN,
NANCY FRASER, EVA ILLOUZ, IVAN KRASTEV,
BRUNO LATOUR, PAUL MASON, PANKAJ MISHRA,
ROBERT MISIK, OLIVIER NACHTWEY,
DONATELLA DELLA PORTA, CÉSAR RENDUELES,
WOLFGANG STREECK, DAVID VAN REYBROUCK,
SLAVOJ ŽIŽEK

Traduit de l'anglais et de l'allemand
par Frédéric Joly
et de l'espagnol par Jean-Marie Saint-Lu

Gallimard

Titre original :
DIE GROSSE REGRESSION
EINE INTERNATIONALE DEBATTE
ÜBER DIE GEISTIGE SITUATION DER ZEIT

Les contributions d'Arjun Appadurai, Zygmunt Bauman, Nancy Fraser, Eva Illouz, Ivan Krastev, Paul Mason, Pankaj Mishra, Donatella della Porta, David Van Reybrouck et Slavoj Žižek ont été traduites de l'anglais par Frédéric Joly. La préface de Heinrich Geiselberger ainsi que les contributions de Robert Misik, Oliver Nachtwey et Wolfgang Streeck ont été traduites de l'allemand par Frédéric Joly. La contribution de César Rendueles a été traduite de l'espagnol par Jean-Marie Saint-Lu. La contribution de Bruno Latour a été écrite en français.

Préface

> « Lorsqu'un ordre mondial s'effondre, il est temps de réfléchir à son sujet. »
>
> ULRICH BECK, 2011[1]

L'idée de ce livre a germé à la fin de l'automne 2015, au lendemain des attentats du 13 novembre qui venaient de frapper cruellement Paris, et à un moment où, en Allemagne, les débats sur l'arrivée de centaines de milliers de migrants prenaient une tournure toujours plus polémique. La manière dont ces événements étaient abordés par la classe politique, par les médias, par la sphère publique en général, donnait le sentiment que le monde, brutalement, laissait tomber des valeurs et critères normatifs qui avaient été jadis arrachés de haute lutte et qui, jusqu'alors, étaient tenus pour acquis.

Les régions du monde où toute structure étatique est désormais balayée ne cessent de se multiplier, et il existe un rapport immédiat entre ce fait et des phénomènes comme le terrorisme et la migration. La plupart des personnes qui, en

2016, ont demandé l'asile à l'Allemagne venaient de Syrie, d'Afghanistan et d'Irak — trois pays que l'ONG Fund of Peace classe en tête du « Fragile States Index », la liste des États fragiles[2]. Alors que, durant des siècles, les taches blanches sur les mappemondes — ces taches qui signalaient des zones inconnues de tous — n'ont pas cessé de s'amenuiser, il semble désormais que nous soyons engagés dans le processus inverse : l'époque de Google Maps est aussi celle de la multiplication de ces zones dont on ne sait que peu de choses et qui, jadis, sur les cartes, se voyaient apposer la mention « Hic sunt leones » (« Ici sont les lions »).

Nombre de réactions politiques aux attaques terroristes et aux mouvements migratoires se sont à leur tour conformées à un modèle que l'on pourrait présenter comme celui de la « sécurisation », une politique symbolique post-démocratique axée sur cette idée de sécurisation : les appels à édifier des clôtures, et même à ouvrir le feu aux frontières, se sont faits plus bruyants ; le président français a décrété l'état d'urgence, expliquant que le pays se trouvait en guerre. Incapables de se confronter, avec les outils de l'État-nation, aux causes globales de ces grands défis que sont la migration, le terrorisme ou les inégalités grandissantes, incapables de s'y confronter au moyen de stratégies à long terme, les hommes politiques misent toujours plus, à l'échelle nationale, sur l'attelage « Law and Order », ainsi que sur la promesse de rendre toujours plus « grandes » leurs nations respectives[3]. À l'évidence, on ne peut plus offrir grand-chose, en un temps d'austérité, aux citoyennes et citoyens — qu'ils soient salariés, étudiants ou usagers de l'infrastructure publique. Le centre de gravité de l'agir politique se déplace donc en direction de ces autres dimensions que sont l'appartenance nationale, les promesses de sécurité et de restauration de la grandeur d'antan.

On pourrait poursuivre presque à l'envi la liste des symptômes actuels de régression : désir nostalgique d'une dé-globalisation anarchique et unilatérale ; consolidation des mouvements identitaires, par exemple en France, en Italie et en Autriche ; propagation du racisme et de l'islamophobie ; forte augmentation des « crimes de haine » ; et, bien évidemment, montée en puissance de démagogues autoritaires du type Rodrigo Duterte, Recep Tayyip Erdoğan ou encore Narendra Modi…

Tout cela s'accompagna, dès la fin de l'automne 2015, d'une hystérisation et d'une brutalisation extrêmes des débats publics, les grands médias audiovisuels ayant souvent fait preuve à cet égard d'un certain esprit moutonnier. Il semblait désormais impossible de traiter de la migration sans recourir à des termes du type « catastrophe naturelle » ou « épidémie ». Au lieu d'en appeler à un peu plus de flegme et au pragmatisme, au lieu de recontextualiser ces événements dans l'Histoire, et donc de relativiser leur ampleur, on présenta, en Allemagne, la menace terroriste et la migration comme les plus grands défis à surmonter depuis, non pas la réunification, mais la Deuxième Guerre mondiale — rien de moins que cela. Enfin, des expressions du genre « presse mensongère »,

« dictature de la chancelière » ou encore « traîtres au peuple » se mirent soudainement à circuler et à se diffuser dans les manifestations comme sur Internet.

Ce livre traite de ces différents symptômes, et d'autres encore, en les désignant sous le terme de « grande régression ». Il ne faut certes pas en déduire que ses auteurs partageraient une croyance fort naïve au progrès, comme cette notion pourrait peut-être le laisser accroire. Il s'est plutôt agi de formaliser un sentiment — le sentiment que des effets crémaillères sont désormais à l'œuvre dans nos sociétés et qu'un processus de « dé-civilisation » s'est mis en branle sous nos yeux[4]. Mais ce terme de grande régression vient dans le même temps désigner un phénomène plus large et assez intrigant : le fait que tout ce qui avait pu être écrit, il y a presque vingt ans de cela, sur les répercussions, alors encore à venir, de la globalisation s'est avéré pour l'essentiel exact, sans que la moindre leçon en soit tirée pour autant — donnant ainsi le sentiment d'un important retour en arrière intellectuel. On s'est rappelé à maintes reprises, dès l'élection de Donald Trump, deux mises en garde qui, vues d'aujourd'hui, s'avèrent prophétiques. On s'est souvenu d'une phrase de Ralf Dahrendorf[5], qui avait affirmé que le XXIe siècle pourrait bien être le « siècle de l'autoritarisme[6] ». Et du livre de Richard Rorty sur la pensée de gauche américaine au XXe siècle[7], dans lequel le philosophe se penchait sur les répercussions de la globalisation (ainsi que sur le rôle de la « gauche culturelle ») et où il listait toutes les régressions auxquelles, à ses yeux, il allait falloir s'attendre : montée en puissance de « démagogues ordinaires », aggravation des inégalités sociales et économiques, émergence d'un « monde orwellien », retour du « sadisme », explosion du ressentiment et des manifestations de dénigrement visant les femmes comme les membres de minorités[8]...

Le volume collectif où l'on trouve la formule de Dahrendorf que je viens de citer fut publié en 1998, à un moment où une première vague de réflexions approfondies sur la globalisation connaissait son point culminant. Quand on consulte les ouvrages parus au cours de cette période, on tombe assez fréquemment sur des phrases pouvant se lire comme des commentaires des événements de l'année 2016. Wilhelm Heitmeyer mettait alors son lecteur en garde contre un « capitalisme autoritaire », contre une « politique de répression étatique » et contre un « féroce populisme de droite[9] ». Dani Rodrik, quant à lui, annonçait de façon prophétique que la globalisation conduirait à une « désintégration sociale », et il mettait en garde contre un probable retour du protectionnisme[10].

Nombre de ces jugements se fondent sur l'idée d'une deuxième « grande transformation », pour reprendre un terme forgé par Karl Polanyi (certains parlèrent alors de « mécanique polanyienne »). Karl Polanyi (1886-1964) était un économiste d'origine austro-hongroise, spécialiste d'histoire et d'anthropologie économiques. Dans son ouvrage *La Grande Transformation*, publié en 1944 et devenu un classique, il montre comment la société industrielle capitaliste se dégagea au XIXe siècle des structures féodales et agrariennes de dimension modeste et de tous les rapports sociaux (politiques, culturels, institutionnels) qui leur correspondaient, comment elle rompit radicalement avec eux et comment cette rupture engendra une série d'effets secondaires et de « contre-mouvements », jusqu'à ce que l'économie soit de nouveau encadrée par de puissants États-nations relevant du modèle de l'État-providence[11]. Ce processus de très vaste ampleur, aussi bien géographique que social, se répète maintenant dans la mesure où le capitalisme s'est affranchi des contraintes qui lui avaient été imposées par les États-nations — générant ce faisant, là encore, de nombreux effets secondaires et « contre-mouvements »[12]. Que l'on pense seulement, à la gauche de l'échiquier politique, à la fondation du mouvement Attac en 1998, à la « bataille de Seattle » de 1999 et au premier Forum social mondial de Porto Alegre en 2001[13] ; et, à la droite de cet échiquier, aux premiers succès des populistes droitiers hostiles à la globalisation — et notamment aux scores étonnamment élevés de Pat Buchanan lors des primaires républicaines de 1996 (scores évoqués par Rorty et Rodrik dans leurs ouvrages respectifs), ou encore aux succès électoraux du FPÖ de Jörg Haider, qui, en 1998, allait devenir la deuxième formation la plus puissante au Parlement autrichien. Les propositions de solution avancées à l'époque consistèrent, en résumé — et en forte résonance avec le mouvement décrit par Polanyi —, à demander à ce que l'économie déchaînée soit de nouveau encadrée, mais cette fois au niveau global : à travers l'édification d'institutions transnationales, la politique devait à nouveau être mise en situation de trouver des solutions globales à des problèmes globaux. En parallèle, un état d'esprit correspondant devait faire son apparition : un « nous » cosmopolitique[14].

L'ironie (amère) est qu'en dépit des prophéties exactes de cette époque personne ne se soit montré à même de prévenir les catastrophes annoncées. Si les dangers de la globalisation — terrorisme international, changement climatique, crises financière et monétaire, et enfin grands mouvements migratoires... — avaient très justement été annoncés dès cette époque, personne ne s'y était véritablement préparé. Par ailleurs, il est permis d'affirmer qu'un « nous » cosmopolitique convaincu n'est jamais véritablement parvenu à prendre forme. Bien au contraire, nous assistons aujourd'hui à un renouveau des différenciations ethniques, nationales et confessionnelles. La prétendue « fin de l'Histoire » a laissé place, avec une rapidité étonnante, à une « guerre des cultures » dont la logique évoque en bien des points les schémas amis-ennemis de la guerre froide.

Les événements qui se sont produits depuis la fin de l'automne 2015 — l'évolution du conflit syrien, le vote en faveur du Brexit, l'attentat de Nice, les succès électoraux de l'AfD [Alternative für Deutschland] en Allemagne, la tentative de putsch en Turquie et la répression politique qui s'ensuivit, l'arrivée de Trump à la Maison-Blanche, etc. — forment un bien funeste panorama et sont venus confirmer le sentiment que nous nourrissions dès cette époque, celui d'une régression généralisée allant en s'aggravant.

S'il a été avant tout question, jusqu'à présent, des risques de la *globalisation*, nombre des textes composant ce volume soulignent ce qu'est cette forme de globalisation, sa nature profonde : une globalisation fondée sur une conception *radicalement néolibérale* du marché — raison pour laquelle on pourrait parler, tout aussi justement, des risques du *néolibéralisme*. Les contributions ici réunies peuvent donc aussi être lues comme des études se demandant dans quelle mesure les démocraties néolibérales dépendent, à maints égards, de conditions préalables qu'elles-mêmes ne peuvent garantir, pour citer Ernst-Wolfgang Böckenförde[15] : des médias offrant un certain pluralisme d'opinions ; des associations intermédiaires telles que syndicats, partis, associations citoyennes, dans le cadre desquelles les hommes peuvent faire l'expérience d'une certaine forme d'autonomie épanouissante ; des partis (réellement) de gauche, parvenant à articuler les intérêts de milieux sociaux différents ; enfin un système éducatif ne réduisant pas la formation à la fabrication d'un « capital humain » et à l'application la plus scolaire des programmes « PISA ».

Il est donc permis de dire que la grande régression actuellement observable est le résultat des *effets conjugués* des multiples risques inhérents à la globalisation et au néolibéralisme : nos sociétés, qui n'y ont été préparées ni sur le plan institutionnel ni sur le plan culturel, se retrouvent ainsi confrontées à des problèmes qui résultent du manque de régulation politique de l'interdépendance globale.

Ce livre entend renouer avec les débats sur la globalisation des années 1990 et les prolonger en les renouvelant. Des chercheuses, chercheurs et intellectuel(le)s s'y penchent sur des questions brûlantes : comment en sommes-nous arrivés à pareille situation ? Quelle situation sera la nôtre dans cinq, dix ou vingt ans ? Comment mettre un terme à cette régression globale, et comment enclencher un mouvement inverse ? Il s'est agi, face à une internationale des nationalistes, de tenter d'instaurer une sorte d'espace public international à trois niveaux : celui des contributeurs de ce livre, celui des phénomènes étudiés et enfin celui de la diffusion — l'ouvrage paraît simultanément dans de nombreux pays.

Bien sûr, je remercie tout d'abord les contributrices et contributeurs de cet ouvrage, qui ont immédiatement adhéré à l'objectif de cette entreprise et donné dans des délais relativement courts des textes très substantiels. Je remercie également pour leur confiance en ce projet toutes les maisons d'édition qui publient ce livre dans leurs pays respectifs, et Mark Greif et John Thompson pour leurs conseils. Ce volume est aussi un projet éditorial dont l'aboutissement n'aurait pas été possible sans le soutien de mes collègues des éditions

Suhrkamp. Je remercie donc tout particulièrement Edith Baller, Felix Dahm, Andrea Engel, Eva Gilmer, Petra Hardt, Christoph Hassenzahl, Christian Heilbronn, Nora Mercurio et Janika Rüter.

Berlin, décembre 2016

HEINRICH GEISELBERGER

Chapitre premier

UNE FATIGUE DE LA DÉMOCRATIE

La grande question que pose notre époque consiste à savoir si nous assistons, oui ou non, à un rejet à l'échelle mondiale de la démocratie libérale et à son remplacement par une forme ou une autre d'autoritarisme populiste. Des signes forts laissant penser à une évolution de ce type peuvent être constatés dans l'Amérique de Trump, dans la Russie de Poutine, l'Inde de Modi et la Turquie d'Erdoğan. De nombreux gouvernements autoritaires se sont déjà imposés en Europe (Orbán en Hongrie, Duda en Pologne), et de puissantes formations d'extrême droite sont en situation de prétendre au pouvoir en France comme dans d'autres pays de l'Union européenne (l'Autriche notamment). La population totale des pays composant l'Union équivaut à presque un tiers de la population mondiale. Ce glissement global vers la droite ne date pas d'hier et suscite de grandes inquiétudes depuis un certain temps déjà, mais les explications convaincantes d'un tel phénomène s'avèrent relativement peu nombreuses. Je vais tenter ici une explication en me concentrant sur l'Europe, afin de contribuer à l'élaboration d'une alternative à une telle évolution.

DIRIGEANTS ET CITOYENS

Au regard des nouveaux populismes qui nous entourent, il nous faut absolument repenser la relation entre dirigeants et citoyens. Nos manières traditionnelles de penser nous conduisent à imaginer que la sphère politique est régie par des lois relevant de facteurs tels que le charisme, la propagande, l'idéologie — lesquels supposent tous l'existence d'un lien fort entre les dirigeants et leurs partisans. De nos jours, les leaders politiques et les citoyens entretiennent bien sûr un certain nombre de relations, mais qui ne se fondent que sur des recoupements accidentels et partiels entre les ambitions, visions et stratégies des uns et les craintes, blessures et colères des autres. Les leaders qui se sont imposés au sein des nouveaux mouvements populistes ont pour trait commun d'être xénophobes et autoritaires, et de défendre une vision patriarcale de la famille. Tel est leur style. Nombre de leurs électeurs partagent certaines de ces convictions, mais se montrent surtout pleins de craintes face à l'avenir, animés de colère et de ressentiment envers des sociétés qui, à leurs yeux, les maltraitent ou les négligent. Ces différents profils s'agrègent, particulièrement lors des élections (si truquées ou fortement encadrées qu'elles puissent être). Mais ce sont ces façons de s'agréger qui sont difficiles à comprendre. Pourquoi certains musulmans votent-ils en Inde pour Modi et pour Trump aux États-Unis ? Pourquoi, aux États-Unis encore, certaines femmes adorent-elles Trump ? Pourquoi, en Allemagne, des fractions de la population de l'ancienne RDA votent-elles désormais pour des politiciens d'extrême droite ? Pour répondre à ces énigmes, il faut s'interroger d'une part sur les dirigeants et d'autre part sur les citoyens, en les découplant quelque peu.

LE MESSAGE DÉLIVRÉ D'EN HAUT

Les nouveaux dirigeants populistes le reconnaissent : ils aspirent à un leadership national à une époque où la souveraineté nationale est en crise. Le symptôme le plus frappant de cette crise de la souveraineté est le fait qu'aucun État-nation moderne ne contrôle son économie nationale. Les nations les plus riches comme les plus pauvres doivent faire face à ce problème. L'économie américaine dépend fortement de la Chine ; celle-ci dépend, pour ce qui est de son approvisionnement en matières premières, de l'Afrique, de l'Amérique du Sud ainsi que d'autres parties de l'Asie ; tout le monde dépend, à des degrés divers, du pétrole moyen-oriental ; et la presque totalité des États-nations modernes dépend des armements de haute technologie conçus par un petit nombre de pays riches. Le principe voulant que la souveraineté économique soit le fondement de la souveraineté nationale a toujours été un peu douteux. Aujourd'hui, sa pertinence paraît de plus en plus contestable.

Les États modernes ne peuvent plus prétendre protéger et développer leurs économies nationales. En conséquence, nombreux sont les États et les mouvances populistes qui entendent ressusciter leur souveraineté nationale en se tournant vers leurs cultures majoritaires respectives, vers un ethno-nationalisme, en étouffant toute dissidence intellectuelle et culturelle intérieure. Une telle tendance ne saurait surprendre. Pour le dire autrement, la perte de souveraineté économique engendre partout une posture consistant à brandir l'idée de souveraineté culturelle. La culture devient ainsi le siège même de la souveraineté nationale, une telle évolution adoptant des formes très diverses.

Prenons la Russie de Vladimir Poutine. En décembre 2014, Poutine a signé un décret portant sur la politique culturelle de l'État russe, désormais fondée sur la maxime « la Russie n'est pas l'Europe ». Cette politique, qui ne cache pas son aversion pour la culture occidentale et le multiculturalisme européen — dont Poutine a pu dire qu'il était « châtré et stérile[1] » (deux termes à la connotation sexuelle évidente) —, met la masculinité russe au service de la nation, lui conférant une force politique. Une telle rhétorique en appelle explicitement à un retour aux valeurs russes traditionnelles et s'ancre dans une histoire ancienne bien précise, celle du sentiment slavophile et russophile. Ce décret, élaboré alors que la bataille portant sur l'avenir de l'Ukraine faisait rage, visait entre autres à apporter une justification idéologique à l'annulation des concerts d'Andreï Makarevitch, un célèbre musicien rock notoirement hostile au Kremlin. On y trouve tous les arguments qui avaient été avancés pour justifier le harcèlement récurrent des Pussy Riot, ce groupe de jeunes femmes elles aussi ennemies du Kremlin. Cette politique culturelle en appelle à un « espace culturel unifié » ; elle montre avec évidence que les idées d'unicité et d'uniformité culturelles russes sont envisagées par le pouvoir comme des outils essentiels, à utiliser, à l'intérieur des frontières, contre les minorités culturelles et, à l'extérieur, contre les ennemis politiques.

La Turquie de Recep Tayyip Erdoğan a également fait de la culture un enjeu majeur de la souveraineté et même un théâtre de la souveraineté. Le trait principal de cette stratégie consiste à défendre un retour aux traditions, formes linguistiques et grandeur impériale ottomanes (une idéologie qui a été présentée par ses critiques comme un « néo-ottomanisme »). Cette vision de la Turquie intègre les ambitions globales du pouvoir politique, sa résistance aux interventions russes au Moyen-Orient, et fait d'une certaine manière contrepoids aux aspirations de ce pays à rejoindre l'Union européenne. Cette posture néo-ottomane est donc un élément clé de la politique d'Erdoğan, qui vise à marginaliser l'héritage du nationalisme laïque de Kemal Atatürk — l'icône de la Turquie moderne —, et à le remplacer par un style de gouvernement plus religieux et plus impérial. Il n'est donc pas étonnant que les artistes et les institutions culturelles soient les cibles de censures considérables depuis la répression, en 2013, des manifestations populaires du parc Gezi.

À maints égards, c'est Narendra Modi, cet idéologue nationaliste occupant désormais le poste de Premier ministre en Inde, qui incarne le mieux la façon qu'ont ces nouveaux leaders autoritaires de définir et d'imposer une stratégie populiste. Modi a derrière lui une longue carrière de militant et d'activiste de la cause nationaliste hindoue. Il a été le ministre en chef du Gujarat de 2001 à 2014 et impliqué dans les massacres de musulmans perpétrés dans cette province en 2002 après que certains eurent attaqué un train transportant des pèlerins hindous. De nombreux Indiens progressistes considèrent Modi comme l'instigateur de ces massacres ; pourtant, il est parvenu à surmonter les procédures judiciaires et condamnations dont il a depuis été l'objet, jusqu'à remporter en 2014 les élections qui l'ont amené au poste de Premier ministre, qu'il occupe toujours. Il est un partisan revendiqué de l'Hindutva (l'indianité), dont il considère qu'elle doit être l'idéologie de l'Inde et, à l'instar de nombreux populistes autoritaires à l'œuvre aux quatre coins du monde, il combine un nationalisme culturel extrême à des politiques nettement néolibérales. Depuis son accession au pouvoir, il y a bientôt trois ans, les libertés sexuelle, religieuse, culturelle et artistique ont été bafouées en Inde comme elles ne l'avaient encore jamais été, et ce, dans le cadre du démantèlement systématique de l'héritage laïque et socialiste de Jawaharlal Nehru ainsi que de la pensée non violente du Mahatma Gandhi. Depuis l'accession au pouvoir de Modi, l'Inde risque à tout moment de basculer dans une guerre contre le Pakistan ; les craintes des musulmans indiens sont de plus en plus vives, et les Dalits (que l'on appelait autrefois les « intouchables ») sont quotidiennement agressés et humiliés en toute impunité. Modi articule au lexique de la pureté ethnique un discours centré sur la propreté et l'hygiène publiques. On donne à l'étranger l'image d'un pays combinant modernité numérique et authenticité hindoue et, à l'intérieur des frontières, on fait de la domination hindoue le principe même du gouvernement. Telles sont les pierres angulaires de la nouvelle souveraineté indienne.

Et il en va de même de notre dernier cauchemar en date — et il faut espérer que celui-ci restera le plus spectaculaire de la série de cauchemars passés et à venir —, je pense bien sûr ici à l'accession de Donald Trump à la Maison-Blanche le 8 novembre 2016. Cet événement est encore très récent, et il est donc impossible de l'envisager avec un recul suffisant. Mais à peine sorti vainqueur des élections, Trump a enchaîné les rendez-vous afin de constituer son cabinet et multiplié les déclarations politiques. Nous ne pouvons attendre de sa victoire qu'elle modère son style. La rhétorique de Trump, qui mêle misogynie, racisme, xénophobie et mégalomanie dans des proportions inédites dans l'histoire récente, se résume à deux messages extrêmes, l'un implicite, l'autre explicite.

Le message explicite consiste à vouloir « redonner sa grandeur à l'Amérique ». Pour ce faire, Trump entend bien élargir les marges de manœuvre militaires de son pays, renégocier divers accords commerciaux dont il considère qu'ils ont porté atteinte à sa prospérité et à son prestige, et affranchir l'économie américaine des diverses taxations et autres contraintes environnementales censées l'entraver ; il entend bien aussi tenir ses promesses d'« enregistrer » tous les musulmans résidant aux États-Unis, d'expulser toutes les personnes y résidant illégalement, de renforcer considérablement les contrôles aux frontières et les procédures relatives à l'immigration. Le message implicite est raciste et racial : il s'adresse à ces Américains blancs qui nourrissent un sentiment de marginalisation, persuadés que la politique et l'économie américaines (dont ils imaginent qu'ils les contrôlaient) leur ont échappé au profit des Noirs, des Latinos et des migrants de tous types. Le succès rhétorique le plus important de Trump ? Être parvenu à glisser la « blanchitude » dans le cheval de Troie de la « grandeur américaine » : en effet, prétendre « redonner à l'Amérique sa grandeur » a été sa manière d'assurer aux Blancs qu'ils retrouveraient la leur. Pour la première fois, un message sur la puissance mondiale de l'Amérique recelait une promesse à caractère racial consistant à promettre aux Blancs qu'ils redeviendraient la classe dominante de la nation. Le message portant sur la sauvegarde de l'économie américaine contenait en fait un message subliminal consacré à la sauvegarde de la race blanche.

Les leaders des nouveaux populismes autoritaires ont beaucoup en commun : tous reconnaissent ne pouvoir véritablement contrôler leurs économies nationales respectives, prises en otage par les investisseurs étrangers, les accords commerciaux internationaux, la finance transnationale, ainsi que par un travail et un capital extrêmement mobiles. Tous promettent à leurs populations respectives une sorte de cure de purification culturelle nationale, la présentant comme le moyen de retrouver une puissance politique à l'échelle du globe. Tous s'avèrent favorables au capitalisme néolibéral, l'adaptant au besoin à leurs configurations respectives. Tous cherchent à traduire un *soft power* en *hard power*, faisant en sorte que leur pouvoir, issu des urnes, soit sans cesse conforté. Aucun d'entre eux n'hésite à maltraiter les minorités et les dissidents, en étouffant la liberté d'expression ou en utilisant le droit afin d'étrangler les voix de l'opposition.

Cet ensemble de traits caractéristiques que l'on observe partout peut également être constaté en Europe à des degrés divers : dans l'Angleterre de Theresa May, dans la Hongrie de Victor Orbán, dans la Pologne d'Andrzej Duda, ainsi que dans une multitude de formations d'extrême droite « mainstream » et de plus en plus véhémentes, à l'œuvre dans pratiquement tous les autres pays. Cette tendance lourde a eu pour éléments déclenchants la peur suscitée par la dernière grande vague de migrants, la colère et le trauma provoqués par les attentats terroristes ayant touché certaines grandes capitales européennes, auxquels il faut bien évidemment ajouter le choc provoqué par le vote en faveur du Brexit. Les leaders populistes autoritaires et autres démagogues pullulent donc sur le Vieux Continent et y opèrent au moyen d'un même mélange idéologique, combinant néolibéralisme, chauvinisme culturel, colère antimigrants et rage majoritaire. Voilà pour les leaders. Mais qu'en est-il des citoyens ?

LA *VOX POPULI*

J'ai suggéré plus haut que le succès mondial des leaders populistes autoritaires ne supposait pas forcément que leurs partisans approuvent ou reproduisent les convictions des dirigeants qu'ils semblent révérer. On constate évidemment un certain recoupement ou une certaine compatibilité entre les sujets de dénigrement et les promesses de ces leaders et les détestations et les attentes de leurs électeurs. Mais ce recoupement n'est que partiel, et les divers électorats qui ont porté au pouvoir Modi, Poutine, Erdoğan et Trump, et en Europe May, Orbán et Duda, ont leurs propres univers de croyances, d'affects et de motivations. Afin de bien saisir à quoi ressemblent ces univers, je vais faire appel à certaines réflexions, célèbres, du philosophe et spécialiste de l'économie politique Albert O. Hirschman, réflexions qu'il développa dans ce brillant ouvrage qu'est *Défection et prise de parole*[2]. Dans ce livre, Hirschman nous permet de comprendre comment des êtres humains répondent au fait que des produits, des organisations et des États perdent en efficience, soit en leur conservant leur loyauté, soit en s'en détournant, et comment ils s'élèvent contre ce déclin en prenant la parole, en « donnant voix » à leur opposition, à leur résistance ou à leurs doléances, dans l'espoir d'une réparation ou d'une réforme. La grande originalité de cette analyse réside dans sa manière d'articuler le comportement consumériste au comportement organisationnel et politique. Cette approche constitua un tournant puisqu'elle permit de comprendre combien de temps et dans quelles circonstances les gens ordinaires peuvent tolérer des déceptions relatives à des biens et des services avant de changer de marque, d'organisation ou de pays. Publié en 1970, ce livre offrit des aperçus pénétrants sur les démocraties capitalistes modernes, avant que la globalisation ne commence à défaire la logique des économies nationales, des communautés locales et des identités fondées sur un lieu de vie. Cet ouvrage fut également écrit à une époque où Internet et les médias sociaux n'existaient pas, et son auteur ne pouvait donc imaginer la nature exacte des désillusions et de la contestation qui seraient plus tard celles de notre monde, celui du XXIe siècle.

Les idées de Hirschman nous rappellent que le Brexit est avant tout l'histoire d'une défection, et que la défection est toujours, d'une manière ou d'une autre, liée à la question de la loyauté et de la prise de parole. En quoi l'usage que fait Hirschman de ces notions de défection et prise de parole peut-il nous aider aujourd'hui ? Les très nombreux partisans de personnalités du type Trump, Modi, Erdoğan et autres figures établies ou émergentes du populisme autoritaire considèrent, me semble-t-il, que la défection — choisie aujourd'hui par bien trop de monde — est une forme de prise de parole, et non une alternative à cette prise de parole. Plus concrètement, Hirschman avait raison d'affirmer que les élections étaient le principal moyen pour les citoyens de prendre la parole, et qu'elles traduisaient justement le degré de satisfaction ou de mécontentement des citoyens à l'endroit de leurs dirigeants. Mais aujourd'hui, les élections — et les dernières élections américaines en sont un excellent exemple — sont devenues un moyen de « faire défection » de la démocratie elle-même, plutôt que de rénover la politique et d'en débattre démocratiquement. Les quelque soixante-deux millions d'Américains qui ont voté Trump ont voté pour lui et également contre la démocratie. En ce sens, leur vote a été un vote de « défection ». Et il en a été de même de l'élection de Modi, de l'élection d'Erdoğan et des pseudo-élections organisées par et pour le compte de Poutine.

Dans tous ces cas, comme dans de nombreuses poches populistes en Europe, on constate une fatigue de la démocratie ; elle est à l'origine des succès électoraux de ces politiciens qui promettent de tirer un trait sur les composantes libérales, délibératives et inclusives de leurs sociétés respectives. On pourrait objecter à cela que tous les dirigeants autoritaires de l'Histoire ont besoin pour prospérer de ce type de frustration, sur lequel ils ont tous bâti leurs carrières respectives. Staline, Hitler, Perón et nombre d'autres leaders de la première moitié du XXe siècle n'avaient-ils pas exploité les failles des démocraties de leur temps ? Qu'y a-t-il donc d'inédit dans cette fatigue actuelle ?

Le sentiment de lassitude à l'endroit de la démocratie, largement répandu, a une logique qui lui est propre et prospère dans un contexte bien particulier, qui me semble revêtir trois traits essentiels. Le rôle désormais central d'Internet et des médias sociaux, le fait que des fractions de plus en plus larges de la population les utilisent au quotidien, le fait qu'il soit désormais possible de mobiliser et diffuser de la propagande par Internet, de se construire une identité et de rechercher des pairs sur Internet, tout cela a créé une illusion dangereuse : nous pourrions tous, qui que nous soyons et quels que soient nos desiderata, trouver sur Internet et les réseaux sociaux des pairs, des alliés, des amis, des collaborateurs, des convertis à notre cause, des collègues... Tel est le premier trait caractéristique de la configuration présente. Le deuxième est le fait, déjà mentionné, qu'aucun État-nation ne saurait prétendre à la moindre souveraineté économique. Le troisième est la propagation à l'échelle du globe de l'idéologie des droits de l'homme : si les étrangers, immigrés et autres migrants se voient très fraîchement accueillis et doivent endurer des conditions de vie précaires partout où ils se retrouvent, la reconnaissance globale de ces droits leur confère néanmoins un statut minimal dans la presque totalité des pays d'accueil. Ces trois éléments, réunis, ont contribué à aggraver l'intolérance générale que l'on constate aujourd'hui à l'endroit des règles juridiques démocratiques, de la rationalité délibérative et de la patience politique que requièrent toujours les systèmes démocratiques. À ces trois facteurs se surajoutent l'aggravation, à l'échelle du globe, des inégalités économiques, l'érosion générale de l'État-providence et le rôle de plus en plus hégémonique, là encore à l'échelle planétaire, de ces industries financières qui parviennent à s'imposer par la peur, en martelant l'idée que nous sommes tous en permanence au bord du désastre financier. C'est ainsi que l'impatience éprouvée par beaucoup face aux temporalités lentes de la démocratie vient se mêler à un perpétuel climat de panique économique. Les dirigeants populistes qui promettent à tous la prospérité sont aussi ceux qui produisent de façon très délibérée ce type de panique continuelle. La décision récemment prise par Narendra Modi d'éliminer l'« argent noir » (l'argent liquide issu de l'économie parallèle) de l'économie indienne en démonétisant les coupures de 500 et 1 000 roupies est un excellent exemple de création de détresse économique et de panique financière : ces coupures, qui équivalent respectivement à 7 et 14 euros, représentent la majeure partie de la monnaie en circulation en Inde et sont vitales pour les pauvres, les membres de la classe ouvrière, les petits commerçants et leurs clients tout aussi modestes.

Il importe donc d'écrire un nouveau chapitre

de l'histoire globale des populismes autoritaires, en se fondant principalement sur l'existence d'un chevauchement partiel entre les ambitions et les promesses de ces leaders politiques et l'état d'esprit de leurs électeurs. Ces dirigeants éprouvent une réelle détestation pour la démocratie, qui entrave leur poursuite monomaniaque du pouvoir. Leurs électeurs, quant à eux, sont las de la démocratie et la désavouent lors des élections, qu'ils considèrent comme le meilleur moyen d'exprimer leur désillusion.

Cette détestation et cette grande lassitude trouvent pour socle commun et naturel l'espace de la souveraineté culturelle. Un tel espace est mis en scène au moyen de récits destinés aux couches de la population, parfois majoritaires, en proie au ressentiment. Ces récits sont centrés autour de l'idée de victoire raciale, de pureté ethnique nationale et aussi de grandeur nationale. Des promesses de fermeté, du fait d'un pouvoir à la fois sévère et bienveillant, accompagnent de tels récits. Ce substrat culturel commun dissimule de profondes contradictions comme celles résultant du hiatus entre les politiques économiques néolibérales de la plupart de ces leaders, leur capitalisme de copinage bien informé, et les authentiques souffrances et angoisses de la grande masse de leurs électeurs. Nous avons là le terrain d'une nouvelle politique d'exclusion, dont les cibles sont soit les migrants soit les minorités ethniques, souvent les deux à la fois. Tant que les emplois, les allocations et les revenus continueront de se faire rares, les minorités intérieures et les migrants resteront des boucs émissaires commodes, à moins que soit formulé par des voix démocrates de gauche un message politique convaincant visant une réduction des inégalités, notamment en termes de revenus, une reconstruction de l'État-providence et des ressources publiques que celui-ci est chargé de répartir. Il s'agit d'être réaliste : un tel projet n'est pas envisageable à court terme, mais doit être envisagé comme la priorité absolue à moyen terme. L'Europe étant ici en première ligne, je vais conclure en revenant au Vieux Continent.

OÙ VA L'EUROPE ?

Il est encore impossible de deviner les conséquences de la victoire du vote en faveur du Brexit. Mais cette victoire des tenants de la défection témoigne, en Europe, d'un état d'esprit qui a évidemment à voir avec la tendance globale décrite dans ces pages — laquelle porte partout la droite au pouvoir — et avec l'ambivalence grandissante à l'endroit de l'Union européenne. Oublions les spécificités de la politique du Royaume-Uni et concentrons-nous sur quelques données plus générales à l'échelle de l'Union.

Je dirais, en guise de première observation, que le Brexit n'est que l'épisode le plus récent d'un débat récurrent, et ancien, sur la nature et la signification de l'Europe. Ce débat est aussi vieux que l'idée d'Europe elle-même. La question des frontières de l'Europe, de son identité et de sa mission n'a jamais été résolue. L'Europe est-elle un projet propre à la chrétienté occidentale ? Est-elle le fruit du droit romain et de l'Empire romain ? Ou bien est-elle celui de la rationalité grecque et des valeurs démocratiques ? Ou encore de l'humanisme de la Renaissance et de la laïcité ? À moins qu'elle ne doive tout à l'universalisme des Lumières et au cosmopolitisme ? Adoptées par maints classes sociales, régions, États et intellectuels à différentes époques, ces visions de l'Europe concurrentes se sont affrontées des siècles durant et restent à l'origine de clivages irréductibles ; aucune d'entre elles n'est jamais véritablement parvenue à un statut hégémonique, et aucune d'entre elles n'a jamais non plus été totalement écartée. Toutes ont donc coexisté avec leur lot de guerres civiles sanglantes, de schismes religieux aux lourdes conséquences et d'efforts brutaux destinés à éliminer des minorités, des étrangers, des hérétiques et des dissidents politiques. Cette combinaison de facteurs reste inentamée aujourd'hui et continue à produire ses effets.

Il n'est pas difficile de voir que la peur suscitée par les nouveaux immigrés (tout autant que celle suscitée par les populations immigrées déjà présentes) joue un rôle majeur dans la récente levée de boucliers contre l'Union européenne, que ce soit dans les pays qui constituent le cœur de l'Union, comme la France, les Pays-Bas et l'Allemagne, ou en Pologne, en Hongrie et en Slovénie (qui n'apprécient guère la manière qu'a Bruxelles de dicter aux pays ayant à gérer l'impact immédiat des nouveaux arrivants les quotas, critères et catégories juridiques en matière de politique d'accueil des migrants). La colère éprouvée à l'endroit des institutions européennes et de leur manière de traiter l'actuelle vague de migration se mêle à l'évidence au sentiment que l'adhésion à l'Union n'a pas été, comme promis, gage de bien-être économique, et a même entraîné dans nombre de pays membres une nette dégradation de la qualité de vie. Ces réactions de colère se traduisent dans les urnes par des « défections » qui ne sont que des tentatives vouées à l'échec de regagner cette souveraineté économique qu'il est impossible de restaurer à notre époque de globalisation. Le débat sur les migrants (qui est désormais, bien souvent, en tête des programmes des formations de droite et des agendas politiques en général) est l'exemple par excellence de cette manière de retraduire les enjeux relevant de la souveraineté économique en enjeux de souveraineté culturelle. Cette manière de retraduire et déplacer ces enjeux est, je crois, l'explication principale du succès mondial des populismes de droite.

En Europe, les mouvances qui défendent une « sortie » de l'Europe, c'est-à-dire une « défection », sont aussi celles qui utilisent les procédures électorales classiques pour « sortir » de la démocratie, faire là encore défection, comme cela s'est déjà passé aux États-Unis, en Inde, en Russie et en Turquie. On y observe une lassitude vis-à-vis de la démocratie, mais aussi le désir, au sein de ces diverses mouvances, d'engranger les bénéfices de la globalisation sans avoir à supporter tout ce que la démocratie implique de pesant.

Pour ne prendre que cet exemple, la récente visite de Theresa May en Inde, venue s'entretenir avec Narendra Modi, me semble très révélatrice de l'avenir qui nous attend : un futur où régnera le néolibéralisme dans un monde qui se sera défait de la démocratie. Les deux dirigeants se sont entretenus du terrorisme transfrontalier (l'autre nom, en Inde, du Pakistan) et des investissements financiers britanniques dans les infrastructures indiennes ; ils ont également fait assaut de fermeté sur la question des quotas d'accueil en Grande-Bretagne des étudiants indiens, ainsi que sur le statut des Indiens qui y « oublient » la date d'expiration de leurs visas. Nous avons vu à cette occasion deux leaders de droite (l'une parvenue à son poste à la faveur du Brexit, et l'autre grand adepte d'un autoritarisme populiste) se mettre d'accord pour à la fois fluidifier la circulation du capital international et contraindre au maximum la circulation des hommes. Un aperçu éclairant de la manière par laquelle procéderont les nouveaux leaders autoritaires dès lors qu'ils se seront défaits des contraintes démocratiques et auront été portés au pouvoir par des masses souffrant d'une grande fatigue démocratique. Trump et Poutine entretiennent déjà des relations des plus cordiales, et on ne voit guère pourquoi il en irait autrement entre Trump et Modi, dont les partisans sont déjà à tu et à toi.

La démocratie libérale européenne est sur le point de connaître une crise dangereuse. La lassitude vis-à-vis de la démocratie touche l'ensemble de l'Europe, de la Suède à l'Italie en passant par la France et la Hongrie. En Europe aussi, les élections sont devenues un excellent moyen de dire « non » à la démocratie libérale. L'Allemagne se retrouve ainsi à un carrefour, crucial et risqué. Elle peut mettre à profit sa remarquable prospérité, sa stabilité économique et la conscience qu'elle a de son propre passé pour défendre les idéaux européens, afin d'accueillir les réfugiés d'Afrique et du Moyen-Orient, proposer des solutions pacifiques aux crises globales et utiliser la puissance de l'euro pour défendre une réduction des inégalités, chez elle comme en Europe. Bien sûr, elle peut aussi opter pour la défection, fermer ses frontières, thésauriser ses richesses et laisser le reste de l'Europe (et du monde) résoudre ses problèmes. La droite allemande n'est pas loin de le vouloir. Mais ce serait une décision insensée. L'interdépendance globale est une donnée de fait, et la prospérité allemande est aussi dépendante de l'économie globale que n'importe quelle autre économie nationale. La défection ne serait pas une bonne chose pour l'Allemagne, qui n'a d'autre choix que de pousser l'Europe à rester démocratique — une Europe démocratique étant elle-même une ressource vitale dans la lutte, à l'échelle du globe, contre le populisme autoritaire.

Mais l'Allemagne, pour que ce scénario fonctionne, doit convaincre ses partenaires européens qu'elle ne sera pas la voix de l'austérité et de la discipline financière imposée (particulièrement au sud de l'Europe ainsi qu'à l'Europe de l'Est). En d'autres termes, une politique bienveillante en matière d'accueil des étrangers, faite de tolérance culturelle, ne saurait se combiner à un traitement sévère de l'endettement des autres pays membres, à une restriction drastique de la souveraineté fiscale de la Grèce, de l'Espagne et de l'Italie. Il s'agit là d'une affaire délicate, car la prospérité allemande dépend d'un euro fort, le libéralisme allemand ne pouvant survivre sans la prospérité allemande. La grande question, ici, consiste à savoir si l'Allemagne peut soutenir les forces démocrates de ces pays européens qui menacent de basculer à droite, et si un tel soutien est possible sans impliquer pour autant (à nouveau) une hégémonie allemande. Il n'y a pas de réponse facile à ce dilemme, mais celui-ci ne peut être éludé. La démocratie libérale allemande ne pourra survivre au milieu d'un océan de populisme autoritaire européen. Il n'y a donc, au final, qu'une issue possible pour les démocrates européens (travailleurs, intellectuels, associations, activistes de tous ordres, spécialistes des politiques publiques) : faire cause commune, par-delà les frontières internes à l'Europe, en défense de la justice économique et de la démocratie. Nous avons impérativement besoin d'une multitude démocrate. Telle est la seule réponse possible à la multitude régressive qui se lève actuellement partout, en Europe comme ailleurs.

ARJUN APPADURAI

Chapitre II

DES SYMPTÔMES EN QUÊTE D'UN OBJET ET D'UN NOM

> J'entendis une fanfare au loin, je lui demandai [au domestique] ce que cela signifiait. Il n'en savait rien, n'avait rien entendu. À la porte, il me retint et me demanda : « Où vas-tu, maître ? — Je ne sais pas, dis-je, je ne veux que partir d'ici, seulement partir d'ici. Sans cesse partir d'ici, ce n'est qu'ainsi que je pourrai atteindre mon but. — Donc, tu connais ton but ? — Oui, répondis-je, ne te l'ai-je pas dit : partir d'ici, tel est mon but[1]. »

Quand de plus en plus de gens entendent une fanfare au loin, gagnent en nervosité et se mettent sur le départ, deux questions peuvent, doivent être posées et tendent en effet à l'être : *d'où* ces gens viennent-ils précipitamment ? Et *où* se rendent-ils tout aussi précipitamment ? Il semble que les domestiques supposent que leurs maîtres détiennent les réponses à ces questions et, comme le raconte ici Kafka, ils les interrogent donc sur leur destination, et même avec une certaine insistance. Pourtant, les maîtres — du moins les plus circonspects et responsables d'entre eux, les plus clairvoyants surtout — se montrent réticents à apporter des réponses claires à ces questions, partant manifestement du principe que répondre à la première question prendrait autant de temps que répondre à la seconde. Et je pense ici à tous ceux qui savent tirer un prompt enseignement de la très amère expérience de l'ange de l'Histoire de Paul Klee et Walter Benjamin, dont on sait qu'il est irrésistiblement entraîné vers le futur, auquel il tourne le dos, par le vent de l'Histoire soufflant sur ses ailes déployées, tandis que les amas de ruines s'élèvent sous ses yeux — sous ses yeux regardant fixement les répugnantes et plus que jamais flagrantes inepties et horreurs du passé comme du présent —, tout au plus capable de spéculer sur sa destination, et de se l'imaginer... Ils le savent, ils ont toutes les raisons de partir précipitamment, mais sont aussi conscients de partir le dos tourné au Grand Inconnu, bien incapables d'anticiper sur la suite des événements, d'imaginer leur destination finale. Mais dire cela aux domestiques, ce serait les plonger dans le désarroi. Ce serait même aviver leur angoisse et leur colère jusqu'à la panique et la fureur.

Nous sentons bien aujourd'hui que tous les expédients et stratagèmes qui étaient jusqu'alors les nôtres — et qui, jusqu'à récemment, conservaient encore, voulait-on croire, leur efficacité (et même leur infaillibilité face aux crises) — ne sont plus d'aucune utilité ou sont sur le point de ne plus l'être. Mais nous n'avons qu'une vague idée — pour autant que nous en ayons une — de ce par quoi nous pourrions les remplacer. L'espoir de dicter sa marche à l'Histoire et la détermination de le faire, qui résultait de cet espoir, se sont envolés — les embardées et sauts successifs de l'Histoire humaine ayant fini par surpasser largement les catastrophes naturelles en imprévisibilité et incontrôlabilité.

Si nous croyons encore au « progrès » (qui n'est en rien chose acquise), nous tendons désormais à l'envisager comme une combinaison de bénédictions et de malédictions — les secondes gagnant toujours plus en importance et les premières se faisant, à proportion, toujours plus rares et lointaines. Alors que nos ancêtres récents croyaient encore que l'avenir représentait le « site » le plus sûr et le plus prometteur où placer leurs espoirs, nous avons tendance à y projeter avant tout nos diverses peurs, angoisses et appréhensions : devant la rareté toujours plus grande du travail, la baisse régulière des revenus, qui affecte la qualité de nos existences, la fragilité toujours plus accusée de nos statuts et de nos réalisations, le gouffre toujours plus large entre d'une part les outils, les ressources et les talents dont nous disposons et d'autre part l'ampleur capitale des défis qu'il nous faut surmonter. Surtout, nous nourrissons le sentiment de ne plus avoir le contrôle de nos existences, de n'être plus que des pions déplacés par des joueurs indifférents à nos besoins, sinon franchement hostiles, voire cruels à notre égard, et plus que prompts à nous sacrifier afin de mieux atteindre leurs propres objectifs. Alors que l'avenir, il n'y a pas si longtemps, était bien plus associé à l'idée de confort qu'à celle de difficulté, il est devenu aujourd'hui, le plus souvent, synonyme d'une terrible menace : celle d'être identifié ou classé comme un individu inapte à remplir sa tâche, un individu auquel serait déniée toute valeur, toute dignité, et qui, pour cette raison même, serait marginalisé, exclu, banni.

Je vais surtout me pencher dans ces pages sur l'un des symptômes de notre condition actuelle : cette récente « panique migratoire » qui, en toute probabilité, est encore loin d'avoir atteint son apogée. Et je l'envisagerai comme une sorte de fenêtre permettant d'explorer certains aspects terribles de notre situation, qui pourraient autrement rester inaperçus.

Commençons tout d'abord par distinguer ce phénomène qu'est l'émigration / *immigration* (d'où ? / vers ?) de celui de la *migration* (d'où ?, mais vers où ?). Ces phénomènes sont régis par divers ensembles de lois et de logiques, la différence étant ici déterminée par la divergence de leurs racines. On constate tout de même une similitude entre leurs effets, ces derniers étant dictés par la nature des conditions psychosociales en vigueur dans les pays de destination. Les différences comme les similitudes sont amplifiées par la globalisation en cours de l'économie et de l'information, qui, à l'évidence, ne pourra plus être arrêtée. Celle-ci transforme tous les territoires souverains (authentiquement souverains ou présumés tels) en « vases communicants » entre lesquels s'écoulent continûment leurs contenus jusqu'à ce qu'ils atteignent ou soient censés atteindre le même niveau dans chacun d'eux. Une telle configuration est gage de multiplication des comportements mimétiques et étend à l'échelle planétaire les mêmes critères de « privation ».

Les phénomènes d'immigration, comme l'avait relevé, bien avant que se déclenche la grande migration dont nous sommes les contemporains, le très visionnaire Umberto Eco, « peuvent être contrôlés politiquement, limités, encouragés, programmés ou acceptés. Il n'en va pas de même avec les migrations[2] ». Et Eco de poser dans la foulée la question cruciale : « Peut-on distinguer l'immigration de la migration, maintenant que la planète entière devient le territoire de déplacements croisés ? » Voici sa réponse à cette question : « Les phénomènes que l'Europe essaie encore d'affronter comme celui de l'immigration sont en réalité des cas de migration. Le tiers-monde frappe aux portes de l'Europe, et y pénètre même si elle n'est pas d'accord. [...] l'Europe sera un continent multiracial ou, si vous préférez, “coloré”. Et ce sera comme ça, que cela vous plaise ou non[3]. » Et, ajouterais-je quant à moi, qu'*ils* l'aiment *tous* ou non et / ou que *nous* en concevions *tous* ou non de la colère.

À partir de quel stade l'émigration / immigration se transforme-t-elle en migration ? À quel moment le goutte-à-goutte politiquement gérable d'immigrants frappant à nos portes se transforme-t-il en un afflux massif, continu, immaîtrisable, de migrants submergeant ou éludant nos frontières ? À quel stade les additions quantitatives se muent-elles en changements qualitatifs ? Les réponses à de telles questions sont destinées à rester pour l'essentiel l'objet d'âpres débats, et ce bien au-delà du moment qui pourrait être considéré rétrospectivement comme ayant constitué le grand tournant.

Ce qui permet de distinguer les deux phénomènes, c'est l'enjeu de l'« assimilation » : sa présence endémique dans la notion d'immigration et son absence évidente dans celle de migration, un vide qui fut au départ comblé par les idées de « melting-pot » et d'« hybridation », et désormais, de plus en plus, par celle de « multiculturalisme » (c'est-à-dire par l'idée qu'une différenciation et une diversité culturelles sont des configurations de long terme plutôt qu'un simple stade sur la voie d'une homogénéité culturelle, et donc, pour l'essentiel, rien de plus qu'un irritant temporaire). Afin d'éviter toute confusion entre l'état des choses encore existant et les politiques visant à le contrecarrer, il me semble judicieux de remplacer le terme de « multiculturalisme », qui obscurcit considérablement les choses, par l'idée de « diasporisation ». Cette dernière permet de bien mieux saisir deux traits caractéristiques tout à fait cruciaux de la situation actuelle — qui me semble dépendre avant tout de processus et d'influences relevant du « quotidien » et de « la base », bien plus que d'une régulation « par le haut », et qui fonde bien plus l'interaction entre diasporas sur la division du travail que sur un figement des cultures.

C'est en 1997 qu'Umberto Eco publia son livre. En 1990, la ville de New York, qu'il utilisait comme exemple, comptait 43 % de « Blancs »,

29 % de « Noirs », 21 % d'« Hispaniques » et 7 % d'« Asiatiques ». Vingt et un ans plus tard, en 2010, les « Blancs » ne représentaient plus que 33 % de sa population et étaient de plus en plus en passe de devenir une minorité[4]. Des chiffres similaires, témoignant de la coexistence de très diverses ethnies, religions et langues, peuvent être enregistrés avec des pourcentages approchants dans toutes les grandes villes du monde (dont le nombre a également augmenté) et sur tous les continents. Souvenons-nous que, pour la première fois dans l'Histoire, la majorité de l'humanité est citadine, que cette majorité citadine vit pour l'essentiel dans de grandes villes, et que ce sont dans ces grandes villes que se constituent au quotidien des formes de vie qui se diffusent ensuite partout ailleurs.

Que nous appréciions cela ou non, nous, citadins, nous retrouvons dans une situation qui nous impose de développer un certain nombre de talents nous permettant de vivre au quotidien — et sans aucun doute de façon définitive — avec la différence, avec l'altérité. Après deux siècles où l'on a aspiré à l'assimilation culturelle (unilatérale) ou à la convergence (bilatérale), et qui avaient généré des pratiques visant à les encourager, nous faisons désormais face — bien qu'avec réticence dans de nombreux cas, et souvent même en y résistant franchement — à une perspective tout autre : à la perspective, dans notre voisinage immédiat, d'un mélange d'interaction et de friction entre de très diverses, d'irréductiblement diverses identités et / ou des diasporas culturelles entremêlées. L'hétérogénéité culturelle est en train de devenir

— et à grande vitesse — un trait caractéristique définitif, et même endémique, du mode urbain de cohabitation humaine ; mais la concrétisation au quotidien d'une telle perspective ne peut aller sans difficulté, et la première réponse qui lui est généralement opposée est faite de déni ou de rejet résolu, catégorique et têtu.

Comme l'écrit Umberto Eco, l'intolérance « se pose avant toute doctrine. En ce sens, elle a des racines biologiques, elle se manifeste entre les animaux sous forme de territorialité, elle se fonde sur des réactions émotives souvent superficielles — nous ne supportons pas ceux qui sont différents de nous, parce qu'ils ont une couleur de peau différente, parce qu'ils parlent une langue que nous ne comprenons pas, parce qu'ils mangent des grenouilles, du chien, du singe, du porc, de l'ail, parce qu'ils se font tatouer[5]... » Mettant plus fortement encore l'accent sur la principale raison de cette forte opposition à l'existence de croyances communes, Eco réitère son propos : « Pourtant, ce ne sont pas les doctrines de la différence qui produisent l'intolérance sauvage : elles exploitent un fond préexistant d'intolérance répandue[6]. » Une telle affirmation entre en forte résonance avec les aperçus que nous offre Fredrik Barth, le grand anthropologue norvégien. Barth nous apprend que les frontières ne sont pas dessinées à l'aune de différences relevées, mais que c'est plutôt l'inverse qui est vrai : si des différences sont relevées ou inventées, c'est parce que des frontières ont préalablement été dessinées. Pour ces deux intellectuels, les doctrines sont élaborées dans le but d'expliquer « rationnellement » et de justifier rétrospectivement des émotions déjà présentes et, la plupart du temps, négatives, des émotions synonymes de malaise, de désapprobation, de conflit, de ressentiment et de bellicisme.

Umberto Eco va jusqu'à affirmer que la forme d'intolérance « la plus dangereuse » est celle qui naît en l'absence de toute doctrine[7]. Après tout, il est possible, dans le cadre de débats, de s'attaquer à une doctrine articulée afin de réfuter ses assertions explicites et d'exposer au grand jour, une par une, les convictions implicites qu'elle dissimule. Cependant, les pulsions élémentaires sont immunisées contre de telles argumentations et s'en protègent même fermement. Les fondamentalistes, les intégristes, les racistes, les nationalistes et autres démagogues peuvent légitimement être accusés — et doivent même l'être — d'alimenter l'« intolérance élémentaire » préexistante et de capitaliser sur elle, visant bien sûr par là un gain politique. Ce faisant, ils contribuent activement à la propager et à en exacerber la morbidité. Mais ils ne peuvent être accusés d'être la cause du phénomène même de l'intolérance.

Où chercher, en conséquence, l'origine et le ressort de ce phénomène ? Il faut les trouver, me semble-t-il, en définitive, dans la *peur de l'inconnu* — peur dont les « étrangers » (qui, par définition, sont insuffisamment connus, moins encore compris, et bien trop imprévisibles dans leur manière de se comporter et de répondre à nos propres stratagèmes) sont les emblèmes les plus frappants, les plus tangibles, parce que présents à proximité et bien visibles. Les « étrangers » restent absents de la mappemonde sur laquelle nous inscrivons nos destinations ainsi que les routes y conduisant — et là encore par définition : s'ils y apparaissaient, leur statut changerait ; ils intégreraient dès lors une autre catégorie que celle des étrangers. Leur statut évoque de façon étrange celui que certaines cartes mentionnaient au moyen de la formule *hic sunt leones* [« ici sont les lions »], une mention qui avait tout d'une mise en garde et qui était inscrite à l'orée de certaines régions, οἰκουμένη inhabitables et inhabitées — à la réserve près, tout de même, que ces bêtes mystérieuses, sinistres et intimidantes, ces lions ayant désormais figure de migrants, ont aujourd'hui quitté leurs lointaines tanières pour squatter, après s'y être introduits furtivement, la pièce d'à côté. S'il était possible, à l'époque où ces cartes étaient réalisées, d'éviter prudemment de s'aventurer dans les environs de leurs tanières et, par un tel stratagème, peu compliqué, de se garder de toute mauvaise surprise, une telle option, aujourd'hui, n'est plus envisageable : les « bêtes » sont désormais à nos portes, et on ne peut éviter de tomber dessus dès lors que l'on se risque dans la rue.

En résumé : dans le monde où nous vivons, il est possible de tenter de contrôler l'immigration (bien que sans grand succès), mais la migration, elle, est destinée à suivre son propre cours, quoi que nous fassions. Ce processus se poursuivra, pour longtemps, aux côtés d'un autre, de plus vaste ampleur et possiblement le plus lourd de conséquences pour le genre humain. Cet autre grand problème, comme nous l'a montré Ulrich Beck, qui fut le meilleur analyste des tendances et perspectives manifestes et latentes qui vinrent bouleverser la condition humaine à la charnière des XXe et XXIe siècles[8], c'est la contradiction criante entre notre situation quasi cosmopolitique, qui est une *situation critique*, et la quasi-absence de *conscience*, vision ou attitude cosmopolitique. Ce problème est à la racine de nos dilemmes actuels les plus lancinants et de nos préoccupations et inquiétudes les plus taraudantes. Quand Ulrich Beck parlait d'une « situation cosmopolitique critique », il faisait référence à la situation d'interdépendance de l'humanité, une interdépendance matérielle et immatérielle avancée, d'une ampleur déjà planétaire, autrement appelée globalisation. Se constate aujourd'hui un hiatus considérable, et donc hautement problématique, entre cette situation critique et notre capacité à ajuster nos actions aux exigences inédites qu'elle suppose. Nous ne disposons que d'instruments qui, dans le passé, ont servi à atteindre des objectifs tels que l'autonomie, l'indépendance et la souveraineté. Ces mêmes instruments étaient également destinés à apaiser (en soi une tâche impossible !) les maux de tête provoqués par cette situation d'interdépendance, alors déjà effective, ainsi que par l'érosion et l'édulcoration, également déjà tangibles à l'époque, de l'autonomie et de la souveraineté territoriales.

Il existe de nombreuses manières légitimes — quoique simplifiées — de récapituler l'histoire du genre humain. L'une d'elles consiste à narrer l'histoire de l'extension du « nous », qui s'est déroulée de façon parfois très progressive, parfois abrupte. Cette histoire a débuté avec les hordes de chasseurs-cueilleurs (qui, à en croire les paléontologues, ne pouvaient comprendre plus de cent cinquante membres) ; elle s'est poursuivie avec les « totalités imaginaires » des tribus et des empires, jusqu'à aboutir aux États-nations ou « super-États », constitués de fédérations ou de coalitions, dont nous sommes les contemporains. Pourtant, aucune des formations politiques aujourd'hui existantes ne se montre à la hauteur d'un critère ou principe authentiquement « cosmopolitique » ; toutes jouent le « nous » contre « eux ». Chaque composante de cette mise en opposition combine une fonction d'unification ou d'intégration à une fonction de division et de séparation ; en effet, chacune peut exercer l'une de ces deux fonctions en se déchargeant de l'autre.

Cette division des humains en « nous » et en « eux » — leur juxtaposition et leur antagonisme — a été, tout au long de l'histoire de l'espèce, un trait caractéristique inséparable du mode humain d'être-au-monde. « Eux » et « nous » sommes reliés comme le sont les têtes *et* les membres des corps ou les deux faces d'une même pièce (une pièce n'ayant qu'une seule face étant un oxymore, une contradiction en soi). Les deux éléments de cette mise en opposition se définissent négativement sur le mode de la réciprocité : « eux » comme « non-nous », et « nous » comme « non-eux ».

Ce mécanisme fonctionna de façon relativement correcte tout au long des premiers stades de développement des corps politiquement intégrés, mais il ne coïncide plus avec la dernière phase de cette évolution, qui a vu la « condition cosmopolitique » apparaître et s'imposer sur l'agenda politique. En effet, un tel mécanisme est singulièrement inapte à opérer le « dernier saut » dans l'histoire de l'intégration humaine — ce dernier saut qui devrait consister à élever l'idée du « nous » ainsi que les pratiques de cohabitation, de coopération et de solidarité humaines au niveau de l'humanité envisagée comme une totalité. Ce dernier saut se démarquerait fortement de la longue histoire de tous les sauts l'ayant précédé (et qui se sont déroulés à plus petite échelle) ; il s'en démarquerait non pas simplement *quantitativement*, mais *qualitativement*, dans la mesure où rien ne le rattache aux précédents, où il n'a jamais été tenté en pratique. Un tel saut suppose rien de moins que de séparer — chose nécessairement traumatique — l'enjeu de l'« appartenance » (c'est-à-dire de l'auto-identification) de celui de la territorialité ou de la souveraineté politique. Il y a cent ans, ou à peu près, Otto Bauer, Karl Renner et Vladimir Medem, entre autres, en appelaient exactement à cela, et énergiquement, en réponse aux réalités multinationales des empires austro-hongrois et russe, même si une telle idée ne fut jamais en situation d'être mise en pratique ni même formalisée politiquement[9].

Mettre en pratique une telle vision des choses semble inenvisageable à moyenne échéance. Bien au contraire, la plupart des symptômes actuels laissent penser que le « eux » joue un rôle toujours plus central dans nos conceptions du monde — et de préférence le « eux » d'antan, à l'ancienne, aisément reconnaissable, incurablement hostile, parfaitement profilé pour correspondre au travail de consolidation des identités, de traçage des frontières et d'édification de murs[10]. La réaction impulsive « naturelle » et habituelle d'un nombre grandissant de pouvoirs en place face à l'érosion progressive de leur souveraineté territoriale consiste en un relâchement de leurs engagements supraétatiques ; les États qui, auparavant, avaient accepté de mettre en commun des ressources et qui s'étaient engagés dans des politiques de coordination interétatiques montrent aussi une certaine tendance à se retirer de ces partenariats et autres initiatives collectives. Pareille tendance ne fait qu'ajouter au désordre global qui, pour sa part, contribue lentement mais sûrement à rendre impuissantes les institutions politiques existantes. Les principaux gagnants d'une telle configuration sont les organismes financiers extraterritoriaux, les fonds d'investissement et autres organisations spéculatives, plus ou moins légales. Il va sans dire qu'une large partie de la population mondiale, et sans doute même une majorité qui ne cesse de croître, est la grande perdante de cette configuration, tout comme les principes ayant pour noms égalité économique et sociale, et justice intraétatique et interétatique.

Au lieu de tenter de déraciner les peurs existentielles provoquées par une telle situation, et de tenter de le faire sérieusement, de façon cohérente, coordonnée, sur le long terme, les gouvernements du monde entier ont sauté sur l'occasion de combler le déficit de légitimité qui les affligeait tous, lequel résultait des reculs de l'État-providence, des reculs de la « sécurisation » des problèmes sociaux par l'État, et donc du recul d'une authentique pensée et action politiques, ainsi que de l'abandon des efforts menés après-guerre pour instituer une « famille des nations ». Les craintes des populations, encouragées, alimentées et avivées par une alliance tacite, mais étroite, entre élites politiques, médias de masse et industries du divertissement, et avivées plus encore par la marée montante des démagogues, sont envisagées comme une matière première ô combien précieuse, qui se trouve habilement exploitée au service de divers objectifs — un véritable capital politique à faire fructifier, convoité qui plus est par les pouvoirs économiques désormais débridés, ainsi que par leurs lobbies politiques et autres exécutants fort zélés.

Un climat de méfiance mutuelle (et de principe), un climat de suspicion et de compétition féroce s'est imposé, du sommet de la société à sa base — marchés du travail compris, évidemment, dans la mesure où celui qui paie les pipeaux commande la musique qui nous est destinée, à nous, la populace. Un tel climat ne peut qu'être résolument hostile à toute idée d'esprit collectif et d'aide mutuelle — autant d'idées qui finissent par se faner et par succomber à force d'être étouffées (quand leurs bourgeons n'ont pas déjà été sèchement sectionnés). Les actions concertées, solidaires, menées au nom de l'intérêt général, voyant ainsi, de jour en jour, leur valeur diminuer, puisque peinant à susciter de l'intérêt, perdent évidemment en efficacité. Le dialogue aspirant à la reconnaissance réciproque, au respect et à la compréhension authentique perd ainsi toute signification — pourquoi, en effet, s'engager dans un dialogue visant ces objectifs dans de telles conditions ?

Il y a trente ans de cela, Michael Walzer tirait de l'Histoire la leçon suivante : « [...] si les États deviennent un jour de vastes communautés de voisinage, il y a des chances pour que les communautés de voisinage deviennent un jour de petits États. Leurs membres s'organiseront pour défendre la politique et la culture locales contre les étrangers. Historiquement, les voisinages se sont transformés en communautés fermées ou en paroisses [...] chaque fois que l'État était ouvert[11]. » Walzer avait compris que nous ne tarderions pas à faire de nouveau la même expérience. Le futur qu'il annonçait, et qui est désormais notre présent, n'a fait que confirmer ses prévisions ainsi que son diagnostic.

Petit ou grand, l'État revêt toujours la même signification, qui est simple et synonyme de souveraineté territoriale, c'est-à-dire de capacité à agir à l'intérieur de ses propres frontières au nom de ses citoyens et non pas au nom d'autres. Durant toute une période, les communautés de voisinage se sont mêlées, ou étaient du moins considérées comme destinées à se mêler, et ce, dans le cadre de vastes entités appelées États-nations — et avec pour perspectives, sinon dans un futur immédiat, du moins dans un avenir proche, l'unification et l'homogénéisation de tous les pans de la vie humaine, qu'ils relèvent de la culture, du droit ou de la politique. Après la guerre prolongée déclarée par les grandes entités à l'encontre des petites, déclarée par l'État à l'encontre des entités locales et autres « paroisses », nous entrons dans l'ère de la « subsidiarisation », une ère où les États se montrent prompts à se décharger de leurs obligations, de leurs responsabilités et (avec l'aimable permission de la globalisation et de la situation cosmopolitique récemment apparue) de leur pesant devoir de remettre de l'ordre dans le chaos — les petites localités et autres « paroisses » se préparant, elles, à prendre le relais et, si possible, à engranger toujours plus de responsabilités. *Le trait caractéristique du moment présent le plus évidemment lourd de dangers et de conflits potentiels, le plus potentiellement explosif, est à trouver dans cette intention, semble-t-il, largement partagée de tourner le dos à la vision kantienne d'une* Bürgerliche Vereinigung der Menschheit[12] — *un retrait général coïncidant avec les réalités de la globalisation avancée, et toujours plus intensifiée, de la finance, de l'industrie, du commerce, de l'information et de toutes les formes possibles et imaginables de fragilisation du droit. Un tel retrait* général *peut compter, en guise d'alliée sûre, sur la confrontation entre la mentalité du* klein aber mein, *du « c'est petit, mais c'est à moi », et la réalité d'une condition existentielle sans cesse plus cosmopolitique*.

En effet, conséquence de la globalisation et de la division du pouvoir politique qu'elle a induite, les États se transforment actuellement en communautés de voisinage à peine plus vastes, entassées dans des frontières au tracé vague, poreuses et inefficacement fortifiées ; tandis que les anciennes communautés de voisinage — dont on présumait qu'elles étaient destinées à finir dans les poubelles de l'Histoire aux côtés de tous les autres *pouvoirs intermédiaires* — s'échinent à endosser le rôle de « petits États », se chargeant désormais de la plupart des prérogatives aujourd'hui laissées à une politique quasi locale — dont celle, jadis jalousement gardée par l'État (qui en détenait même le monopole inaliénable), consistant à garantir la ligne de démarcation entre « nous » et « eux » (la réciproque étant, bien sûr, tout aussi vraie). Pour ces petits États, le « progrès » se réduit à un « retour aux tribus ».

Dans un territoire peuplé de tribus, les divers camps en conflit évitent obstinément de convaincre l'adversaire de se rallier à eux, ils évitent de faire du prosélytisme ou de convertir l'adversaire ; l'infériorité d'un membre — de n'importe quel membre — d'une tribu étrangère est et doit rester pour la tribu concernée un problème, qui ne devra jamais se voir apporter une solution, ou du moins qui devra être envisagé et traité en tant que tel, comme un problème insoluble. L'infériorité de l'autre tribu est sa condition ineffaçable et irréparable, son stigmate indélébile, condamné à résister à toute tentative de réhabilitation. Une fois instituée, à l'aune de telles règles, la séparation entre « nous » et « eux », il ne s'agit plus pour les parties antagonistes de se rencontrer dans le but d'atténuer leurs dissensions, mais de trouver ou créer des preuves supplémentaires attestant que cette démarche est contraire à la raison et parfaitement inenvisageable. Enfermés dans leur défiance mutuelle et leur logique, où seules règnent les notions de supériorité et d'infériorité, les membres des différentes tribus cessent de se parler et s'ignorent totalement.

Quant aux résidents des zones frontières ou des zones grises, et quant à ceux qui se sont exilés dans ces zones, ils se voient assigner un statut spécifique, celui d'« individus inconnus et donc menaçants ». Ce statut est la conséquence de leur résistance, active ou non, aux catégories cognitives servant la consolidation de l'« ordre » et de la « normalité », ou de leurs dérobades devant elles. Leur péché capital ou crime impardonnable ? Être la cause d'une incapacité mentale et pratique, due à la confusion comportementale qu'ils ne peuvent que générer (ici, nous pourrions nous souvenir de la définition donnée par Ludwig Wittgenstein de la compréhension : savoir comment aller de l'avant). De surcroît, ce péché capital ne peut que difficilement se voir rédimer eu égard aux obstacles considérables, et même au refus catégorique que « nous » opposons à tout dialogue avec « eux », à l'idée d'un dialogue visant à mettre au défi et surmonter l'impossibilité initiale de toute compréhension. L'assignation à une zone grise est un processus autonome, qui se met en branle tout seul et qui est intensifié par la rupture de toute communication, ou plutôt par le refus *a priori* de toute communication. Cette manière de faire de la difficulté de compréhension une injonction morale et un devoir imposé par Dieu ou par l'Histoire est après tout la cause première de la création et de la fortification des frontières servant à « nous » séparer d'« eux » — et un stimulant suprême pour l'édification de telles frontières (qui, d'ailleurs, le plus souvent, ne sont pas exclusivement dessinées à l'aune de considérations religieuses ou ethniques). Jouant le rôle d'interface entre « eux » et « nous », la zone grise de l'ambiguïté et de l'ambivalence constitue inévitablement le territoire principal (et bien trop souvent le territoire unique) sur lequel se déchaînent les implacables hostilités nous faisant nous déchirer, « eux » et « nous »[13].

Le pape François — peut-être la seule grande personnalité d'envergure mondiale à avoir eu le courage et la détermination de creuser jusqu'aux racines les plus profondes de nos maux contemporains, de notre confusion et de notre impuissance, et de les afficher au grand jour — a déclaré ceci à l'occasion de la remise du prix Charlemagne 2016 :

> S'il y a un mot que nous devons répéter jusqu'à nous en lasser, c'est celui-ci : dialogue. Nous sommes invités à promouvoir une culture du dialogue en cherchant par tous les moyens à ouvrir des instances afin qu'il soit possible et que cela nous permette de reconstruire le tissu social. La culture du dialogue implique un apprentissage authentique, une ascèse qui nous aide à reconnaître l'autre comme un interlocuteur valable ; qui nous permette de regarder l'étranger, le migrant,

> celui qui appartient à une autre culture comme un sujet à écouter, considéré et apprécié. Il est urgent pour nous aujourd'hui d'impliquer tous les acteurs sociaux dans la promotion d'« une culture qui privilégie le dialogue comme forme de rencontre », en promouvant « la recherche de consensus et d'accords, mais sans la séparer de la préoccupation d'une société juste, capable de mémoire, et refusant l'exclusion » (*Evangelii gaudium,* 239). La paix sera durable dans la mesure où nous armons nos enfants des armes du dialogue, dans la mesure où nous leur enseignons le bon combat de la rencontre et de la négociation. Ainsi, nous pourrons leur laisser en héritage une culture qui sait définir des stratégies non pas de mort, mais de vie, non pas d'exclusion, mais d'intégration[14].

Et le pape François de prononcer dans la foulée cette phrase, qui contient un autre message, inséparable de la culture du dialogue évoquée plus haut, et qui en constitue même une condition *sine qua non :*

> Cette culture du dialogue, qui devrait être insérée dans tous les cursus scolaires comme axe transversal des disciplines, aidera à inculquer aux jeunes générations une manière de résoudre les conflits différente de celle à laquelle nous nous habituons.

Présenter une culture du dialogue comme la grande tâche de l'éducation, et nous placer dans le rôle d'enseignants laisse penser que les problèmes auxquels nous devons désormais faire face sont là pour durer, et pour très longtemps. Ces problèmes, nous ne parviendrons pas à les résoudre si nous nous en tenons « à la manière à laquelle nous nous habituons ». La culture du dialogue représente ici une chance de trouver des solutions à la fois plus humaines et, espérons-le, plus efficaces. Pour citer un vieux dicton populaire chinois — vieux, mais en rien démodé —, ce sont ceux qui se soucient de l'année à venir pour les semaisons, ceux qui se soucient des dix années à venir pour planter des arbres, et ceux qui se soucient des cent années à venir pour éduquer les hommes, qui seront appelés à trouver ces solutions.

Les problèmes auxquels nous sommes actuellement confrontés ne sauraient, autant dire, se régler d'un coup de baguette magique, à coups de raccourcis ou de remèdes d'un jour ; ils exigent rien de moins qu'une autre révolution *culturelle*. Et ils exigent aussi, en conséquence, une réflexion de long terme, ainsi qu'une planification à long terme : des arts, hélas, dans l'ensemble oubliés, et rarement mis en pratique dans nos existences vécues dans la hâte, sous la tyrannie de l'instant présent. Nous avons grand besoin de nous souvenir de ces arts-là et de les réapprendre. Pour ce faire, il nous faudra garder la tête froide, avoir des nerfs d'acier et beaucoup de courage ; surtout, il nous faudra une véritable et grande vision de long terme, et une immense patience.

ZYGMUNT BAUMAN[15]

Chapitre III

NÉOLIBÉRALISME PROGRESSISTE CONTRE POPULISME RÉACTIONNAIRE : UN CHOIX QUI N'EN EST PAS UN

L'élection de Donald Trump constitue l'un des nombreux épisodes de rébellion politique tout à fait spectaculaires que nous avons récemment pu observer, et qui témoignent tous d'un effondrement de l'hégémonie néolibérale. Ces épisodes, qui peuvent être présentés comme des révoltes, incluent, entre autres, le vote en faveur du Brexit au Royaume-Uni, le rejet des réformes de Renzi en Italie, la campagne menée aux États-Unis, dans le cadre des dernières présidentielles, par Bernie Sanders — qui visait l'investiture démocrate —, mais aussi la montée en puissance, en France, du Front national. Si elles diffèrent grandement par leurs idéologies et buts respectifs, ces mutineries électorales ont une cible commune : toutes visaient, visent à rejeter la globalisation, le néolibéralisme et les élites politiques qui avaient promu cette globalisation et ce néolibéralisme. Dans chaque cas, les électeurs ont dit « Non ! » à cette combinaison fatale d'austérité, de libre-échange, de dette rapace et de travail précaire sous-payé qui caractérise le capitalisme financiarisé de notre temps. Leurs votes représentent le pendant politique subjectif de la crise structurelle objective traversée par cette forme de capitalisme. Manifeste depuis un certain temps déjà, comme en témoignent à l'échelle mondiale les violentes remises en cause de la reproduction sociale, cette crise structurelle est devenue évidente aux yeux de tous en 2007-2008 avec la quasi-désintégration du système financier global.

Cependant, jusque récemment, la principale réponse apportée à cette crise avait été pour l'essentiel de nature protestataire : une réponse protestataire souvent spectaculaire, et au fort caractère *social*, qui témoignait certes d'une belle vitalité, mais qui se montra en général éphémère. Les systèmes *politiques*, en comparaison, ont semblé relativement immunisés contre une telle réponse, contrôlés encore comme ils le sont par des bureaucrates de partis et hauts fonctionnaires à même d'y faire face, du moins dans les États les plus puissants du noyau dur capitaliste (États-Unis, Royaume-Uni, Allemagne). Mais désormais, les ondes de choc de ces mutineries électorales se propagent dans le monde entier, y compris dans les citadelles de la finance globale. Ceux qui ont voté pour Trump, comme ceux qui ont voté pour le Brexit et contre les réformes italiennes, se sont soulevés contre leurs dirigeants politiques. Bien décidés à faire un pied de nez à l'establishment politique, ils ont répudié les grandes orientations qui, tout au long de ces trente dernières années, ont à leurs yeux détérioré leurs conditions de vie. La surprise n'est pas qu'ils aient agi ainsi, mais qu'ils aient attendu autant pour le faire.

Cela dit, la victoire de Trump ne témoigne pas seulement d'un sentiment de révolte contre la finance globale. Ce que ses électeurs ont rejeté n'est pas le néolibéralisme tout court, mais le néolibéralisme *progressiste*. Cela pourrait passer pour un oxymore, mais nous avons là un alignement politique réel, et pervers, qui constitue la clef de compréhension de la présidentielle américaine — et peut-être de certaines évolutions en cours ailleurs. Dans sa forme américaine, le néolibéralisme progressiste représente une alliance des principaux nouveaux mouvements sociaux (féminisme, antiracisme, multiculturalisme, défense des droits LGBT) et des secteurs de pointe à forte valeur ajoutée des industries de la finance et des services (Wall Street, Silicon Valley et Hollywood). Cette alliance est effectivement celle des forces progressistes et des forces du capitalisme cognitif — et tout particulièrement de la financiarisation. Les premières ont, sans le vouloir, contribué au renforcement des secondes en leur prêtant de leur aura. Des idéaux comme la diversité ou l'autonomie personnelle, qui, en principe, pourraient servir d'autres fins, ont ainsi été mis au service de politiques qui ont dévasté le secteur industriel et les conditions de vie de la classe moyenne inférieure, ne servant ici que de simple vernis à cette entreprise de destruction.

Le néolibéralisme progressiste s'est développé aux États-Unis au fil des trente dernières années, et il fut pour ainsi dire ratifié par l'élection de

Bill Clinton en 1992. Clinton fut le chef de file et porte-étendard de ces « nouveaux démocrates » — l'équivalent américain du New Labour de Tony Blair. En lieu et place de la coalition qui avait imposé le New Deal — et qui avait réuni les ouvriers du secteur industriel syndicalisés, les Afro-Américains et les classes moyennes urbaines —, Clinton forgea une nouvelle alliance : entrepreneurs, habitants des banlieues[1], nouveaux mouvements sociaux, jeunes générations... Tous imbus de leur foi progressiste en la modernité, et embrassant tous les idéaux de la diversité, du multiculturalisme et du féminisme... Mais l'administration Clinton, si elle soutenait de telles idées progressistes, n'en courtisait pas moins Wall Street. Bien décidée à soumettre l'économie américaine aux grands principes édictés par Goldman Sachs, elle dérégula le système bancaire et négocia les accords de libre-échange qui accélérèrent la désindustrialisation. La région qui avait été jadis le bastion de la social-démocratie du New Deal, cette vaste région que l'on appelait autrefois la « Manufacturing Belt », la ceinture des usines, est désormais appelée la « Rust Belt », la « ceinture de la rouille ». Et c'est de cette grande région qu'est issu le collège électoral ayant porté Donald Trump à la Maison-Blanche. Aux côtés des grands centres industriels du sud des États-Unis, elle a subi de plein fouet la financiarisation devenue folle des deux dernières décennies. La politique menée par Clinton, et qui fut poursuivie par ses successeurs, Barack Obama compris, a considérablement dégradé les conditions de vie des populations ouvrières, et tout particulièrement celles du secteur industriel. En résumé : le clintonisme est responsable en bonne part de l'affaiblissement des syndicats, du déclin des salaires, de la précarisation sans cesse grandissante du travail, ainsi que du développement de la « two-earner family », de cette famille à deux revenus (parce qu'un seul ne suffit plus).

Comme je l'ai dit, l'assaut mené contre la sécurité de l'emploi fut recouvert d'un vernis pseudo-émancipatoire, emprunté à la rhétorique des nouveaux mouvements sociaux. On parla de triomphe du féminisme, mais la réalité de l'idéal de la « famille à deux revenus » était tout autre et parfaitement désespérante : salaires en berne, sécurité de l'emploi remise en cause, déclin de la qualité de vie... Le ratio entre le nombre d'heures passées à travailler et les salaires touchés s'avéra toujours plus médiocre, les heures passées au travail ne cessant pas, elles, d'augmenter. Le nombre de foyers dépendant de la seule activité de la mère explosa lui aussi, tout particulièrement dans les rangs des populations les plus fragilisées. Et ces femmes, pauvres, noires ou immigrées, ne purent que lutter désespérément, et en vain, pour s'occuper de leur progéniture. Tandis que les régions industrielles étaient, tout au long de ces années, littéralement ravagées, l'Amérique bruissait de délicieux babils au sujet de la « diversité », de l'« autonomisation des femmes » et de la « lutte contre les discriminations ». Identifiant le progrès à la méritocratie — et opposant celle-ci à l'égalité —, les tenants de cette vision du monde considérèrent que l'émergence de femmes « talentueuses », de membres des minorités et de gays au sein des hiérarchies du monde de l'entreprise était synonyme d'émancipation — alors que l'émancipation véritable aurait consisté en l'abolition de ces hiérarchies. Ces conceptions libérales-individualistes du progrès remplacèrent progressivement celles de l'émancipation qui avaient prospéré tout au long des décennies 1960 et 1970 et qui avaient été plus ambitieuses, plus sensibles aux antagonismes de classe, antihiérarchiques, égalitaires et anticapitalistes. La nouvelle gauche entrant en déclin, sa critique structurelle de la société capitaliste perdit de son influence, et la mentalité libérale-individualiste caractéristique du pays retrouva de sa force, venant diminuer, sans que personne ne s'en rende compte, les aspirations des « progressistes » et autres hommes et femmes de gauche autoproclamés. Cependant, l'élément vraiment décisif, qui vint sceller le tout, fut la coïncidence entre ce processus et la montée en puissance du néolibéralisme. Un parti bien décidé à libéraliser l'économie capitaliste trouva alors son partenaire idéal dans un féminisme d'entreprise méritocratique ayant pour seule ambition de « faire sauter le plafond de verre ».

Ces évolutions masquèrent une métamorphose du capitalisme, qui avait débuté dans les années 1970 et qui est désormais arrivée à terme. L'aspect structurel de cette transformation, nous l'avons maintenant bien circonscrit : alors que le précédent régime du capitalisme étatiquement encadré investissait les gouvernements du pouvoir de subordonner les intérêts à court terme des entreprises privées à cet objectif à long terme qu'était une croissance soutenue, le régime qui lui a succédé autorise la finance globalisée à soumettre les gouvernements et les populations aux intérêts immédiats des investisseurs privés. Mais l'aspect politique de cette transformation n'est pas toujours bien compris. Et pour ce faire, la réflexion de Karl Polanyi s'avère ici précieuse[2]. Combinant une production et une consommation de masse à un fort investissement du secteur public, le capitalisme encadré par l'État avait fait en quelque sorte, et de façon fort créative, la synthèse de deux projets que Polanyi considérait comme antithétiques : la marchéisation[3] et la protection sociale. Or, dans la mesure où l'édifice entier reposait non seulement sur la prédation (néo)impériale et continue du Sud, mais aussi sur l'institutionnalisation de la dépendance des femmes et l'exclusion, pour motifs raciaux, des ouvriers agricoles et industriels de couleur de ce système de protection sociale, il est permis d'affirmer que ce travail de synthèse s'était fait aux dépens d'un troisième projet, négligé par lui : le projet d'émancipation. Ces populations exclues devaient, au tournant des années 1960, se mobiliser activement contre un « marché » qui leur imposait de payer le prix de la sécurité et de la prospérité relatives des autres. Et à fort juste titre ! Mais leurs luttes, hélas, allaient se recouper catastrophiquement avec d'autres, menées sur un tout autre front, qui, tout au long des décennies suivantes, ne cesseraient plus de gagner en efficacité. Les luttes menées sur ce front-là l'étaient par un parti en pleine ascension, celui des partisans du libre-échange, bien décidés à libéraliser et à globaliser l'économie capitaliste. Et ces luttes furent menées, dans les pays du noyau dur capitaliste, contre les mouvements ouvriers alors déjà en déclin, et qui, lorsqu'ils perdirent le soutien de la social-démocratie — c'est-à-dire leur principal appui —, ne purent qu'adopter, quand ils n'étaient pas entièrement défaits, une posture uniment défensive. Dans ce contexte, les nouveaux mouvements sociaux progressistes, dont l'objectif était de renverser les hiérarchies fondées sur la « race », l'ethnicité, l'appartenance sexuelle, durent se mesurer à des populations qui cherchaient à défendre des univers de vie et privilèges jusqu'alors bien établis et désormais menacés par le cosmopolitisme de la nouvelle économie financiarisée. La collision de ces deux fronts de lutte entraîna l'apparition d'une nouvelle constellation : *les partisans de l'émancipation pactisèrent avec les partisans de la financiarisation, faisant dès lors équipe*. Le très funeste fruit de leur union, ce fut le néolibéralisme progressiste.

Le néolibéralisme progressiste mêle des idéaux d'émancipation tronqués et des formes de financiarisation létales. Et c'est précisément ce mélange-là qui a été rejeté *dans sa totalité* par les électeurs de Trump. Parmi tous ceux qui ont subi de plein fouet ce *brave new world* cosmopolite, nous trouvons tout d'abord les ouvriers du secteur industriel, mais aussi les cadres de ce secteur, les petits entrepreneurs ainsi que tous ceux qui dépendaient de la prospérité du secteur industriel, dans ce qui est aujourd'hui devenu la « Rust Belt » et dans le Sud ; nous y trouvons enfin les populations rurales dévastées par le chômage et les drogues. Ces populations ont vécu la désindustrialisation comme une grave offense, doublée d'une autre : le moralisme progressiste, qui ne cessa plus, dès lors, de les portraiturer comme un ramassis d'arriérés. En rejetant la globalisation, les électeurs de Trump ont également répudié le cosmopolitisme libéral identifié à elle. Certains (pas tous, tant s'en faut) eurent vite fait d'imputer l'aggravation de leurs conditions de vie au « politiquement correct », aux gens de couleur, aux immigrés et aux musulmans. À leurs yeux, le féminisme et Wall Street sont une seule et même chose, que la personne de Hillary Clinton incarne à la perfection.

C'est l'absence d'une gauche véritable qui permit à cette fusion funeste de s'accomplir. En dépit de soulèvements épisodiques du type Occupy Wall Street, qui s'avérèrent tous éphémères, il n'y eut pas de présence soutenue de la gauche aux États-Unis, plusieurs décennies durant. Il aurait fallu que soit élaboré et que soit tenu un discours de gauche intelligent, exhaustif et ambitieux, articulant les griefs légitimes de tous ceux qui ont voté pour Trump non seulement à une critique impitoyable de la financiarisation, mais aussi à une vision antiraciste, antisexiste et antihiérarchique de l'émancipation. Or un tel discours ne fut pas élaboré et ne fut *a fortiori* tenu nulle part. Chose également dévastatrice, les liens potentiels entre la question du travail et les nouveaux mouvements sociaux furent entièrement ignorés. Ces pôles pourtant indispensables à une présence pérenne de la gauche dans l'espace public furent déconnectés, maintenus à distance l'un de l'autre, et finalement envisagés comme antithétiques, du moins jusqu'à la remarquable campagne menée, dans le cadre des primaires démocrates, par Bernie Sanders, qui s'échina alors à réunir ces deux pôles, notamment après y avoir été incité par le mouvement Black Lives Matter. Piétinant les lieux communs néolibéraux dominants, Sanders fit campagne contre « l'économie truquée », cette économie qui, trente années durant, s'était attachée à répartir de façon pour le moins inéquitable les richesses. Il cibla également le « système politique truqué » qui avait soutenu et protégé cette économie, et souligna à quel point les démocrates et les républicains s'étaient mis d'accord, plusieurs décennies auparavant, pour étouffer toute proposition sérieuse de réforme structurelle, saturant dans le même temps l'espace public de leurs autres batailles et asphyxiant, ce faisant, cet espace public-là. Portant l'étendard d'un « socialisme démocratique », Sanders donna ainsi une voix à des sentiments qui avaient disparu de l'espace public depuis le mouvement Occupy Wall Street, et leur conféra une puissante portée politique, au fort goût insurrectionnel.

On est en droit d'établir un parallèle entre la campagne de Sanders, sa résonance dans le camp des démocrates, et celle que mena Trump. Tandis que Trump mettait un terme à l'hégémonie de l'establishment républicain, Sanders, lui, se montra à deux doigts de battre Clinton, qui avait pourtant été adoubée par Obama, et à deux doigts de prendre la tête d'un Parti démocrate dont chaque niveau était pourtant soigneusement contrôlé par des apparatchiks acquis à Clinton. Sanders et Trump réussirent, chacun de leur côté, à galvaniser une partie considérable, majoritaire en fait, de l'électorat américain. Mais seul le populisme de Trump s'avéra tenir la distance. Si Trump écrasa en effet ses rivaux du camp républicain, y compris ceux qui avaient les faveurs des grands donateurs, y compris les piliers incontournables du parti, Sanders, lui, vit son insurrection efficacement entravée par un Parti démocrate bien moins démocratique que son rival. Lorsqu'il fallut voter pour la présidence de la nation, toute véritable alternative de gauche avait été rayée de la carte.

Dès lors, le choix à effectuer ne pouvait qu'être un faux choix, un choix qui n'en était pas un : il s'agissait en effet désormais de choisir entre un populisme réactionnaire et le néolibéralisme progressiste. Optant très vite pour un discours moralisateur de petit calibre, Hillary Clinton centra toute sa campagne sur la « nocivité » de Trump. Et celui-ci, il est vrai, ne se fatigua pas à la démentir, s'adonnant à des provocations sans fin, toutes plus toxiques les unes que les autres, avançant en outre une litanie de prétextes qui lui permirent d'éluder aisément les questions que Sanders s'était attaché à soulever. Mais Clinton ne pouvait que jouer ce petit jeu-là et elle mordit bien volontiers à l'hameçon. Préférant se concentrer sur les insultes de Trump visant les musulmans, sur sa manière graveleuse de parler des femmes, partant aussi du principe que les partisans de Sanders lui étaient acquis, elle supprima de son discours toute référence à l'« économie truquée », à la nécessité d'une « révolution politique », aux coûts sociaux du libre-échange néolibéral et de la financiarisation, aux inégalités et injustices extrêmes accompagnant ces coûts sociaux. Et pas plus ne reconnut-elle le moindre bien-fondé aux conceptions dissidentes de Trump en matière de politique étrangère, à ses doutes quant aux ambitions démocrates de changer certains régimes étrangers, à sa vision de l'avenir de l'OTAN et à ses opinions sur la « diabolisation » de la Russie. Convaincue de ne pas pouvoir perdre — imbue comme elle l'est de ses compétences — face à un homme aussi extravagant et impréparé que Trump, Clinton partit du principe qu'il lui suffirait d'attiser l'hystérie de Trump, de provoquer ses injures et autres outrages, et de jouer la montre. Optant pour la bonne vieille tactique de la peur, ses auxiliaires mirent la pression sur les partisans de Sanders. Afin de stopper la menace « fasciste », ils devaient cesser, leur annonça-t-on, de critiquer la candidate démocrate et opter sagement pour le moindre mal.

Mais cette stratégie s'avéra désastreuse, et pas simplement parce que Clinton a perdu. En refusant de se colleter aux conditions qui étaient à l'origine de la montée en puissance de Trump, Clinton tira tout simplement un trait sur ses soutiens naturels et sur leurs inquiétudes. Beaucoup, avant même que débute la campagne, étaient convaincus que les progressistes étaient des alliés de la finance globale — et la révélation des liens entre Clinton et Goldman Sachs ne fit que le confirmer. Mais la campagne elle-même entérina définitivement une telle conviction. Non seulement Clinton ne donna aucun « coup à gauche », comme l'attendaient ses soutiens les plus réticents, mais elle contribua activement à faire que le choix proposé — populisme réactionnaire contre néolibéralisme progressiste — soit un faux choix.

En fait, une telle logique du « moindre mal » n'était guère chose nouvelle. Nous avons là le positionnement habituel de la gauche américaine, remis au goût du jour tous les quatre ans : il consiste à ventriloquer les objectifs libéraux tout en demandant à son électorat de réviser à la baisse ses exigences, en jouant sur la peur d'un Bush ou d'un Trump. Bien que destinée à nous sauver du « pire », cette stratégie ouvre en réalité la voie à de nouveaux croque-mitaines toujours plus dangereux — et dont la dangerosité toujours plus grande est dès lors invoquée pour demander de nouvelles révisions à la baisse. Un authentique cercle vicieux. Y a-t-il quelqu'un pour croire sincèrement qu'une présidence Clinton aurait sonné le glas de Wall Street et des « 1 % »[4] ? Qu'elle aurait calmé plutôt qu'alimenté la rage populiste ? En réalité, la grande colère ressentie par de nombreux partisans de Trump est parfaitement légitime, même si une partie de cette rage se tourne actuellement et fort malheureusement contre les immigrés et autres boucs émissaires. Répondre de façon appropriée à une telle situation aurait supposé, loin de toute condamnation morale, de reconnaître le bien-fondé de cette colère et, dans le même temps, de contribuer à ce que cette rage soit redirigée vers les prédations systémiques du capitalisme financier.

Voilà ce qu'il aurait fallu faire — et c'est ainsi qu'il faudrait maintenant répondre à tous ceux qui en appellent à s'allier inconditionnellement avec les néolibéraux au motif qu'il s'agirait désormais de parer au fascisme. Le problème n'est pas seulement que le populisme réactionnaire n'est pas (encore) le fascisme. Il est aussi que le libéralisme et le fascisme ne sont pas deux choses qui n'auraient strictement rien à voir l'une avec l'autre, l'une étant bonne et l'autre mauvaise : libéralisme et fascisme constituent les deux versants profondément interconnectés du système mondial capitaliste. Bien qu'ils ne soient en rien équivalents sur le plan normatif, tous deux sont les produits d'un capitalisme déchaîné qui, partout, déstabilise les univers de vie et d'habitation, charriant dans son sillage des espoirs d'émancipation individuelle comme des souffrances tues. Le libéralisme donne expression au premier versant — l'aspect libératoire — de ce processus, tout en passant sous silence la colère et la douleur qui sont associées à son second versant. Destinés à suppurer en l'absence de toute alternative, ces sentiments nourrissent les autoritarismes de toutes sortes : ceux qui méritent réellement d'être qualifiés de fascistes, comme ceux qui, clairement, ne le méritent pas. Pour le dire autrement : sans une gauche authentique, le chaos du « développement » capitaliste ne peut que générer des forces libérales et des contre-forces autoritaires, réunies dans une symbiose perverse. Loin d'être l'antidote au fascisme, le (néo)libéralisme est ainsi son complice et partenaire criminel. Le véritable antidote au fascisme (qu'il soit un proto-fascisme, un quasi-fascisme ou un fascisme réel) ne peut consister qu'en un projet de gauche réorientant opportunément la colère et les souffrances des dépossédés au profit d'une profonde restructuration sociétale et d'une « révolution » politique démocratique. Jusque très récemment, un tel projet ne pouvait pas même être envisagé tant les lieux communs néolibéraux se montraient hégémoniques, jusqu'à l'asphyxie. Mais grâce à Sanders, Corbyn, Syriza et Podemos — si imparfaits soient-ils tous —, l'idée même de possibilité, de perspective, fait son retour.

La leçon à tirer de tout cela est en conséquence assez claire : *la gauche devrait refuser de choisir entre un néolibéralisme progressiste et un populisme réactionnaire*. Plutôt que d'accepter les coordonnées qui nous sont présentées par la classe politique, nous ferions mieux de les redéfinir de fond en comble en partant du principe que la répulsion des populations vis-à-vis de l'ordre actuel, qui est considérable, ne cesse en outre de s'aiguiser. Plutôt que d'acquiescer à l'attelage financiarisation-et-pseudo-émancipation, contre l'idée même de protection sociale, nous ferions mieux de nous attacher à forger une nouvelle alliance contre la financiarisation — une alliance fondée sur les idéaux d'émancipation véritable et de protection sociale. Dans un tel projet, qui se situe dans le prolongement de celui de Sanders, l'émancipation ne consiste pas à instiller de la diversité dans les hiérarchies du monde de l'entreprise, mais à abolir ces hiérarchies. Quant à l'idée de prospérité telle qu'envisagée par un tel projet, elle ne suppose pas de démocratiser la valeur actionnariale ou de mieux répartir les bénéfices de l'entreprise : elle consiste à garantir à tous les prérequis matériels d'une vie bonne. Cette combinaison demeure la seule réponse possible à la conjoncture actuelle.

Quant à moi, je ne pleure pas la défaite du néolibéralisme progressiste. Il y a certainement beaucoup à craindre d'une administration Trump raciste, hostile aux immigrés et antiécologique. Mais nous ne devrions pleurer ni l'implosion de l'hégémonie néolibérale ni l'éradication de l'hégémonie du clintonisme sur le Parti démocrate, qui était littéralement tenu d'une main de fer par lui. La présidence Trump n'offrira bien évidemment aucune amorce de solution à la crise que nous traversons. Aucun nouveau régime n'émergera, aucune hégémonie rassurante ne fera son apparition. Nous avons plutôt affaire avec elle à un interrègne, c'est-à-dire une situation ouverte et instable où les cœurs comme les esprits sont à saisir, sont à prendre. Une telle situation est certes dangereuse, mais elle offre aussi des opportunités de construire une nouvelle « nouvelle gauche ».

Pour que cela soit le cas, il faudra notamment que les progressistes qui s'étaient ralliés à la campagne de Clinton engagent une réflexion sérieuse sur le choix qui a été le leur, une introspection sérieuse. Ils devront abandonner le mythe réconfortant, mais absolument faux dans lequel ils se complaisent encore, voulant qu'ils aient été vaincus par un « panier de gens déplorables » (de racistes, de misogynes, d'islamophobes et d'homophobes) soutenu par Vladimir Poutine et le FBI. C'est qu'ils devront reconnaître leur propre part de responsabilité dans le sacrifice de la cause de la protection sociale, du bien-être matériel des classes moyennes inférieures et de la dignité ouvrière — un sacrifice qui fut réalisé au nom d'une fausse idée d'émancipation, confondue avec la méritocratie, la diversité et l'autonomie personnelle. Il leur faudra en effet réfléchir sérieusement à la manière dont nous pourrions transformer l'économie politique du capitalisme financiarisé, afin de faire revivre ce « socialisme démocratique » tel qu'il fut évoqué par Sanders, et de comprendre en quoi il pourrait consister en ce XXIe siècle. Il leur faudra, surtout, venir en aide à cette vaste masse des électeurs de Trump, qui ne sont ni des racistes ni des militants d'extrême droite, mais des victimes d'un « système truqué », qui peuvent et doivent être convaincues du bien-fondé du projet antinéolibéral d'une gauche profondément renouvelée et rajeunie.

Tout cela ne signifie *pas* pour autant, évidemment, qu'il faudrait mettre en sourdine toute critique du racisme et du sexisme, toute préoccupation pour ces questions. Mais tout cela suppose de montrer comment ces situations d'oppression sur le long terme trouvent aujourd'hui de nouvelles expressions et de nouveaux motifs dans le capitalisme financiarisé. En réfutant fermement la fausse pensée à somme nulle qui a dominé les présidentielles américaines, nous devrions relier entre eux les maux et les torts endurés par les femmes et les hommes de couleur à ceux qui sont endurés par les fort nombreux électeurs de Trump. Ce faisant, une gauche revitalisée serait à même de poser les fondations d'une nouvelle et puissante coalition bien décidée à combattre au nom d'une justice pour tous.

NANCY FRASER

Chapitre IV

DU PARADOXE DE LA LIBÉRATION À LA DISPARITION DES ÉLITES LIBÉRALES

Le monde semble avoir basculé, presque du jour au lendemain, dans une grande confusion. Nous pouvons observer, dans nos sociétés libérales et démocratiques, que les populations se radicalisent, alors même qu'elles avaient pour l'essentiel accepté, au lendemain de la Seconde Guerre mondiale, les règles du jeu libéral, et qu'elles les avaient respectées. Que ce soit aux États-Unis, en France, au Royaume-Uni, en Autriche, en Allemagne, en Hongrie ou en Israël, une partie significative de la population semble désormais décidée à remettre en question certaines composantes essentielles du libéralisme politique : le pluralisme ethnique et religieux, l'intégration de la nation au sein d'un ordre mondial à travers l'échange économique et les institutions internationales, l'expansion des droits individuels et collectifs, la tolérance vis-à-vis de la diversité sexuelle, la neutralité de l'État en matière de religion et d'appartenance ethnique… Et dès lors que l'on quitte ce monde occidental qui avait été jusqu'ici traditionnellement libéral, on découvre une situation plus sinistre : la Russie, la

Turquie et les Philippines sont les proies d'un style de gouvernement agressif, brutal, chauvin, leurs dirigeants respectifs affichant un mépris ouvert et décomplexé pour l'État de droit et les droits de l'homme.

Nous avons pour habitude de considérer le fondamentalisme comme « l'Autre » de l'Occident, et on ne compte plus les ouvrages qui ont envisagé le fondamentalisme islamiste de cette façon. Pourtant, et de façon pour le moins ironique, un autre « Autre » a fait ces dernières années son apparition, au cœur même de nos sociétés : un « Autre » tout ce qu'il y a de plus concret, qui prend la figure de notre voisin. Je vais me pencher ici sur ce fondamentalisme que nous côtoyons désormais au quotidien, celui de ces populations vivant dans des démocraties occidentales ou dans des pays aspirant à les rejoindre, et qui semblent être motivées par un désir de revenir aux « fondements » ou « fondamentaux » de leur culture, de leur civilisation, de leur religion, de leur nation. Ce fondamentalisme-là est alimenté par la religion et la tradition, mais la religion, ici, est surtout mobilisée pour défendre la pureté du peuple ainsi qu'une vision essentialiste de la nation.

Je vais surtout me pencher dans ces pages sur le processus de radicalisation interne actuellement à l'œuvre dans cette toute petite partie du monde qu'est Israël. L'analyse du cas d'Israël permet, je le crois, d'éclairer et de comprendre les autres processus de radicalisation à l'œuvre ailleurs dans la mesure où ce pays a sombré dans une politique populiste régressive une bonne décennie au moins avant que tous les autres suivent son exemple (processus que le journaliste Christophe Ayad a appelé l'« israélisation du monde[1] »). Cette politique réactionnaire se manifeste de diverses façons : par la radicalisation du parti régnant, le Likoud (particulièrement depuis les élections de 2009), et par son glissement vers l'« Alt-Right[2] », dans la mesure où il vise désormais tout à fait ouvertement l'instauration d'une suprématie juive sur les Arabes, sur le plan territorial comme sur le plan juridique (un membre éminent du Likoud à la Knesset ayant récemment affirmé qu'il préférerait voir les citoyens arabes cesser d'exercer leur droit de vote) ; par la banalisation de propos messianiques extrémistes tenus par des politiciens eux-mêmes extrémistes et en appelant à la restauration d'un grand Israël biblique (position qui, ne serait-ce que dix ans auparavant, aurait été unanimement considérée comme de la démence pure et simple) ; par la délégitimation publique des opinions de gauche, désormais stigmatisées par de nombreuses personnalités, qui n'hésitent pas à les présenter comme des actes de « trahison » (dans certains cas, les opinions de gauche ont tout simplement été rendues illégales, comme cela a été le cas de l'appel à soutenir la campagne « Boycott, désinvestissement et sanctions » [BDS]) ; par l'invocation permanente de l'impératif absolu de sécurité, qui permet de justifier de nombreuses atteintes à la vie privée et aux droits des minorités ; par des appels réguliers, du fait de rabbins émargeant à l'État, à ne pas employer d'Arabes et à boycotter les commerces qui le font. Une récente enquête conduite auprès de jeunes juifs israéliens âgés de 15 à 18 ans, menée à l'initiative d'*Israël Hayom*, un quotidien dont le propriétaire n'est autre que Sheldon Adelson (un milliardaire juif qui a financé à coups de millions de dollars Netanyahou *et* Trump), met en lumière ces tendances profondes à l'œuvre dans le pays : 59 % des jeunes gens interrogés s'identifient aux orientations politiques de la droite, seuls 13 % d'entre eux affirmant se considérer de gauche. Cette enquête a également révélé un degré de patriotisme étonnamment élevé : 85 % de ces jeunes affirment « aimer leur pays », 65 % d'entre eux faisant leur la formule attribuée au héros sioniste Joseph Trumpeldor, mort au combat en 1920, « il est bon de mourir pour son pays[3] ».

L'évolution du pays, qui est passé d'un apparent libéralisme politique à un populisme caractérisé par le mépris du droit international et des valeurs civiques du libéralisme politique, a été attribuée à l'échec des accords d'Oslo, de Wye Plantation et de Camp David, les Palestiniens étant accusés d'avoir rejeté les offres territoriales que leur avait faites le gouvernement de gauche d'Ehud Barak. Si l'échec de ces accords a incontestablement joué un rôle important en rendant la rhétorique sécuritaire de la droite à la fois plus véhémente et plus acceptable, il ne peut expliquer à lui seul la transformation des plus tangibles de l'identité politique d'Israël et de son rapport à la culture et aux valeurs civiques.

Afin de comprendre ce qui est en jeu et à l'œuvre dans tous ces changements, je vais tout d'abord me pencher sur le récent ouvrage de Michael Walzer, *The Paradox of Liberation*[4], qui examine les processus de radicalisation internes dans trois nations, en l'occurrence l'Algérie, Israël et l'Inde. Ce livre se propose de répondre à la question suivante : comment expliquer que dans ces trois pays qui, il n'y a pas si longtemps, avaient dû combattre âprement pour arracher leur indépendance et s'affranchir des puissances coloniales, les mouvements de libération aient été aussi rapidement mis au défi par des fondamentalistes religieux et aient eu tant de mal à leur faire face ? Si je m'attarde ici sur les thèses de Walzer, ce n'est pas parce que je les fais miennes, bien au contraire : Walzer est l'un des plus éminents philosophes politiques de notre temps, et son analyse de « ce qui a mal tourné » est importante, non seulement à cause de son statut et de sa visibilité, mais surtout parce que son analyse est entachée d'erreurs de diagnostic flagrantes.

LES PARADOXES DE LA LIBÉRATION

Je vais tout d'abord m'attacher ici à restituer l'argumentation de Walzer en le paraphrasant, tout simplement. Le constat essentiel qui est au fondement de sa réflexion est le suivant : ces « trois pays différents, de religions différentes, furent pourtant tous trois les théâtres d'une succession d'événements remarquablement similaires : environ vingt à trente années après l'indépendance, l'État laïque y fut dans les trois cas mis au défi par un mouvement religieux militant[5] ». Walzer fait dans ces pages le tableau d'un paradoxe, à savoir que les mouvements de libération se sont alors retrouvés à combattre des pans de la population qu'ils avaient voulu libérer, parce que ces mouvements étaient laïques alors que ces populations étaient religieuses ou étaient en train de le devenir de plus en plus.

Walzer cite l'écrivain V. S. Naipaul évoquant le cas indien, mais on peut sans difficulté remplacer ici l'« hindouisme » tel qu'en parle Naipaul par le « judaïsme de la diaspora » tel qu'il fut envisagé par les sionistes des débuts :

> L'hindouisme [...] nous a condamnés à un millénaire de défaite et de stagnation. Il n'a offert aucune idée de contrat social, aucune idée d'État. Il a réduit en esclavage un quart de la population et la totalité de cette population est restée par sa faute fragmentée et vulnérable. Sa philosophie du retrait a diminué les hommes intellectuellement et ne les a pas préparés à faire face aux défis qui les attendaient ; il a étouffé tout progrès[6].

Le credo de la libération nationale, en comparaison, est un credo laïque, modernisant et axé sur l'idée de développement, et c'est précisément ce credo qui est désormais mis au défi partout sur la planète. Nous avons avec lui, comme le disent ses adversaires, un credo « occidental », une chose radicalement inédite pour les nations qui, alors, étaient sur le point de se libérer. L'innovation fut en effet le mantra des mouvements de libération.

Ils offrirent aux peuples opprimés une vision nouvelle, des promesses de recommencement, une politique nouvelle, une culture nouvelle, une économie nouvelle. Leur objectif était également de créer des hommes nouveaux et des femmes nouvelles. Walzer cite à ce propos David Ben Gourion, le Premier ministre d'Israël (qui occupa le plus longtemps ce poste) : « Le travailleur d'Eretz Israël [le Pays d'Israël] diffère du travailleur juif de la diaspora [...]. Il n'est pas une branche nouvelle greffée à une ancienne tradition, mais un nouvel arbre[7]. »

Et pourtant, nous dit Walzer, dans « ces trois pays, la religion resta au quotidien une force, tout au long des années de libération, et ensuite[8] ». Mais en voulant façonner un nouveau citoyen, poursuit-il, ces nations coupèrent leurs populations de cette source vitale de signification (dont elles disposaient) qu'est la religion. Celle-ci, nous dit encore Walzer, revint alors hanter les entités politiques qui avaient tenté de l'expurger avec la puissance du retour du refoulé.

Le récit qui nous est ici proposé élude au moins deux questions importantes : (1) Le nationalisme laïque de ces nations non chrétiennes récemment constituées était-il en effet aussi absolutiste, laïque et universaliste que l'affirme Walzer ? (2) Une telle culture laïque « absolutiste » fut-elle bien responsable, par son déni du besoin populaire de religion, de ce revivalisme religieux ?

Comme l'avance à juste titre Walzer, le sionisme était à l'origine un mouvement laïque, et un mouvement laïque militant. Il était laïque non seulement parce qu'il entendait sortir le peuple de sa torpeur religieuse, mais aussi parce qu'il faisait sienne — et même avec amour et ferveur — la laïcité propre à la haute culture des nations au sein desquelles vivaient les juifs, que ce soit la Russie, l'Allemagne, la France ou la Grande-Bretagne. Les juifs avaient longtemps été partie prenante et active de la culture occidentale, et de façon bien moins ambivalente, bien plus intime que les nations colonisées évoquées par Walzer. En ce sens, les juifs n'avaient pas été « colonisés » comme l'avaient été l'Inde ou l'Algérie. Bien au contraire, tout au long des XVIIIe et XIXe siècles, leur relation à l'Occident fut symbiotique et ne le devint que plus encore avec les Lumières dans la mesure où l'idée d'universalisme promettait de rédimer tous les êtres humains. Au moment où ils quittèrent l'Europe pour la Palestine alors placée sous mandat britannique, les sionistes s'envisageaient comme les représentants d'une telle culture. Le projet sioniste avait pour objectif d'offrir une souveraineté nationale à un peuple bien précis et, tout à la fois, dans le même temps, d'exporter la culture laïque européenne occidentale au Moyen-Orient. Le sionisme était un projet national bien plus complexe que les projets de libération nationale de l'Inde ou de l'Algérie en ceci qu'il était à la fois colonialiste *et* émancipatoire.

LES VISAGES DE JANUS D'UNE CULTURE LAÏQUE ET D'UN ÉTAT RELIGIEUX

Walzer a raison d'avancer que la majorité de la population juive qui lutta pour la création de l'État d'Israël était de sensibilité laïque, mais son laïcisme n'était pas, ou pas seulement, le résultat du nationalisme sioniste : il était le résultat d'un processus de modernisation qui avait débuté avant que n'apparaisse le nationalisme juif lui-même. C'est la laïcisation des juifs qui encouragea le projet nationaliste et non l'inverse. Le sionisme fut en fait un grand compromis historique, entre le désir d'assimilation à une vision européenne que révéraient les sionistes et le désir de conserver une identité juive tout en la renouvelant en lui faisant adopter la forme de la souveraineté politique. Il n'est donc en rien étonnant que la totalité ou du moins la majeure partie des symboles nationaux essentiels d'Israël (que l'on pense seulement aux deux bandes bleues sur le drapeau national, qui représentent un *tallit* ou châle de prière, les couleurs bleu et blanc étant mentionnées dans la Bible), que la rhétorique du retour à Sion ainsi que le calendrier public empruntent directement au symbolisme religieux. Ajoutons encore que, loin de nier le judaïsme religieux, le sionisme lui fit de surprenantes concessions tout au long de l'organisation institutionnelle de l'État même. En 1947, Ben Gourion écrivit une lettre restée dans l'Histoire à Agoudat Israël, l'organisation qui représentait le judaïsme orthodoxe ashkénaze. Il y engageait l'État à respecter quatre aspects religieux essentiels de la vie collective : l'observance du Shabbat ; l'observance, dans les rangs de l'armée, de la *kashrout*, le code alimentaire juif ; le contrôle du droit des personnes par les rabbins ; et enfin l'autonomie du système éducatif religieux[9]. De façon plus significative et spectaculaire encore, la loi du retour accorda automatiquement la citoyenneté israélienne à toute personne définie comme juive et la demandant (en 1970, elle fut étendue aux personnes n'ayant qu'un seul grand-parent juif), ce qui ouvrit la voie à une définition ethnique, fondée sur l'ascendance, de la citoyenneté. Ajoutons que seuls les rabbins étaient habilités, au sein des institutions étatiques, à établir qui était ou n'était pas juif, et donc à décider qui était en mesure ou non de revendiquer les privilèges accompagnant une telle judéité (par exemple, une femme non juive ne peut se marier à un juif dans la mesure où les rabbins orthodoxes interdisent de tels mariages ; de même, les enfants d'une telle union ne sauraient être considérés comme juifs). De cette façon, la religion contrôla ce qui est peut-être la seule prérogative de l'État faisant absolument autorité — cette capacité de décider qui peut ou non devenir un citoyen et, si oui, quels sont les privilèges dont il jouit dès lors. Le sionisme, qui a fait preuve de ressources extraordinaires, a aussi fait preuve d'un étonnant manque d'imagination dans son approche de l'élément le plus fondamental de la vie nationale.

Toutes ces concessions, Walzer ne les présenterait peut-être pas comme un « engagement auprès du judaïsme », les envisageant peut-être comme de laborieux compromis politiques, qui n'auraient pas engagé profondément, en leur âme et conscience, les révolutionnaires nationalistes. Mais Walzer commet la même erreur que les Israéliens de l'époque : il confond la haute culture, la culture officielle — en effet profondément laïque — avec le travail d'édification des institutions étatiques qui, à un moment donné, au moment voulu, importa bien plus que la culture officielle et finit par la subvertir. Les sionistes des débuts maîtrisaient le langage universaliste de la *Weltliteratur* ainsi que le langage marxien de la redistribution socialiste, mais ils maîtrisaient beaucoup moins le langage libéral universaliste des droits de l'homme et de la citoyenneté en raison de leurs grandes réticences à concevoir les frontières de leur nouvelle nation en des termes autres que ceux qui avaient été forgés par la religion. L'organisation politique d'Israël se caractérisa donc par une brèche certaine entre sa culture officielle et sa principale institution politique qu'est l'État. C'est cette brèche et l'absence d'attitudes universalistes qui permirent à des zélotes déterminés et autres groupes fondamentalistes de s'emparer du pouvoir.

Si je suis d'accord pour dire avec Walzer que la relation entre nationalisme et religion n'est pas de l'ordre de la nécessité (comme en témoigne le cas français), cette relation, pour ce qui est d'Israël, était présente dès les débuts (et je pense que cela est aussi vrai pour l'Algérie, comme le montre Jean Birnbaum dans son remarquable livre *Un silence religieux*[10]). Au moyen de stratégies politiques combinées, cette relation entre nationalisme et religion a façonné et imposé une référence et une déférence aussi routinières qu'inconscientes à la religion ainsi qu'à une culture enracinée dans la Bible, une identité nationale *dense*, tout à fait différente de l'identité *ténue* propre au libéralisme chrétien classique. Une identité nationale dense parce que cette relation conduisit à mettre en équivalence, indirectement ou obliquement, judéité et citoyenneté israélienne, la judéité et l'État. Cette identité nationale dense fait d'Israël une entité politique unique en son genre, différente à la fois des pays libéraux occidentaux et des pays musulmans qui l'entourent, une entité où l'appartenance à la nation se fonde sur la religion et l'ethnicité. Contrairement aux pays libéraux occidentaux, et en bonne partie à l'instar des pays musulmans, Israël a brouillé la distinction institutionnelle entre État et religion. Comme l'a avancé Étienne Balibar dans son ouvrage *Saeculum*, séparer le séculier du religieux est chose essentielle si l'on veut *libérer* l'État de la fonction consistant à propager une culture civique commune[11]. Lorsque l'État n'est pas dégagé de cette fonction, il devient plus facile pour un groupe de s'envisager comme son seul représentant légitime et de créer des hiérarchies d'appartenance. C'est ainsi que fut inscrite dans l'histoire de la nation israélienne la définition de la citoyenneté fondée sur le droit du sang et la religion — une définition qui est venue saper une promesse historique majeure du nationalisme juif : sa promesse d'inclusivité. Israël fut donc dès le début un État étrange : fort comme un Goliath sur le plan militaire, mais faible à l'intérieur de ses frontières dans la mesure où il renonça de son plein gré à sa prérogative essentielle pour l'abandonner au clergé religieux. Un tel renoncement ne fit pas que l'affaiblir : il l'affligea aussi de profondes contradictions internes.

LE BIG BANG DE LA POLITIQUE ISRAÉLIENNE

Cette édification de l'État d'Israël ne se conforma ni à des principes laïques ni à des principes universalistes, mais présenta des aspects relevant du colonialisme occidental. Cela, nous le comprenons lorsque nous prenons en considération la population arabe, bien sûr ; mais cela s'avère plus évident encore dans un autre cas, qui constitue *in fine* un élément central, crucial, qui est à la racine profonde du tournant populiste de la politique israélienne de ces dix dernières années. Comme dans les pays occidentaux, il a à voir avec les immigrés et avec le traitement de ces immigrés par les élites politiques.

Quelques années après la déclaration d'indépendance de 1948, des juifs du Moyen-Orient et d'Afrique du Nord commencèrent à rejoindre Israël en masse. Ils furent immédiatement exclus de tous les secteurs significatifs synonymes de pouvoir social. Alors que les Ashkénazes étaient presque toujours placés dans les grands centres urbains générateurs de richesses, les juifs d'origine yéménite, marocaine et irakienne furent envoyés dans des zones géographiques lointaines appelées « périphérie » — un euphémisme, et un éloignement qui allait ralentir considérablement leur intégration sociale, économique et culturelle (n'importe quelle analyse comparant le sort de ces juifs en Israël et celui de leurs homologues dans d'autres pays comme le Canada et la France montre leur exclusion profonde et durable de la société israélienne)[12]. De façon peut-être plus cruciale, les juifs venant de pays arabes furent envisagés par l'establishment sioniste comme une catégorie à part entière, unique et unifiée, les « Mizrahim ». Nous avons là un acte d'orientalisme par excellence, résultat d'une logique distinctive binaire qui assigna les Mizrahim à une identité présumée non-européenne et radicalement différente de celle des Ashkénazes[13]. Le sort des Mizrahim ne peut qu'étrangement évoquer celui des travailleurs qui furent amenés dans les pays européens pour y être exploités, telle la main-d'œuvre maghrébine en France, les populations coloniales en Grande-Bretagne ou encore les Turcs en Allemagne. À l'instar des élites européennes dans leurs rapports à ces populations immigrées, les sionistes ashkénazes cantonnèrent les Mizrahim à des tâches subalternes, les hommes travaillant comme chauffeurs routiers, bûcherons, ouvriers, et les femmes comme femmes de ménage ou dans des usines. Envisagés comme une entité à part entière, les juifs venant des pays arabes étaient considérés comme inférieurs à tous égards à leurs homologues européens. Pour citer de nombreux professeurs, psychologues et autres personnalités distinguées qui s'exprimèrent sur le sujet, les Mizrahim étaient d'une « intelligence inférieure », « primitifs », « culturellement arriérés », prémodernes et, surtout, religieux, et donc doublement étrangers à l'État laïque sioniste, cet État imprégné d'influences progressistes occidentales[14]. Mais, ironie suprême, la religiosité des juifs venant des pays arabes était plus moderne et modernisante que celle de leurs homologues ashkénazes ultra-orthodoxes. Ce que les sionistes considéraient comme la religiosité des Mizrahim était pure construction, simple conséquence de leur orientalisation du fait de cet État d'Israël si tourné vers l'Occident[15]. Alors que l'Agoudat Israël (avec laquelle Ben Gourion avait donc rapidement conclu un compromis) était à tous égards extrémiste sur le plan religieux, antimoderne, ultra-orthodoxe, la religiosité des juifs nés dans les pays arabes avait bien plus de facilités à s'articuler aux valeurs occidentales. La religion ashkénaze, antimoderne, ultra-orthodoxe et fondamentaliste, devint partie prenante de la fabrique de l'appareil d'État, partie intégrante de sa « philosophie », alors que la religiosité des Mizrahim, bien plus progressiste et moderne, fut rejetée. Pire encore : leur religiosité devint une marque d'infériorité culturelle et sociale, la laïcité devenant, elle, une marque de distinction culturelle et de domination symbolique.

À tout cela doit s'ajouter le fait que les partis de gauche qui tenaient les rênes du pouvoir pratiquèrent un népotisme généralisé en cooptant à tous les postes influents, que ce soit dans le domaine économique, universitaire ou politique, « leurs gens ». On comprend donc aisément pourquoi les Mizrahim tournèrent massivement le dos au Parti travailliste dès que Menahem Begin, le chef du Parti révisionniste[16], leur témoigna sa considération. Les Mizrahim, qui se considéraient alors comme abandonnés et exclus, firent ce que n'importe quel acteur rationnel aurait fait dans leur situation : ils votèrent en masse pour le parti alternatif de Menahem Begin.

Ce fut le Big Bang de la politique israélienne, un événement qui peut être considéré comme étant à l'origine d'une politique populiste en Israël, comme le coup d'envoi du déclin irrévocable de la gauche et d'un glissement vers une politique identitaire, ethnique et raciale. Begin annonça aux Mizrahim qu'ils étaient désormais reconnus *en tant que* juifs, et leur offrit ainsi ce que la gauche n'avait jamais voulu leur offrir : un statut égal à celui des Ashkénazes, fondé sur la judéité[17]. Ce faisant, Begin instaura une relation bien plus directe et immédiate entre l'État juif et la culture politique d'Israël, jusqu'alors laïque. Les Mizrahim firent allégeance à Begin et, dès lors, ne quittèrent plus la nouvelle orbite politique qu'il avait créée. En les reconnaissant pleinement en tant que juifs, Begin — qui était fermement attaché à l'État de droit et aux droits de l'homme — ouvrit la voie sans s'en douter aux hommes forts d'aujourd'hui, en créant les conditions d'apparition d'une politique de la majorité ou politique majoritaire menée au nom de l'ensemble des Israéliens *en tant que* juifs. La judéité devint cardinale parce qu'elle était la seule façon pour les Mizrahim d'atteindre l'égalité. Le nativisme a donc été identitaire et socio-économique.

Lorsque Begin devint Premier ministre en 1977, les Mizrahim représentaient une partie plus que conséquente de la population juive, avec laquelle il fallait compter sur le plan électoral : aucune élection ne pourrait désormais être gagnée sans leur soutien. Le fait qu'aucun dirigeant politique ashkénaze n'ait, jusqu'à la fin des années 1970, souhaité prêter attention aux aspirations sociales et culturelles des Mizrahim — qui étaient bien sûr parfaitement conscients de cette assez renversante exclusion — témoigne avec éclat de l'aveuglement extraordinaire de cette élite politique. L'explication de cet aveuglement est à trouver dans un simple fait sociologique : la gauche était dans le même temps la garante des valeurs libérales et la classe dominante, à tous égards, dans tous les domaines de la vie sociale, économique et culturelle. En tant que telle, elle était imbue d'un inébranlable sentiment de supériorité culturelle et économique. Elle n'hésita pas à exploiter cyniquement les Mizrahim comme main-d'œuvre agricole et industrielle. En Israël, nombre de Mizrahim connurent une perte de statut assez spectaculaire au regard de celui qui avait pu être le leur jadis, dans leurs pays natals respectifs (ce fut particulièrement le cas des juifs marocains). Leur sort ne peut qu'évoquer celui des Africains du Nord, des Indiens ou des Moyen-Orientaux sous les régimes coloniaux occidentaux, ainsi que celui des travailleurs immigrés qui furent envoyés durant l'après-guerre en Europe occidentale afin de contribuer à sa reconstruction. Il n'est donc pas très étonnant que les Mizrahim — qui, à un moment donné, finirent par représenter la moitié de la population israélienne — aient développé une forte méfiance envers toutes les valeurs de gauche, laïques et libérales, et tout particulièrement envers la pieuse rhétorique ashkénaze, cette rhétorique de l'universalisme que les Mizrahim estimaient totalement creuse et qu'ils considéraient comme un simple paravent servant aux Ashkénazes à occulter une stupéfiante accumulation de privilèges économiques, politiques et culturels.

Les élites travaillistes n'ont rien compris au rôle essentiel qu'a joué l'exclusion des Mizrahim dans la destruction de la gauche et dans la radicalisation de la droite : le Parti travailliste ne compte que très peu de Mizrahim dans les rangs de ses représentants et n'en accueille que pour la forme, à titre purement symbolique ; il ne s'est jamais véritablement penché sur son attitude à leur égard et ne s'en est jamais excusé (à l'exception notable d'Ehud Barak qui, en 1997, alors qu'il dirigeait le parti, s'en excusa officiellement) ; la plupart des universitaires, hommes politiques et intellectuels ashkénazes ignorent entièrement cette question, la considérant comme un non-sujet et dénigrant régulièrement les revendications des Mizrahim en les présentant comme des manifestations d'« ingratitude pleurnicharde[18] ». Il est difficile de citer, dans l'Histoire, d'autres groupes « éclairés » ayant nié et effacé leur passé de domination ethnique de façon aussi acharnée que les Ashkénazes israéliens.

Voilà pourquoi les Mizrahim ont continué à faire allégeance à la droite, alors même que le Likoud agissait peu pour extraire cette population de la « périphérie » où elle avait été reléguée. C'est que leur exclusion du fait de la gauche laïque était encore profondément inscrite dans leur mémoire collective. Alors même que Netanyahou libéralisait l'économie (en poussant les entreprises israéliennes à s'installer à l'étranger, en tirant un trait sur les acquis sociaux que la classe ouvrière devait aux socialistes, creusant ainsi encore plus les inégalités), et persistait à privilégier les riches et les puissants aux dépens des plus fragiles, les Mizrahim n'en restèrent pas moins dans l'orbite de la droite.

Les Mizrahim avaient été pleinement reconnus par Begin *en tant que* juifs et, après la victoire de Begin en 1977, cette reconnaissance accordée en vertu de l'appartenance religieuse commença à produire ses effets sur la société israélienne elle-même. En 1984, les Mizrahim créèrent le Shas, un parti fondamentaliste qui, depuis lors, joue un rôle significatif dans la vie publique du pays. Comme le montre Amnon Raz-Krakotzkin, les Mizrahim ne purent s'y impliquer qu'à travers ce parti religieux ultra-orthodoxe ; en effet, l'État envisageait les juifs et les Arabes comme constituant deux entités radicalement différentes et déniait par ailleurs aux Mizrahim toute possibilité d'identité laïque[19]. Il importe de bien comprendre que le fondamentalisme des Mizrahim n'était pas préexistant à leur arrivée en Israël, mais fut une conséquence — particulièrement ironique — de leur interaction avec la société occidentalisée et laïque que les Ashkénazes avaient édifiée[20]. L'adoption de ce fondamentalisme ne fut nullement pour eux une manière de retrouver une identité authentique qui aurait été perdue, mais une stratégie politique.

Le Shas devint le seul parti politique à organiser la classe ouvrière. À travers un vaste réseau d'organisations caritatives, il permit aux familles pauvres de subsister et d'alimenter convenablement leurs enfants, subvenant aussi à l'éducation religieuse. En résumé, il se substitua à l'État et à une gauche aux abonnés absents[21]. Voilà pourquoi le Shas fut en mesure de transformer les valeurs des Mizrahim : si nombre d'entre eux s'étaient engagés dans un processus de laïcisation, l'implication du Shas et du Likoud à leurs côtés les incita à se rabattre sur une politique fondamentaliste régressive. Par ailleurs, le système politique israélien, où le principe de coalition joue un rôle essentiel, fit que le Shas obtint progressivement un grand pouvoir. Des représentants du Shas se virent dès lors fréquemment confier deux portefeuilles : celui de l'Intérieur et celui des Services religieux.

En lien direct avec la nouvelle importance de la judéité dans la politique israélienne, l'un des effets de la présence du Shas dans ces ministères tout au long des années 1980 et 1990 fut une restriction drastique, notamment dans le secteur de la santé, des entrées de travailleurs roumains et philippins, afin de ne pas menacer l'« identité juive » du pays[22]. Dans les années 1990, Israël se mit ainsi à pratiquer le type de politique migratoire que défend aujourd'hui l'Alt-Right suprémaciste blanche qui a porté Trump au pouvoir. Pour citer l'un de ses représentants les plus importants, Richard Spencer, bien connu pour avoir salué Trump, bras bien levé et bien tendu, d'un « Hail Trump » : « Ce serait, me semble-t-il, une bonne chose que Sheldon Adelson encourage aux États-Unis la même politique migratoire que celle qui est menée en Israël[23]. » L'admiration semble réciproque. Le chef du Shas, Aryeh Deri, a ainsi déclaré que l'élection de Trump annonçait rien de moins que l'arrivée imminente du Messie : « Si un tel miracle peut se produire, c'est que nous sommes déjà parvenus aux jours du Messie, nous sommes réellement aux premières heures de l'arrivée du Messie[24]. »

Trois décennies de présence du Shas au cœur de la vie publique israélienne ont engendré une sorte de lente accoutumance à un discours politique axé sur l'idée de pureté ethnique et religieuse — un discours qui exclut les non-juifs du corps politique, qui donne la primauté aux orthodoxes, leur conférant le pouvoir de décider qui est juif et qui ne l'est pas, avec pour objectif final de contrôler la pureté de la race juive, notamment à travers l'adoption de textes de loi régissant plus sévèrement le mariage avec des non-juifs.

UNE ISSUE TRAGIQUE

Cette histoire a donc une issue tragique. Les effets conjugués du laïcisme ashkénaze, de l'exclusion économique des Mizrahim du fait des Ashkénazes et de la domination culturelle de ces derniers générèrent une situation interdisant pratiquement de faire des idées laïques, socialistes et libérales des options politiques crédibles aux yeux des populations opprimées[25]. La faiblesse de la gauche israélienne est donc due au simple fait qu'elle n'a jamais représenté les classes populaires laborieuses. Mais cette histoire est aussi celle du destin tragique d'un groupe qui détenait l'unique possibilité de jeter un pont entre les Arabes et les juifs, entre la modernité et la tradition, entre l'Europe et le Moyen-Orient, et entre le judaïsme et l'islam — et qui a échoué, parce que le fondamentalisme fut sa manière de pratiquer la politique. La gauche ashkénaze laïque a laissé filer l'occasion — et nous voilà donc aux prises avec une version juive de la suprématie ethnique, raciale et religieuse...

Faut-il donc envisager Israël comme à l'avant-garde du glissement global vers le populisme dont nous sommes les témoins ? Les analogies entre les Mizrahim (du moins une bonne partie d'entre eux) qui votent pour le Likoud et le Shas et les partisans de Trump sont frappantes : à l'instar des électeurs de Trump, nombre de Mizrahim vivent à l'extérieur des centres urbains ; comme eux, ils ont vu les élites urbaines amasser des richesses et défendre les droits des minorités sexuelles et culturelles ; ils vivent eux aussi dans un pays où les postes en usine ont été mis en péril par les politiques néolibérales ; ils ont un accès bien plus restreint que les Ashkénazes de gauche à l'éducation supérieure ; enfin, comme les électeurs de Trump, ils nourrissent un vif ressentiment pour des élites qui, en fait, ne les ont jamais représentés. (C'est d'ailleurs pourquoi les Mizrahim se sont montrés favorables à la privatisation de l'éducation supérieure. Alors qu'ils étaient et continuent d'être considérablement sous-représentés dans les universités publiques, ils ont été accueillis à bras ouverts par les établissements privés[26].)

Les fondamentalistes du Shas ne sont pas les seuls racistes à l'œuvre dans les centres urbains, les zélotes et autres colons messianiques étant à l'évidence plus nocifs encore. Et on ne peut pas leur imputer directement les tentatives actuelles de restreindre la liberté d'expression, ni l'affaiblissement du statut des minorités arabes. Mais ils portent définitivement la responsabilité d'avoir inauguré une politique de la judéité légitimant et propageant l'idée selon laquelle les conceptions libérales seraient antijuives, légitimant et propageant l'idée voulant que le droit laïque doive être remplacé par un droit religieux, et légitimant et propageant l'idée selon laquelle Israël devrait être nettoyé des immigrés non juifs. Miri Regev, l'actuelle ministre de la Culture et du Sport, et membre du Likoud, utilise fièrement — et elle est en cela un exemple frappant — son identité de Mizrahi ainsi que l'exclusion dont ont souffert les Mizrahim dans le passé pour justifier des « purges » dans le secteur culturel et des initiatives destinées à balayer le pouvoir des élites laïques libérales dans ce secteur.

Cette relation de l'État d'Israël à la religion suggère donc une double particularité : nous avons là non seulement un État dont la citoyenneté a, à l'origine, été conçue comme simultanément ethnique et religieuse, mais aussi un État qui a été, à l'intérieur même de ses frontières, le théâtre d'un néocolonialisme adoptant la forme d'une orientalisation des juifs mizrahim. Et cela parce qu'Israël n'a pas créé une culture démocratique nationale universaliste. Contrairement à ce qu'affirme Walzer, cet État-là n'a absolument pas souffert d'un excès d'universalisme et de laïcité qui lui aurait interdit de se préoccuper sérieusement de religion. C'est même tout le contraire : c'est précisément parce que cet État n'était ni universaliste ni laïque qu'il a ouvert un boulevard, aussi bien sur le plan politique que sur le plan culturel, à des mouvements fondamentalistes, en leur permettant de se revendiquer comme les véritables représentants d'un État qui s'était lui-même conçu en tant qu'État des juifs.

Dans ce contexte, la stratégie politique des Mizrahim qui consista pour ainsi dire à se rabattre sur l'idée d'une suprématie juive avait tout son sens. Alors qu'aux États-Unis, les élites économiques responsables de la disparition du travail ouvrier se distinguaient pour l'essentiel des élites culturelles défendant les droits des immigrés et des LGBT, et donc une conception radicale de l'inclusivité politique, en Israël les élites économiques se sont absolument confondues avec les élites culturelles : nous avons avec elles une seule et même élite, qui exclut les Mizrahim tout en professant l'égalité et tout en contrôlant fermement l'accès aux institutions culturelles, politiques et économiques. Si les Mizrahim et les partisans de l'Alt-Right pro-Trump sont profondément hostiles à l'establishment et s'ils constituent des mouvements politiques profondément régressifs, ce n'est que dans la mesure où ils n'ont pas été représentés adéquatement par la gauche libérale, qui a été associée à l'idée même de privilège. Alors que, tout au long des XIXe et XXe siècles, l'universalisme avait constitué pour la classe ouvrière et les minorités la stratégie principale devant leur permettre d'obtenir l'égalité, la stratégie préférée des exclus consiste désormais à opter pour le particularisme national et religieux.

Cette crise concerne directement les élites libérales, qui ont édifié un monde où l'universalisme, la globalisation et le cosmopolitisme sont gages et synonymes de capital symbolique et économique, et dont la défense des minorités est de plus en plus entrée en discordance avec les luttes des membres de la classe ouvrière ordinaire.

En Israël, la gauche universitaire a massivement ignoré, ou même entièrement nié, la très délicate situation qui est de longue date celle des Mizrahim, préférant le plus souvent défendre les droits des femmes et des gays (et dans une moindre mesure ceux de la minorité arabe). Qu'un intellectuel aussi éminent et remarquable que Michael Walzer n'accorde tout simplement aucune attention à un groupe social aussi considérable que celui des Mizrahim dans un ouvrage censé analyser la régression fondamentaliste à l'œuvre en Israël en dit vraiment très long sur l'état d'esprit des historiens et sociologues juifs libéraux qui, à l'évidence, souffrent de ce même aveuglement qui étaya la domination sociale. Nous avons avec les Mizrahim et le destin qui leur a été réservé un groupe social considérable et un conflit ethnique largement non reconnus, alors même qu'ils ont joué un rôle central dans l'histoire d'Israël et façonné la politique israélienne actuelle.

LA TÂCHE DE LA GAUCHE

Le populisme droitier prospère parce que le monde ouvrier a été détruit par le capitalisme financier et a été dévalué par les élites culturelles progressistes qui, à partir des années 1980, ont consacré leurs efforts intellectuels et politiques à défendre les minorités sexuelles et culturelles, générant ainsi une gauche de plus en plus détachée de la vie quotidienne des ouvriers. Une fois le monde ouvrier détruit et dénigré, des démagogues professionnels ont promis à ses membres qu'ils retrouveraient leur grandeur perdue sur la base de motifs raciaux, religieux et ethniques.

L'élection de Trump impose à la gauche, partout, de se réveiller. Bien que les élites culturelles et la classe ouvrière conservatrice se situent désormais, hélas, aux antipodes l'une de l'autre, la gauche, en Israël et ailleurs, n'a pas d'autre choix que de retrouver le contact — et énergiquement — avec un univers moral qu'elle a délaissé : celui d'existences mises en pièces par les effets à répercussions du colonialisme et du capitalisme. Qu'elle le refuse, ou échoue à y parvenir, et alors le libéralisme politique pourrait bien être condamné sur le long terme à l'extinction définitive.

EVA ILLOUZ

Chapitre V

LE RETOUR DES RÉGIMES MAJORITAIRES

« *It's not dark yet, but it's getting there.* »

BOB DYLAN[1]

Dans son roman *Les Intermittences de la mort*, José Saramago raconte l'histoire d'un pays où les gens, soudainement, cessent de mourir. La mort y perd du coup le rôle central qu'elle jouait dans la vie humaine. Dans un premier temps, les habitants de ce pays sont saisis d'un sentiment d'euphorie, mais ils ne tardent pas à être à nouveau en butte à des « embarras » d'ordre divers, qu'ils soient métaphysiques, politiques ou pratiques. L'Église catholique réalise alors que « sans mort, il n'y a pas de résurrection, et sans résurrection, il n'y a pas d'église[2] ». Pour les compagnies d'assurance, une vie sans mort est également le coup de grâce. Quant à l'État, il se retrouve face à la tâche impossible de verser à perpétuité des pensions de retraite. Les familles ayant en leur sein des parents âgés et impotents prennent conscience que seule la mort peut les sauver d'un avenir éternellement et entièrement dédié au soin de leurs aïeux. Des organisations mafieuses apparaissent donc, chargées d'introduire clandestinement les personnes âgées ou malades dans les pays limitrophes (où la mort est encore en vigueur). Le Premier ministre du pays met en garde le monarque : « Si nous ne nous remettons pas à mourir, nous n'avons aucun avenir[3]. »

Saramago ne nous donne que peu de détails au sujet des troubles politiques qui s'emparent de ce « pays où la mort n'existe plus », auquel d'ailleurs il ne donne pas de nom ; mais nous pouvons aisément imaginer des « mouvements d'occupation » de lieux publics du fait de jeunes gens et de personnes au chômage manifestant ainsi leur exaspération, bien conscients dans cette situation, dans « ce pays où la mort a arrêté son travail », et qui sera éternellement gouverné par des générations plus anciennes, de ne plus jamais pouvoir trouver de travail. On se doute bien que, dans une telle configuration, des mouvances et leaders populistes de droite ne tarderont pas à se signaler et en appeler à un « retour à la grandeur d'antan ». Bref, ce roman de Saramago fait office de grande introduction au monde qui est aujourd'hui le nôtre.

La manière qu'a l'Occident de faire l'expérience de la globalisation évoque en effet la façon qu'ont les habitants du pays imaginé par Saramago de faire l'expérience de l'immortalité. Nous avons dans les deux cas un rêve qui, subitement, s'est transformé en cauchemar. Il y a quelques années à peine, beaucoup, en Occident, avaient tendance à envisager le processus de globalisation comme un gage d'ouverture et de pacification universelles. Cet enthousiasme relève du passé. Nous assistons, au lieu de cela, à une insurrection d'ampleur mondiale contre l'ordre libéral progressiste post-1989 — qui se caractérisait par l'ouverture générale des frontières aux hommes, aux capitaux, aux biens et aux idées. Cette insurrection d'ampleur mondiale adopte la forme d'une révolte de la démocratie contre le libéralisme.

La démocratie s'est diffusée dans le monde non occidental, et cette diffusion a eu un effet paradoxal, comme l'affirme une récente étude : « Les citoyens, dans bon nombre de démocraties censément consolidées, en Amérique du Nord comme en Europe occidentale, ne se contentent pas d'être plus critiques à l'endroit de leurs dirigeants politiques. Ils sont également devenus plus cyniques dans leur rapport à la démocratie, à sa valeur en tant que système politique ; ils se montrent aussi sans grande illusion quant à leur capacité d'influer sur les grandes orientations politiques, et plus prompts qu'auparavant à exprimer de la sympathie pour des alternatives autoritaires à la démocratie[4]. » Cette étude montre par ailleurs que « les générations plus jeunes s'avèrent moins conscientes de l'importance de la démocratie, moins attachées à elle » et « peu engagées politiquement, moins encore que les précédentes[5] ».

Non moins déroutants sont les effets de la révolution dans le domaine des communications. Chacun, aujourd'hui, peut « googliser » à propos de n'importe quel sujet dans le monde, la censure étant en outre devenue chose pratiquement impossible. Dans le même temps, nous observons une propagation stupéfiante de théories du complot abstruses ainsi qu'une augmentation spectaculaire de la méfiance à l'endroit des institutions démocratiques. Ironie de l'Histoire, la disparition de la censure nous laisse aux prises avec une culture et une politique de la « post-vérité », comme l'appellent certains.

Nous sommes les témoins, aujourd'hui, en Occident, non pas d'un repli temporaire intervenant dans le cadre d'un progrès plus général, non pas d'une « pause », mais d'un retournement. Nous assistons à la démolition du monde qui avait été édifié au lendemain de la chute du Mur en 1989, et le trait caractéristique le plus dramatique de l'évolution actuelle est moins l'émergence de régimes autoritaires que la transformation en cours de nombre de régimes démocratiques occidentaux. Tout au long des deux décennies qui suivirent l'année 1989, la diffusion des élections libres fut partout synonyme d'inclusion des très divers groupes minoritaires (ethniques, religieux, sexuels) dans la vie publique. Aujourd'hui, les élections servent à consolider l'hégémonie des majorités. Les majorités menacées sont la nouvelle grande force politique en Europe. Elles craignent que les étrangers submergent leurs pays respectifs et mettent en danger leurs modes de vie, convaincues comme elles le sont qu'une telle situation est le résultat d'une conspiration entre des élites aux valeurs cosmopolites et des immigrés aux valeurs tribales. Le populisme de ces majorités n'est pas le fruit d'un nationalisme romantique, comme cela avait pu être le cas il y a cent ans, voire plus. Il se nourrit plutôt de projections démographiques annonçant à la fois le déclin de l'Europe et des États-Unis et de grandes vagues migratoires sur leurs sols respectifs, ainsi que des bouleversements induits par la révolution technologique. L'obsession démographique incite les Européens à imaginer un monde où leurs cultures auront disparu, tandis que la révolution technologique leur promet un monde où les métiers qu'ils exercent encore auront eux aussi disparu. L'opinion publique occidentale, qui était jadis une force progressiste, voire révolutionnaire, s'est transformée en une force réactionnaire, et c'est cette transformation qui explique l'émergence de formations populistes de droite en Europe, ainsi que la victoire de Donald Trump aux récentes présidentielles américaines.

LA FIN DE... ?

Il y a maintenant un peu plus d'un quart de siècle, en cette très lointaine année 1989 (comme elle le semble désormais) — cette *annus mirabilis* qui avait vu les Allemands danser joyeusement sur les ruines du mur de Berlin —, Francis Fukuyama saisissait l'esprit du temps. Avec la fin de la guerre froide, avança-t-il dans un texte célèbre, la totalité des conflits idéologiques majeurs avait été résolue[6]. Le combat était fini, et l'Histoire avait donné un vainqueur : la démocratie libérale occidentale. Puisant chez Hegel, Fukuyama présenta la victoire de l'Occident à l'issue de la guerre froide comme un verdict favorable délivré par l'Histoire elle-même, envisagée par lui comme une sorte de Cour suprême de la justice mondiale. Sur le court terme, poursuivait-il, il se pourrait très bien que certains pays ne parviennent pas à imiter ce modèle exemplaire, mais il leur faudrait le tenter. Le modèle occidental était de toute façon le seul idéal, la seule possibilité à disposition.

Dans cette configuration, les questions centrales étaient les suivantes : comment l'Occident peut-il transformer le reste du monde ? Comment le reste du monde peut-il imiter au mieux l'Occident ? Et lesquelles imiter de ses institutions et de ses grandes orientations politiques ?

C'est cette vision du monde post-guerre froide qui est en train de se défaire sous nos yeux. L'effondrement de l'ordre libéral nous impose de revenir sur l'évolution de l'Occident tout au long des trois dernières décennies et de nous demander pour quelles raisons le monde post-1989 suscite un tel ressentiment chez ceux qui, aux yeux de beaucoup, en ont été les principaux bénéficiaires, en l'occurrence les Américains et les Européens. Les bouleversements politiques actuels en Europe et aux États-Unis ne peuvent être réduits à une simple révolte des perdants de la globalisation et ne sont pas seulement affaire d'économie, comme nous le montre de façon exemplaire le cas de la Pologne : les Polonais ont bénéficié d'une décennie entière de croissance économique soutenue, ils connaissent enfin une certaine prospérité et même une réduction des inégalités sociales ; pourtant, en

2015, ils ont voté pour une formation populiste réactionnaire qu'ils avaient écartée du pouvoir quelques années auparavant. Pourquoi cela ?

Au moment même où Fukuyama proclamait la fin de l'Histoire, le politiste américain Ken Jowitt interprétait très différemment la fin de la guerre froide : il la présentait non comme une issue triomphante, mais comme le commencement d'une ère de crises et de traumas, comme une période qui allait ouvrir la voie à ce qu'il appelait alors le « nouveau désordre mondial[7] ». À ses yeux, la fin du communisme « devait être comparée à une éruption volcanique catastrophique, une éruption qui, au départ, n'affecte immédiatement que les *biota* politiques avoisinants (en l'occurrence, les autres régimes léninistes), mais qui aura très certainement un impact global sur les frontières et les identités qui, un demi-siècle durant, ont défini politiquement, économiquement et militairement le monde, lui donnant sa forme[8] ». Fukuyama considérait alors que les frontières entre États, si elles avaient perduré tout au long de la guerre froide, avaient aussi perdu beaucoup de leur pertinence et en perdraient toujours plus. Jowitt, quant à lui, voyait venir une époque de frontières redessinées, d'identités refaçonnées, de conflits endémiques et d'incertitudes paralysantes. Il envisageait l'âge post-communiste non pas comme une période de mimétisme où ne se produiraient que peu d'événements dramatiques, mais plutôt comme une période douloureuse et dangereuse où proliféreraient des régimes s'apparentant à des mutants politiques.

Jowitt se montrait d'accord avec Fukuyama lorsqu'il affirmait qu'aucune nouvelle idéologie universelle ne ferait son apparition pour mettre au défi la démocratie libérale, mais il annonça le retour en force des vieilles identités ethniques, religieuses et tribales. Et en effet, l'un des paradoxes de la globalisation est que la libre circulation des hommes, des capitaux, des biens et des idées, si elle rapproche les populations, réduit aussi la capacité des États-nations à intégrer les étrangers. Comme Arjun Appadurai l'a relevé il y a une décennie, « l'État-nation s'est progressivement réduit à la fiction de son *ethnos*, considéré comme la dernière ressource culturelle sur laquelle il puisse exercer sa complète domination[9] ». La conséquence inattendue de ces politiques macroéconomiques se conformant au mot d'ordre « *There is no alternative* [TINA] » a été l'apparition de politiques identitaires qui en sont venues à occuper le centre de la vie publique européenne. Les marchés et Internet se sont avérés être de puissantes forces d'accroissement des choix individuels, mais ils ont aussi érodé la cohésion des sociétés occidentales. En effet, les marchés comme Internet renforcent les penchants de l'individu à satisfaire ses préférences naturelles ; or, l'individu préfère naturellement être en relation avec des gens qui lui ressemblent et préfère aussi instaurer une certaine distance avec ceux qui lui sont étrangers. Nous vivons dans un monde qui est plus connecté qu'auparavant, mais qui est aussi moins intégré qu'autrefois. La globalisation connecte tout en désintégrant. Jowitt nous avait mis en garde : dans ce monde connecté / désintégré, il allait falloir s'attendre à des explosions de rage et à des « mouvements haineux » qui surgiraient des cendres d'États-nations affaiblis.

Aux yeux de Jowitt, le monde de l'après-guerre froide allait ressembler à « une sorte de bar pour célibataires » : « Tout un assortiment de gens ne se connaissant ni d'Ève ni d'Adam, se draguant, allant chez l'un ou chez l'autre pour coucher ensemble, ne se revoyant plus ensuite, incapables même de se souvenir de leurs noms respectifs, retournant la semaine suivante dans le même bar afin d'y rencontrer quelqu'un d'autre. Un monde connecté et désintégré à la fois[10]. » Nous avons là un monde riche en expériences, mais peu favorable à la constitution d'identités stables et de loyautés véritables. Il n'est donc pas surprenant que la réaction suscitée par ce monde-là prenne la forme du retour aux barricades, au désir de frontières.

C'est précisément ce passage — du monde désintégré des années 1990 au monde barricadé qui émerge aujourd'hui — qui vient profondément affecter le rôle que jouaient jusqu'à présent les régimes démocratiques. La forme de démocratie qui avait cours jusqu'alors, et qui encourageait l'émancipation des minorités, se voit remplacée par une forme de démocratie visant à sécuriser la puissance des majorités.

L'actuelle crise migratoire en Europe est la manifestation la plus spectaculaire du changement de nature qui affecte désormais la démocratie ainsi que l'attrait qu'elle exerce. Cette crise migratoire témoigne en outre, là encore avec éclat, de la tension toujours plus grande que l'on peut constater entre les principes du « majoritarisme » démocratique et le constitutionnalisme libéral, aussi bien dans l'opinion publique qu'au sein des élites. Parlant au nom de beaucoup de leaders populistes, le Premier ministre hongrois Victor Orbán affirma un jour qu'« une démocratie n'est pas nécessairement libérale. Ce n'est pas parce qu'une démocratie n'est pas libérale qu'elle n'est pas une démocratie[11] ». Qui plus est, insista-t-il ce jour-là, on pourrait dire — et même on devrait dire, ajouta-t-il — que les sociétés fondées sur les principes libéraux d'organisation de l'État ne seront à l'avenir probablement plus en mesure de conserver leur compétitivité internationale. Il est même probable, ajouta Orbán, que ces sociétés essuieront de graves revers, à moins de parvenir à se réformer en profondeur :

> Aujourd'hui, les stars de l'économie internationale sont Singapour, la Chine, l'Inde, la Turquie, la Russie. Et je crois que notre communauté politique a justement anticipé ce défi. Lorsque nous nous retournons sur ce que nous avons fait au cours des quatre années passées et envisageons le programme qui nous attend pour les quatre années à venir, c'est à l'aune de cette nouvelle configuration qu'il nous faut raisonner. Nous cherchons la forme d'organisation la plus pertinente pour notre communauté, la forme susceptible de nous rendre compétitifs dans cette grande compétition mondiale (en faisant de notre mieux pour la trouver, en tournant le dos aux dogmes européens

occidentaux, en conquérant notre indépendance par rapport à eux)[12].

La crise migratoire n'est pas un problème de « manque de solidarité » quoi qu'en dise Bruxelles. Nous avons plutôt affaire à un « clash » de solidarités — de solidarités nationales, ethniques et religieuses s'exaspérant de nos obligations d'êtres humains. Ce serait aussi une erreur que d'envisager cette crise comme une simple affaire de déplacements de populations extraeuropéennes vers le Vieux Continent ou de populations européennes pauvres vers les pays membres riches : nous constatons, avec cette crise, que les citoyens électeurs s'éloignent du centre politique et constatons aussi un déplacement de la ligne de démarcation séparant la gauche et la droite (du fait d'une ligne de rupture entre partisans de l'internationalisme et nativistes).

La crise des réfugiés a également provoqué une migration, pour ainsi dire, des arguments. Dans les années 1970, les intellectuels de gauche occidentaux défendaient généralement de façon passionnée les communautés indigènes pauvres d'Inde ou d'Amérique latine, ainsi que leur droit de préserver leur mode de vie. Mais qu'en est-il aujourd'hui des classes moyennes occidentales ? Doivent-elles être privées de ce même droit à préserver leur propre mode de vie ? Et comment expliquer que l'électorat traditionnel de la gauche se tourne vers la droite extrême ? En Autriche, plus de 85 % des cols bleus ont voté pour le candidat d'extrême droite au second tour des présidentielles de mai 2016. Lors des élections régionales allemandes, dans le Mecklembourg-Poméranie-Occidentale, plus de 30 % de ces mêmes cols bleus ont choisi de voter pour l'Alternative für Deutschland [AfD]. Et lors des élections régionales françaises de décembre 2015, le Front national a obtenu 50 % des voix de la classe ouvrière. Quant aux résultats du référendum britannique, ils se passent de commentaire : au nord de l'Angleterre, les votes en faveur du Brexit ont été les plus forts dans les circonscriptions habituellement fidèles au Labour. Il est désormais clair que la classe ouvrière post-marxiste qui, aujourd'hui, ne croit plus ni en son rôle d'avant-garde ni en une révolution anticapitaliste globale n'a strictement aucune raison d'être internationaliste.

DES MENACES NORMATIVES

Le populisme des majorités menacées est un type de populisme auquel l'Histoire ne nous a que médiocrement préparés. Les psychologues sont ici plus utiles que les sociologues pour nous aider à en comprendre les ressorts. Dans les années 1930 et 1940, certains émigrés allemands, qui avaient été suffisamment chanceux pour être en mesure de quitter le pays avant que les nazis ne les envoient dans des camps de concentration, étaient hantés par la question suivante : les événements auxquels ils avaient assisté en Allemagne pouvaient-ils dorénavant se produire dans les pays qui les avaient accueillis ? Ils n'étaient pas disposés à apporter des réponses simples à l'autoritarisme, à l'expliquer par exemple par un supposé caractère national allemand ou en termes de politiques de classes. Ils envisageaient plutôt l'autoritarisme comme un trait caractéristique stable d'une personnalité, comme un certain type de personnalité[13]. Depuis les années 1950, l'étude de la « personnalité autoritaire » a été l'objet de changements majeurs, et l'hypothèse de départ qui sous-tendait la plupart de ces travaux a été reformulée en profondeur. *The Autoritarian Dynamic*, le récent ouvrage de Karen Stenner, qui s'inscrit dans cette tradition intellectuelle, nous offre plusieurs aperçus inédits qui s'avèrent précieux pour comprendre l'émergence des majorités menacées et le changement de nature affectant aujourd'hui les démocraties occidentales[14]. Stenner montre dans son livre que le fait de souhaiter voir en place un gouvernement autoritaire ne suppose pas un trait psychologique stable : un tel souhait traduit plutôt, nous dit-elle, une prédisposition psychologique à l'intolérance, qui entre en jeu dès que l'individu ressent une augmentation des niveaux de menace.

Pour citer Jonathan Haidt, tout se passe « comme si certaines personnes avaient un bouton sur le front qui, lorsqu'on appuie dessus, fait que la personne se focalise soudainement, et de façon intensive, sur la défense de l'identité du groupe dont elle est membre, sur la nécessité d'expulser les étrangers et les non-conformes, ainsi que sur la nécessité d'éradiquer du groupe tout dissensus[15] ». L'élément déclencheur de ce processus n'est pas n'importe quelle menace, mais ce que Stenner appelle une « menace normative ». Il y a menace normative lorsque la personne en vient à nourrir le sentiment que l'intégrité de l'ordre moral est mise en danger et que le « nous » auquel elle considère appartenir entre en décomposition. Nous avons là une peur qui est moins liée à une situation personnelle concrète qu'à la perception d'un état des choses général — une peur que l'ordre moral s'effondre —, et c'est cette peur qui incite la personne qui en est la proie à se retourner contre les étrangers et tous ceux qu'elle perçoit comme une menace.

Cette idée de « menace normative », que nous devons à Stenner, nous aide à mieux comprendre comment la crise migratoire de 2015 a transformé la politique européenne, et pour quelles raisons les sociétés d'Europe centrale se sont montrées les plus hostiles aux réfugiés alors même qu'elles en « accueillent » peu.

Dans le cas de l'Europe, la « menace normative » provoquée par la crise migratoire trouve ses racines dans la démographie. La panique démographique actuelle dicte en grande partie l'attitude des Européens à l'encontre des migrants et réfugiés ; elle est pourtant, assez étrangement, l'un de ses facteurs les moins discutés. Néanmoins, nous avons avec elle un facteur absolument décisif, particulièrement en Europe centrale et en Europe de l'Est. Dans l'histoire récente de ces régions, les nations et les États se sont, on le sait, étiolés démographiquement. Tout au long du dernier quart de siècle, environ un Bulgare sur dix est parti vivre et travailler à l'étranger. Et la majorité de ceux qui ont quitté le pays (et qui le quittent encore) sont, de façon assez prévisible, des jeunes gens. Des projections des Nations unies ont établi que la population de la Bulgarie baisserait de 27,9 % d'ici à 2050. Dans de petites nations comme la Bulgarie, la Lituanie ou la Roumanie (ces dix dernières années, la Lituanie a perdu 12,2 % de sa population, et la Roumanie 7 %), une grande inquiétude se fait sentir face à cette « hémorragie ou disparition ethnique », comme l'appellent certains. Pour ceux qui utilisent ce genre de termes, l'arrivée des migrants vient sonner le tocsin, leur annoncer leur sortie définitive de l'Histoire — et l'argument bien connu voulant qu'une Europe vieillissante ait besoin de migrants ne fait que renforcer un sentiment grandissant de mélancolie existentielle.

Il y a dix ans de cela, le philosophe et ancien dissident hongrois Gáspár Miklós Tamás relevait que les Lumières, en lesquelles s'ancre intellectuellement l'idée d'Union européenne, supposent une citoyenneté universelle[16]. Mais la citoyenneté universelle suppose, elle, que les pays pauvres et dysfonctionnels se considèrent dans l'obligation de devenir des endroits où il vaut la peine de vivre, ou bien que l'Europe se sente obligée d'ouvrir ses frontières à tout le monde. Or aucune de ces deux hypothèses ne semble devoir se concrétiser à brève échéance, pour autant qu'elles se concrétisent un jour. Nous constatons aujourd'hui l'existence de très nombreux États dysfonctionnels dont personne ne souhaite être citoyen. Quant à l'Europe, elle n'a ni la capacité ni la volonté de laisser ses frontières ouvertes (ses citoyens-électeurs le refusant, tout simplement).

LA RÉVOLUTION MIGRATOIRE

En 1981, lorsque des chercheurs de l'université du Michigan menèrent le premier World Values Survey[17], ils constatèrent avec surprise que le bonheur des nations n'était pas déterminé par le bien-être matériel. À cette époque, les Nigérians étaient aussi heureux que les Allemands de l'Ouest. Mais aujourd'hui, trente-cinq ans plus tard, la situation a changé. À en croire les dernières enquêtes, le bonheur est indexé dans la plupart des pays sur le produit intérieur brut[18]. Entre-temps, les Nigérians ont acquis des postes de télévision et des ordinateurs, et la diffusion d'Internet a permis aux jeunes Africains de voir comment vivaient les Européens et de voir à quoi ressemblaient leurs écoles et leurs hôpitaux. La globalisation a fait du monde un village, mais ce village vit sous une dictature : la dictature des comparaisons globales. Les gens ne comparent plus leurs vies avec celles de leurs voisins : ils se comparent aux habitants les plus prospères de la planète.

Dans ce monde connecté qui est le nôtre, la grande migration constitue la nouvelle révolution. Nous n'avons pas ici affaire à une révolution des masses telle qu'en connut le XXe siècle, mais à une révolution menée par des individus et des familles et inspirée non pas par de grands tableaux du futur brossés par des idéologues, mais par les photos que l'on trouve sur Google Maps, des photos montrant ce qu'est la vie quotidienne de l'autre côté de la frontière. Cette nouvelle révolution n'a pas besoin, pour réussir, de mouvements ou de leaders politiques. Nous ne devrions donc pas nous étonner qu'entrer dans l'Union européenne soit, pour nombre de malheureux, chose plus attirante que n'importe quelle utopie. Pour un nombre grandissant de personnes, l'idée de changement est synonyme de changement de pays et non de changement de gouvernement.

Le problème que soulève cette révolution migratoire, c'est sa capacité inquiétante à susciter en Europe une véritable contre-révolution. Le trait caractéristique essentiel de nombreuses formations populistes de droite européennes n'est pas leur sensibilité nationaliste-conservatrice, mais le fait qu'elles sont réactionnaires. Réfléchissant à l'émergence de politiques réactionnaires en Occident, Mark Lilla a observé que « la vitalité durable de l'esprit réactionnaire, y compris en l'absence d'un programme politique révolutionnaire », découle d'un sentiment bien précis : du sentiment que « vivre aujourd'hui dans un monde entièrement soumis à de perpétuels changements sociaux et technologiques, c'est faire l'expérience de quelque chose qui, sur le plan psychologique, s'apparente à une révolution permanente[19] ». Or, pour les réactionnaires, « la seule réponse sensée à l'apocalypse consiste à en provoquer une autre, dans l'espoir d'un recommencement[20] ».

L'économiste Dani Rodrik avait donc raison d'annoncer, il y a quelques années, que les nations ne disposeraient plus que de trois options pour gérer les tensions entre la démocratie nationale et le marché global : restreindre la démocratie afin de gagner en compétitivité à l'international ; limiter la globalisation dans l'espoir de construire une légitimité démocratique sur la scène intérieure ; globaliser la démocratie aux dépens de la souveraineté nationale. Autrement dit, il est inenvisageable d'avoir à la fois une hyperglobalisation, la démocratie et l'autodétermination. Il n'est donc en rien étonnant que les internationalistes ressentent un certain malaise dès qu'il est question des démocraties nationales, et que les populistes — qui chantent les louanges de la démocratie — s'avèrent être protectionnistes et isolationnistes[21].

LE TOURNANT POPULISTE

Si l'Histoire nous enseigne quelque chose, c'est que la diffusion des élections libres peut être un instrument d'ouverture comme de fermeture des sociétés nationales. La démocratie est un mécanisme d'inclusion, mais aussi d'exclusion, et ce à quoi nous assistons aujourd'hui, c'est au surgissement de régimes majoritaires dans lesquels les majorités se sont approprié l'appareil d'État — une manière pour elles, sans doute, de répondre à la pression de la concurrence internationale dans un monde où la volonté populaire est la seule source de légitimité politique (tandis que les marchés globaux représentent la seule source de croissance économique).

Le « tournant populiste » adopte des formes différentes selon les pays, mais il est possible d'identifier certaines similitudes. L'explosion des sentiments populistes témoigne d'un retour à une polarisation de la vie publique et à un style politique plus prompt à la confrontation (ce qui n'est pas nécessairement une évolution négative). Ce tournant populiste vient stopper le processus de fragmentation de l'espace politique, où s'étaient multipliés les petites formations et petits mouvements politiques dédiés à un spectre très limité d'enjeux sociaux. Il contribue en outre à ce que l'électorat se focalise sur des peurs non pas individuelles, mais collectives. La montée en puissance du populisme représente aussi un retour à une manière de faire de la politique plus personnalisée, les personnalités des leaders politiques jouant ici un rôle très significatif, et les institutions se voyant le plus souvent dénigrées par eux. Le clivage gauche / droite est remplacé par un conflit entre internationalistes et nativistes. Quant à l'explosion des peurs, elle vient également confirmer la dissolution de l'union entre la démocratie et le libéralisme, qui était le trait caractéristique distinctif du monde post-1989.

L'attrait réel de la démocratie libérale réside dans le fait que ceux qui perdent les élections n'ont pas à craindre de perdre beaucoup : une défaite électorale implique pour ceux qui l'essuient de resserrer les rangs et d'organiser leur nouvelle activité d'opposition ; ils n'ont pas à partir en exil, ni à entrer en clandestinité, et n'ont pas plus à craindre de se voir dépossédés de leurs biens. Le revers de tout cela — qui est généralement peu relevé —, c'est que la démocratie libérale n'accorde jamais à ceux qui remportent les élections une victoire pleine, entière et définitive. Aux époques prédémocratiques — qui représentent tout de même l'essentiel de l'histoire humaine —, les conflits politiques n'étaient pas régulés par des débats pacifiques, et l'on ne s'emparait pas du pouvoir dans le cadre de procédures soigneusement conçues et respectées. Au lieu de cela, c'est la force qui régnait : ceux qui sortaient vainqueurs d'une guerre civile faisaient ce qu'ils voulaient des ennemis qu'ils avaient défaits, qui se retrouvaient entièrement à leur merci. Dans une démocratie libérale, les vainqueurs ne connaissent pas ce type de satisfactions. Le paradoxe de la démocratie libérale, c'est que les citoyens sont plus libres, mais qu'ils se sentent aussi impuissants.

L'attrait exercé par les formations populistes réside dans le fait qu'elles promettent une victoire dénuée de toute ambiguïté. Ces formations séduisent tous ceux qui considèrent que la séparation des pouvoirs, à laquelle tiennent tant les libéraux, loin d'être un moyen de rendre les dirigeants comptables de leurs actes et de leurs décisions, est plutôt un alibi permettant aux élites d'éluder leurs promesses électorales. Un trait caractéristique des populistes, dès lors qu'ils sont au pouvoir, est ainsi leurs tentatives continuelles de démanteler les systèmes de pouvoirs et contre-pouvoirs, et de placer sous leur contrôle les institutions indépendantes que sont les cours de justice, les banques centrales, les médias et le tissu associatif de la société civile[22]. Mais les partis populistes ne sont pas seulement d'impitoyables vainqueurs, ils sont aussi de très mauvais perdants. Convaincus de parler au nom de la majorité, ils ont les plus grandes difficultés à accepter les défaites électorales. Le résultat d'une telle posture est le nombre grandissant d'élections contestées et l'émergence d'une mentalité fondée sur le principe « les élections ne sont justes que lorsque nous les remportons ».

Dans le monde post-1989, on présumait le plus souvent que la diffusion de la démocratie s'accompagnerait aussi sur le long terme d'une diffusion du libéralisme. C'est ce postulat qui est désormais remis en cause par la prolifération des régimes majoritaires aux quatre coins du monde. Le paradoxe des démocraties libérales européennes post-guerre froide a été le suivant : les progrès des libertés individuelles et la diffusion des droits de l'homme se sont accompagnés d'un déclin du pouvoir des citoyens de changer, par le vote, non pas seulement de gouvernement, mais aussi d'orientation politique. Aujourd'hui, la primauté du politique fait son retour, et les gouvernements sont en train de retrouver leurs capacités à régner, mais — semble-t-il — aux dépens des libertés individuelles.

IVAN KRASTEV

Chapitre VI

L'EUROPE REFUGE

Depuis les élections américaines de novembre 2016, au moins, les choses sont plus claires. L'Angleterre s'est égarée dans son rêve d'empire — version fin XIXe siècle ; les États-Unis veulent retrouver leur grandeur — version d'après-guerre, photo sépia, 1950. L'Europe, l'Europe continentale se retrouve seule, faible et plus divisée que jamais. La Pologne rêve d'un pays imaginaire ; la Hongrie ne veut plus que des Hongrois « de souche » ; les Hollandais, les Français et les Italiens sont aux prises avec des partis qui veulent se claquemurer à l'intérieur de frontières tout aussi imaginaires. L'Écosse, la Catalogne, la Flandre veulent devenir des États. Tout cela pendant que l'Ours russe se lèche les babines et que la Chine réalise enfin son rêve de redevenir l'« Empire du Milieu » en ignorant les intérêts de toutes ses périphéries.

En voie de démembrement, l'Europe compte autant qu'une noisette dans un casse-noisettes. Et cette fois-ci, elle ne peut plus compter sur les États-Unis aux mains d'un nouveau roi Ubu.

C'est peut-être donc le bon moment pour retisser l'Europe Unie. Oh, non, ce n'est pas celle qu'imaginaient les pères fondateurs, au sortir de la guerre, à partir du fer, du charbon et de l'acier ou, plus récemment, dans le fol espoir de sortir de l'Histoire, à partir des règles communes de standardisation ou de la monnaie unique. Non, si l'Europe doit s'unir à nouveau, c'est à cause de menaces aussi graves que celles des années cinquante, pour prendre sa part d'une histoire qui n'est plus du tout celle du XXe siècle.

L'Europe est devant trois menaces : l'abandon en rase campagne des pays qui avaient inventé la mondialisation ; la mutation climatique ; l'obligation de servir de refuge à des millions de migrants et de réfugiés. Ces trois-là ne sont d'ailleurs que les aspects d'une seule et même métamorphose : le sol européen a changé de nature ; nous, les Européens, nous sommes tous en migration vers des territoires à redécouvrir et à réoccuper.

Premier événement historique : le Brexit. Le pays qui avait inventé l'espace indéfini du marché sur mer comme sur terre, le pays qui n'avait cessé de pousser l'Union européenne à n'être qu'une vaste boutique, ce même pays décide sur un coup de tête, devant l'irruption, à Calais, de quelques milliers de réfugiés, de ne plus jouer le jeu de la mondialisation. Il se retire de l'Europe et donc de l'Histoire, perdu dans des rêves d'empire auquel personne ne croit plus.

Deuxième événement historique : l'élection de Trump. Le pays qui avait imposé au monde sa mondialisation particulière, et avec quelle violence ; le pays qui s'était construit par la migration en éliminant ses premiers habitants ; ce pays-là confie sa destinée à celui qui promet de l'isoler dans une forteresse, de ne plus laisser passer de réfugiés, de ne plus venir au secours d'aucune cause qui ne soit pas sur son sol tout en se préparant à intervenir partout avec la même désinvolte balourdise.

Chacun pour soi ! Arrière toute ! Le problème, c'est qu'il n'y a plus de chez-soi, pour personne. Ouste ! Il faut tous bouger. Pourquoi ? Parce qu'il n'y a pas de planète capable de réaliser les rêves de la globalisation.

C'est le troisième événement historique, de loin le plus important : *le 12 décembre 2015*, à Paris, au moment de l'accord à la fin de la conférence sur le climat, la COP21.

L'important n'est pas ce que les délégués ont décidé ; l'important n'est pas même que cet accord soit appliqué (les négationnistes à la Maison-Blanche et au Sénat feront tout pour l'éviscérer) ; non, l'important, c'est que ce jour-là, tous les pays signataires, au milieu des applaudissements, ont compris qu'il n'existait pas de planète compatible avec leurs espoirs de développement et leurs plans de modernisation respectifs. Jusqu'ici, ils avaient tiré des plans sur la comète.

S'il n'y a pas de planète, de terre, de sol, de territoire pour y loger le Globe de la globalisation vers lequel tous les pays prétendaient se diriger, que fait-on ? Ou bien nous dénions l'existence du problème, ou bien *nous cherchons à atterrir*. Pour chacun de nous, la question devient : « Est-ce que vous continuez à nourrir des rêves d'escapade ou est-ce que vous vous mettez en route pour chercher un territoire habitable pour vous et pour vos enfants ? » C'est désormais ce qui divise les gens, bien plus que de savoir si l'on est de droite ou de gauche.

Les États-Unis avaient deux solutions : en réalisant enfin l'étendue de la mutation et l'immensité de leur responsabilité, ils pouvaient enfin devenir réalistes en menant le monde libre hors de l'abîme, ou s'enfoncer dans le déni. Trump semble avoir décidé de faire rêver quelques années encore l'Amérique pour retarder l'atterrissage en entraînant les autres pays dans l'abîme.

Nous, les Européens, nous ne pouvons pas nous le permettre. En effet, au moment même où nous prenons conscience des menaces multiples, nous allons devoir accueillir sur notre continent des millions de gens que l'action cumulée des guerres, des échecs de la mondialisation et de la mutation climatique, vont jeter, comme nous, contre nous, avec nous, dans la recherche d'un territoire habitable pour eux et pour leurs enfants. Il va falloir cohabiter avec ceux qui n'avaient pas jusqu'ici partagé nos traditions, nos mœurs, nos idéaux et qui sont donc nos proches étrangers — terriblement proches et terriblement étrangers.

Avec ces peuples en migration, nous n'avons en commun qu'une seule chose : *l'épreuve de se retrouver privés de sol*. Nous, les *anciens Européens*, parce qu'il n'y a pas de planète pour la mondialisation et qu'il va falloir changer la totalité de nos modes de vie ; eux, les *futurs Européens*, parce qu'ils ont dû quitter leur ancien sol dévasté et apprendre à changer la totalité de leurs modes de vie. Ce n'est pas beaucoup ? Non, mais c'est notre seule issue : découvrir en commun un territoire où habiter. C'est la nouvelle universalité. La seule autre branche de l'alternative, c'est de faire comme si rien n'avait changé et de continuer le rêve éveillé de l'« *American way of life* », dont on sait que les neuf milliards d'humains ne profiteront pas, en se fortifiant derrière une muraille...

Quand tout le monde se calfeutre, c'est évidemment le pire moment pour penser en termes d'ouverture des frontières et de révolution dans les modes de vie. Pourtant, migrations et nouveau régime climatique, *c'est bien la même menace*.

La plupart de nos concitoyens dénient ce qui arrive à la Terre, mais comprennent parfaitement que la question des migrants éprouve durement tous leurs désirs d'identité. Pour le moment, bien remontés par les partis dits « populistes », ils ont saisi la mutation écologique par une seule de ses dimensions : elle jette à travers les frontières des gens dont ils ne veulent pas ; d'où la réponse : « Dressons des frontières étanches et nous échapperons à l'envahissement. »

Mais c'est l'autre dimension de cette même mutation qu'ils n'ont pas encore ressentie pleinement : le nouveau régime climatique balaye depuis longtemps toutes les frontières et nous expose à tous les vents sans que nous puissions construire de murs contre ces envahisseurs-là.

Si nous voulons défendre nos identités, il va nous falloir identifier aussi ces migrants sans forme ni nation qu'on appelle climat, érosion, pollution, épuisement des ressources, destruction des habitats. Même en scellant les frontières aux réfugiés sur deux pieds, jamais vous n'empêcherez les autres de passer.

C'est là où il faut introduire une hypothèse de science politique — disons plutôt une fiction vraisemblable.

Les élites éclairées — il y en a — ont saisi, à partir des années 1990, la montée des périls résumée par le terme de « climat », mais qu'il faut prendre au sens large : un nouveau régime dans les relations jusqu'ici plutôt stables entretenues avec la Terre. Jusque-là, on pouvait faire main basse sur un sol, obtenir des droits de propriété, l'exploiter, en user et en abuser, mais le sol lui-même se tenait à peu près coi.

Les élites éclairées ont commencé à accumuler les preuves que cela n'allait pas durer. Elles le savaient bien sûr depuis longtemps, mais disons qu'elles avaient appris à l'ignorer courageusement. *Sous* le sol de la propriété privée, de l'accaparement des terres, de l'exploitation des territoires, *un autre sol*, une autre terre, un autre territoire se mettait à remuer, à trembler, à s'émouvoir. Une sorte de tremblement de terre, si l'on veut, qui s'est mis à émouvoir pour de bon les élites éclairées. « Faites attention, rien ne sera plus comme avant ; vous allez devoir payer cher le retour de la Terre, le retournement de puissances jusqu'ici dociles. »

Le problème c'est que cette menace, cet avertissement a été reçu cinq sur cinq par d'autres élites peut-être moins éclairées, mais avec de gros moyens et de grands intérêts et surtout extrêmement sensibles à leur bien-être. Et c'est là où intervient l'hypothèse de politique-fiction : elles ont parfaitement compris, ces élites, que l'avertissement était exact, mais elles n'ont pas conclu de cette vérité indiscutable qu'il allait falloir payer, et payer cher, le retournement de la Terre sur elle-même.

Elles ont conclu deux choses, deux choses qui aboutissent aujourd'hui à l'élection du roi Ubu à la Maison-Blanche : oui, il va falloir payer cher ce retournement, mais ce sont *les autres qui vont le payer*, certainement pas nous ; et cette vérité indiscutable du nouveau régime climatique, *on va en nier jusqu'à l'existence*.

Si l'hypothèse est juste, elle permet de comprendre que ce que l'on appelle à partir des années 1980 la « dérégulation » et le « démantèlement de l'État-providence », à partir des années 2000 le « climato-négationnisme » et, surtout, depuis quarante ans, l'extension vertigineuse des inégalités, que tout cela participe au même phénomène : les élites ont été si bien éclairées qu'elles ont décidé qu'il n'y aurait pas de vie future pour tout le monde, *qu'il fallait donc se débarrasser au plus vite de tous les fardeaux de la solidarité* — c'est la dérégulation ; qu'il fallait construire une sorte de forteresse dorée pour les quelques pour cent qui allaient pouvoir s'en tirer — c'est l'explosion des inégalités ; et que pour dissimuler l'égoïsme crasse d'une telle fuite hors du monde commun, il fallait absolument nier l'existence même de la menace à l'origine de cette fuite éperdue — c'est la dénégation de la mutation climatique. Sans cette hypothèse, ni l'explosion des inégalités, ni l'investissement dans le climato-scepticisme, ni la furie de dérégulation ne s'expliquent. Trois mouvements qui définissent l'histoire dans laquelle l'Europe continentale a tant de peine à s'insérer.

Pour reprendre la métaphore éculée du Titanic : les gens éclairés voient l'iceberg arriver droit sur la proue, savent que le naufrage est assuré ; s'approprient les canots de sauvetage ; demandent à l'orchestre de jouer assez longtemps des berceuses pour qu'ils profitent de la nuit noire pour se carapater avant que la gîte excessive alerte les autres classes !

Ces gens-là — les élites qu'il faut désormais appeler obscurcissantes — ont compris que, s'ils voulaient survivre à leur aise, *il ne fallait plus faire semblant de partager l'espace avec le reste du monde*. Du coup, la mondialisation prend une tournure toute différente : du haut du bastingage, les classes inférieures, désormais tout à fait réveillées, voient les canots s'éloigner de plus en plus. L'orchestre continue à jouer *Plus près de toi, mon Dieu*, mais la musique ne suffit plus à couvrir les hurlements de rage... Et c'est bien de rage qu'il faut parler si l'on veut comprendre la réaction de défiance et d'incompréhension contre un tel abandon, une telle trahison.

Pour comprendre la situation actuelle, les politistes usent et abusent du terme de « populisme ».

On accuse le « peuple » de se complaire dans sa vision étroite, dans ses peurs, dans sa méfiance native pour les élites, dans son mauvais goût en matière de culture, et surtout dans sa passion pour le folklore, l'archaïsme, les frontières et l'identité, sans oublier une coupable indifférence aux faits. Il manquerait de générosité, d'ouverture d'esprit, de rationalité ; il n'aurait pas le goût du risque (ah ! ce goût du risque prêché par ceux qui sont à l'abri partout où leurs *miles* leur permettent de voler).

C'est oublier que ce « peuple » *a été froidement trahi* par ceux qui ont abandonné l'idée de réaliser pour de vrai la modernisation de la planète *avec* tout le monde, parce qu'ils ont su, avant tout le monde, mieux que tout le monde, que celle-ci était impossible, faute justement de planète assez vaste pour leurs rêves de croissance sans limites.

Si l'élection de Trump clarifie la nouvelle situation politique, c'est en effet parce que l'horizon vers lequel il entraîne les États-Unis donne une idée si *diamétralement opposée* de la direction à prendre qu'elle définit finalement assez bien, mais par contraste, la nature du troisième attracteur. En effet, l'innovation de Trump consiste à construire toute une direction politique sur la *dénégation* systématique de l'existence d'une mutation climatique. Pour la première fois, le climato-négationnisme organise tous les choix politiques. Quelle clarification !

On ne comprend pas l'originalité des fascistes

quand on compare Trump aux mouvements des années 1930. Les deux mouvements n'ont de commun que l'invention d'une nouvelle combinaison qui laisse les anciennes élites, pour un temps, totalement désemparées. Mais la combinaison que les fascismes avaient inventée restait le long de l'ancien vecteur, celui qui va vers la modernisation à partir des anciens terroirs. Ils étaient parvenus à combiner le retour à un passé rêvé — Rome, Germania — avec les idéaux révolutionnaires et la modernisation industrielle et technique, le tout en réinventant une figure de l'État total — et de l'État en guerre — contre l'idée même d'individu.

On ne trouve rien de cela dans l'innovation actuelle : l'État est honni, l'individu roi, et ce qu'il s'agit de faire avant tout, c'est de gagner du temps en relâchant toutes les contraintes, avant que tout le monde s'aperçoive qu'il n'y a pas de monde correspondant à cette Amérique-là.

L'originalité de Trump, c'est de conjoindre dans un même mouvement, premièrement, la fuite en avant vers le profit maximal en abandonnant le reste du monde à son sort (les nouveaux ministres chargés de représenter les « petites gens » sont des milliardaires !) ; deuxièmement, la fuite en arrière de tout un peuple vers le retour aux catégories nationales et ethniques (« *Make America Great Again* » derrière un mur !) ; et enfin, troisièmement, le déni explicite de la situation géologique et climatique.

Le trumpisme — si l'on peut utiliser ce terme — est une innovation en politique comme on n'en voit pas souvent et qu'il convient de prendre au sérieux. De même que le fascisme avait su, lui aussi, combiner des extrêmes à la totale surprise des politiciens et des commentateurs de l'époque, le trumpisme combine des extrêmes et trompe son monde, au moins pour un temps. Au lieu d'opposer les deux fuites — vers la globalisation et vers le retour au vieux terrain national —, Trump fait comme si on pouvait les fusionner. Fusion qui n'est évidemment possible que si l'existence même de la situation de conflit entre modernisation d'un côté et condition matérielle terrestre de l'autre se trouve déniée. D'où le rôle constitutif du climato-scepticisme, sinon incompréhensible (rappelons que jusqu'à Clinton les questions de politique climatique faisaient l'objet d'accords entre les deux partis).

Et l'on comprend bien pourquoi : le manque total de réalisme de la combinaison — des milliardaires entraînant des millions de membres des classes dites moyennes vers le retour à la protection du passé ! — sauterait aux yeux. L'affaire, pour le moment, ne tient qu'à la condition de rester totalement indifférent à la situation *géo*-politique.

Pour la première fois, tout un mouvement politique ne prétend plus affronter sérieusement les réalités géopolitiques, mais se mettre explicitement hors de toute contrainte, littéralement *offshore*, comme les paradis fiscaux. Ce qui compte avant tout, c'est de ne plus avoir à partager avec les masses un monde dont on sait qu'il ne sera plus jamais commun. Comme si l'on pouvait s'éloigner infiniment de ce troisième attracteur, ce spectre qui hante toute la politique.

Il est assez remarquable que cette invention vienne d'un entrepreneur constamment endetté, allant de faillite en faillite, qui doit sa célébrité à la téléréalité (une autre forme d'irréalisme et d'escapisme). La totale indifférence aux faits, qui a marqué la campagne électorale et qui caractérise maintenant cette administration, est une simple conséquence de cette prétention à vivre sans ancrage aucun dans la réalité. Quand on a promis à ceux qui allaient vers un État national qu'ils allaient retrouver le passé alors qu'on les entraîne vers un lieu qui n'a pas d'existence concrète pour la grande masse des électeurs, il ne faut pas être trop vétilleux sur les preuves empiriques !

Inutile de s'indigner que les électeurs trumpistes ne « croient pas aux faits » : ils ne sont pas idiots ; c'est, à l'inverse, parce que la situation géopolitique d'ensemble doit être déniée que l'indifférence aux faits devient tellement essentielle. S'il fallait prendre en compte la contradiction massive entre fuite en avant et en arrière, il faudrait se mettre à atterrir ! En ce sens, le trumpisme définit (mais évidemment à l'envers, en négatif, par rejet) le premier gouvernement écologiste !

Bien sûr, il ne faut pas que les « petites gens » se fassent trop d'illusions sur la suite de l'aventure. Ceux que Trump attire le plus, ce sont précisément ces minuscules élites qui avaient détecté depuis le début des années 1990 qu'il n'y avait pas de monde commun possible pour eux et pour les neuf milliards d'individus. « Dérégulation poussée à l'extrême, pompage massif de tout ce qui reste encore à pomper dans le sol — *"Drill baby drill !"* —, on va bien finir par gagner, en suivant Trump, trente ou quarante ans de répit pour nous et pour nos enfants. Après cela que le déluge vienne, nous serons morts. »

Les comptables connaissent bien les entrepreneurs qui « font de la cavalerie » : l'innovation de Trump, c'est de faire faire de la cavalerie à la plus grande nation du monde. Portrait de Trump en Madoff d'État ! Sans oublier ce qui explique toute l'affaire : il dirige la nation *qui avait le plus à perdre* d'un retour à la réalité, d'un virage vers l'attracteur Terre. Le choix est fou, mais il est compréhensible.

Il ne faut pas être grand clerc pour prévoir que toute l'affaire finira dans un déluge de feu. C'est là le seul vrai parallèle avec les fascismes. Contrairement à la phrase de Marx, l'Histoire ne va pas simplement de la tragédie à la farce, elle peut se rabâcher une fois de plus par une bouffonnerie tragique.

En tout cas, la clarification apportée par cette innovation donne aux *forces progressistes* — définies dorénavant comme celles qui tournent leur attention vers le troisième terme, celui de la Terre — la mesure exacte des difficultés qu'elles vont devoir affronter. Il ne s'agit plus seulement de détourner ceux qui rêvaient de retourner vers la terre natale ou de s'allier avec ceux qui visaient l'accès au mondial, il faut maintenant s'opposer frontalement à ceux que le joueur de flûte entraîne derrière lui dans une direction qui nous éloigne encore une fois de la Terre.

Peter Sloterdijk a dit un jour que l'Europe était le club des nations qui avaient renoncé définitivement à l'empire. Laissons les Brexiters, les électeurs de Trump, les Turcs, les Chinois, les Russes s'adonner aux rêves de domination impériale. Nous savons que s'ils souhaitent encore régner sur un territoire au sens de la cartographie, ils n'ont pas plus de chances que nous de dominer cette Terre qui nous domine aujourd'hui au même titre qu'eux. Le défi à relever est donc *taillé pour l'Europe*, puisque c'est elle qui avait inventé cette étrange histoire de globalisation avant de s'en retrouver l'une des victimes. L'Histoire appartient à ceux qui seront capables d'atterrir les premiers sur une terre habitable — à moins que les autres, les rêveurs de la *Realpolitik* à l'ancienne, l'aient fait disparaître pour de bon.

BRUNO LATOUR

Chapitre VII

SURMONTER LA PEUR DE LA LIBERTÉ

Leigh, Royaume-Uni, 1976 : la première fois que j'entendis en public le mot « nègre ». J'étais avec mon père, assis dans un stade, à l'occasion d'un match du championnat de rugby — au milieu d'environ quatre mille personnes amassées dans les gradins derrière les poteaux de but. Notre club venait d'embaucher un joueur noir et il s'agissait de son premier grand match.

Dans les années 1970, les fans respectifs des équipes qui s'affrontaient se mêlaient toujours les uns aux autres dans les gradins. Mais, ce jour-là, les fans de l'équipe adverse, qui jouait à l'extérieur, se montrèrent odieux. Chaque fois que notre nouveau joueur s'emparait du ballon, certains d'entre eux se mettaient à entonner des cris de singe. D'autres hurlaient : « Abruti de nègre ! » Pire encore, un certain nombre de nos fans se joignirent à eux. Ce que je ressentis à ce moment, ce fut de la honte et de l'impuissance. Et c'est alors que notre nouveau joueur s'empara une fois de plus du ballon, renversa trois adversaires et marqua aux points.

Je peux encore voir mon père, dans le silence complet qui nous entourait, se retourner vers la foule, bras en l'air bien tendus, et hurler à son intention : « Alors, qu'est-ce que vous pensez maintenant, de ce "nègre" ? »

En quoi un homme blanc sans diplôme était-il moralement et intellectuellement habilité à rabattre leurs caquets à ces racistes ? Mon père ne pouvait se prévaloir d'aucun statut particulier : il n'était ni un leader syndicaliste ni un bagarreur hantant les pubs. Il n'était qu'un membre d'une communauté ouvrière prêt à défendre ses valeurs traditionnelles et à exiger qu'elles soient respectées.

Leigh n'était pas une ville où dominait la gauche militante. On y trouvait cependant une culture politique à la fois très vivace et tacite, caractérisée par une certaine détestation de tout ce qui se rattachait à l'idée de richesse, par une certaine méfiance vis-à-vis de l'extérieur, par une certaine suspicion pour tous ceux qui semblaient situer la logique mercantile au-dessus de l'idée de décence humaine (commerçants louches, receveurs de loyers, voleurs, etc.).

Parce qu'une bonne partie de notre capacité de résistance réside dans cette exclusion de « ceux de l'extérieur », nous nous doutons bien que celle-ci a vite fait de tourner à l'aigre, le racisme n'étant jamais bien loin, depuis toujours. Lorsqu'ils rencontraient des Noirs, les mineurs de la génération de mon père les assuraient bien vite de leur sympathie, citant souvent une tirade de *The Proud Valley*, ce film mettant en scène Paul Robeson : « Ne sommes-nous pas tous noirs une fois descendus au fond du puits ? » Mais personne n'était préparé à la disparition du puits et aux autres disparitions qui l'accompagnèrent : celles des usines, de leurs équipes de football et de leurs amicales sportives.

Lorsque la récession se déclara, en 1980, et que le chômage de masse nous frappa, mon père, qui avait été adolescent dans les années 1930, me dit : « Si nous traversons une autre grande dépression, les préjugés raciaux feront leur retour. » Au final, une grande dépression ne fut pas même nécessaire.

En 2016, les deux tiers des habitants de ma ville ont voté en faveur du Brexit. Alors que le Parti travailliste avait encore remporté cette année-là toutes les élections au *local borough council*[1], l'UKIP, le parti raciste d'extrême droite, était arrivé en seconde position dans la moitié des circonscriptions, supplantant les conservateurs dans le rôle d'alternative principale au Labour. Aux élections législatives de 2015, l'UKIP avait remporté un peu moins de 9 000 voix sur les 45 000 votants. Environ 2 700 d'entre elles, qui étaient auparavant allées, en 2010, au Parti national britannique, un parti fasciste, vont désormais à l'UKIP. Dans un avenir prévisible, la ville sera un objectif de premier ordre pour la droite xénophobe.

Dans les pubs et les clubs, les anciens mineurs et délégués syndicaux essayent de tenir le cap en défendant le socialisme et l'antiracisme, en imputant aux élites fortunées la responsabilité de la pauvreté et de la stagnation économique, et en critiquant la politique d'austérité. Mais il y a un problème : même s'ils gagnent, leur victoire a un prix — c'est qu'il leur faut en effet tolérer la xénophobie et le racisme décomplexés qui s'expriment désormais librement dans des espaces où une telle chose aurait été impensable trente ans auparavant.

La culture de la résistance au capital s'est transformée chez certains en une culture de la révolte contre la globalisation, la migration et les droits de l'homme. L'histoire de cette évolution ne saurait se résumer à celle de l'échec de l'économie néolibérale : elle est celle de l'effondrement d'un grand récit collectif. La paralysie de la gauche, à son tour, ne réside pas seulement dans son échec à proposer une critique efficiente de l'économie libérale, mais aussi dans son échec à s'engager comme il conviendrait de le faire dans la bataille idéologique — qui est une bataille narrative — que mène aujourd'hui l'ultra-droite. Explorer dans le détail les paramètres de cette bataille narrative, ce n'est pas s'adonner à la fameuse thèse post-moderne voulant que le signe précède la chose signifiée. Nous avons là un enjeu majeur, une question de vie ou de mort pour la social-démocratie.

L'OFFENSIVE NÉOLIBÉRALE

Le néolibéralisme s'est annoncé par des actes vindicatifs : dans les années 1980-1981, Thatcher et Reagan eurent tous deux recours à des doctrines économiques procycliques afin de provoquer la destruction des industries traditionnelles, dans l'objectif bien précis d'atomiser la classe ouvrière et de détruire l'efficacité des syndicats.

Michel Foucault avait prédit que l'individu moderne deviendrait un « entrepreneur de soi-même[2] ». Mais la génération de mon père avait d'autres conceptions de la vie. Pour elle, la compétition et un comportement aligné sur des logiques mercantiles étaient choses taboues. Ses membres durent apprendre à se poignarder dans le dos tout au long des années de chômage de masse et d'humiliation de l'État-providence. Ou à travailler dans des usines soudainement devenues dangereuses, et où les syndicats étaient proscrits.

Durant cette période, les tenants du néolibéralisme livrèrent bataille pour imposer à des millions de gens un nouveau grand récit. Une génération entière fut forcée de se comporter comme si la logique du marché était plus importante que l'attachement au lieu de vie ou que l'identité de classe — même si ces travailleurs ne croyaient pas qu'une telle chose soit vraie.

Les salaires s'effondrèrent. La solidarité en fut affectée. Tous ceux qui, parmi nous, étaient considérés comme des escrocs de bas étage — voleurs, malfaiteurs, receveurs de loyers, briseurs de grève — devinrent les héros du thatchérisme. Ils créèrent de petites sociétés : sociétés de nettoyage, de sécurité, cabines de bronzage, formations privées censées apprendre aux ouvriers à rédiger des CV... Le crime organisé prospéra grâce à toutes ces structures, de sorte que les rues aux maisons mitoyennes où avait jadis régné la paix sociale accueillirent peu à peu dealers, prostituées et usuriers, qui devinrent dès lors partie intégrante du paysage.

Il faut dire les choses telles qu'elles sont : tout cela nous brisa. Certains luttèrent — comme les mineurs qui, en 1984-1985, firent grève douze mois durant. Mais la plupart furent brisés sans combattre. Très vite, les populations ouvrières adoptèrent une stratégie de résistance culturelle passive au néolibéralisme, hors la sphère du travail. Sur le lieu de travail — où régnaient désormais brimades et exploitation effrénée —, les gens se conformèrent aux nouveaux rituels, au nouveau langage et aux normes nouvelles. Mais dans la sphère privée, dans les espaces semi-sociaux — le club, le pub —, ils parlaient librement et nourrissaient leur ressentiment.

Et c'est ainsi qu'apparut, dans les années 1980, une culture ouvrière n'entretenant plus aucun rapport avec la sphère du travail. Tout au long des années 1990, cette culture ouvrière s'en éloigna toujours plus, lui devint totalement indifférente, ne se souciant plus que d'un monde au-delà du travail.

Au début des années 1990, un moyen fut trouvé pour soulager la misère : le crédit. Le mont-de-piété, qui avait disparu depuis les années 1930, fit sa réapparition : vous pouviez mettre en gage votre chaîne stéréo en plastique, votre guitare made in China, votre landau. Il devint facile d'obtenir des crédits immobiliers — non pas seulement pour les gens qui avaient travaillé et économisé, mais aussi pour ceux qui n'avaient fait ni l'un ni l'autre. Avoir plusieurs cartes de crédit devint chose courante, y compris pour les imbéciles qui passaient leur temps à dépenser le maximum autorisé et qui ensuite se retrouvaient en défaut de paiement. C'est alors qu'apparurent les sociétés spécialisées dans le prêt sur salaire, pratiquant des taux d'intérêt à 1 000 %. Lorsque ce processus atteignit son acmé — avec l'entrée de la Chine sur le marché global —, la globalisation commença à entraîner une réduction significative du coût des biens de première nécessité.

Et si les membres de la classe ouvrière vécurent un peu mieux dans les années 1990 que dans les années 1980, c'est parce que le crédit et les produits de piètre qualité fabriqués en Chine vinrent compenser le problème premier qui les affligeait tous : la stagnation des salaires. La social-démocratie n'en répéta pas moins que la globalisation et la dérégulation financière étaient choses essentiellement positives pour eux.

LES EFFETS MORAUX D'UNE TRANSFORMATION STRUCTURELLE

Le néolibéralisme provoqua de nombreuses transformations structurelles : la délocalisation des industries de production, la restructuration des grandes entreprises en « chaînes de valeurs » faites de sociétés de dimensions plus modestes condamnées à la rentabilisation maximale, la réduction drastique de l'imposition fiscale dans le but explicite de couper les vivres de l'État, la privatisation des services publics et la financiarisation de la vie quotidienne. Ce n'est qu'à la condition de comprendre les effets narratifs de ces changements, plus encore que leurs effets économiques, que nous pourrons comprendre l'effondrement du centrisme, qui a débuté en 2016.

La *délocalisation* de la production avait pour visée de réduire les coûts salariaux ainsi que la part salariale dans le produit intérieur brut. Pour ne prendre que l'exemple de Leigh, la plus grande firme industrielle de la ville, Coles Cranes, fut délocalisée. Mais, comme l'a montré David Harvey, une telle politique visait un effet narratif plus vaste : il s'agissait en effet de « détruire le rapport au lieu », de faire comprendre à une classe entière que *le lieu de vie — qui est la source essentielle de l'identité — n'importe absolument pas*.

La *restructuration* des entreprises en segments de dimensions plus modestes sévèrement contrôlés sur le plan financier avait, elle, pour objectif de soumettre l'ensemble des aspects de la vie de l'entreprise aux diktats des marchés financiers. Les entreprises qui avaient jusqu'alors conservé en leur sein, à destination de leurs salariés, des structures associatives, clubs sociaux et autres salles de sport (comme l'usine où je pus travailler en 1979) considérèrent dès lors que tout cela n'était plus tenable. Vous pouviez encore avoir une cantine, désormais gérée par un prestataire extérieur, mais elle ne devait rien coûter, et même être source de profit. Là encore, c'est un effet narratif d'une ampleur plus vaste, et tout aussi évidente, qui était visé : il importait de faire comprendre à une classe entière que *l'entreprise ne se sentait plus redevable à son égard de la moindre obligation sociale informelle*.

La troisième grande réforme structurelle consista à *mettre en miettes l'impôt progressif*. L'objectif explicite d'une telle politique était, je l'ai dit, de couper les vivres à l'État afin de réduire drastiquement sa taille. Mais une fois apparus bulles d'actifs et paradis fiscaux — qui se multiplièrent, littéralement —, les effets secondaires de ces coupes fiscales furent une spectaculaire augmentation des inégalités et un coup d'arrêt à la mobilité sociale. Une nouvelle fois, un effet narratif plus vaste, et très explicite, fut visé et atteint : faire comprendre à une classe entière, à travers cette érosion de l'État-providence et des services publics, que *le compromis social conclu après 1945 relevait bel et bien du passé*. Seuls seraient conservés les pans de l'État-providence jugés utiles au capital.

La *privatisation*, quatrième arme du néolibéralisme, permit de renouveler les stocks de capitaux générateurs de profits et de remédier ainsi à la baisse tendancielle du taux de profit dont avait grandement souffert la fin de l'ère keynésienne. Les péages routiers, les privatisations du transport ferroviaire, la fragmentation pour le moins chaotique des services de bus et cars locaux, la possibilité nouvelle de couper l'électricité et le gaz aux nécessiteux, tout cela eut pour objectif de rendre les services publics aussi chers que possible — avec pour effet narratif recherché d'éroder l'idée même d'un secteur économique public. Il importait désormais d'envisager son existence en partant du principe qu'il n'était plus envisageable, en cas de pépin, de compter sur l'aide de l'État ou d'une quelconque communauté. Il allait dorénavant falloir compter sur soi et sur la famille proche — et sur personne d'autre. Le message alors adressé aux familles ouvrières fut d'une parfaite limpidité : *ne comptez plus que sur vous-mêmes. En fait, l'État n'est pas là pour vous aider, mais pour rendre tous les services publics aussi chers et rares que possible*. Et la décision prise par Thatcher de mettre un terme aux programmes publics de construction de logements vint confirmer tout cela de la façon la plus explicite qui soit.

Enfin, *la financiarisation* de la consommation ne fut qu'une simple composante de la financiarisation plus vaste du capitalisme lui-même. Dès lors, toutes les entreprises se virent dicter leurs priorités par les analystes des banques d'investissement. Les cadres trop sentimentaux qui souhaitaient conserver les rituels du partenariat social auxquels ils avaient été accoutumés dans les années 1960 et 1970 furent congédiés. Et nous avons là le plus important de tous les effets narratifs recherchés à cette époque. À l'avenir, le prestige social n'irait plus au petit patron local qui était encore à tu et à toi avec ses délégués syndicaux. *Le thatchérisme célébrerait* désormais *l'égomaniaque à l'œuvre dans la salle des marchés*. Et contrairement à l'ancien système social encore en vigueur au milieu du XXe siècle, que dominait une bourgeoisie rigoureusement impénétrable, une personne issue de la classe ouvrière pourrait désormais, à la condition bien sûr de se montrer assez arriviste et égotiste, devenir partie prenante de la nouvelle élite entrepreneuriale.

En célébrant le prédateur financier, en le présentant comme un nouveau type de héros issu de la classe ouvrière, le néolibéralisme se mit à refaçonner entièrement la « culture ouvrière », la transformant en une idéologie procapitaliste célébrant l'ignorance et l'égotisme — soit le contraire exact de tout ce qu'elle avait été. Lorsque vous comparez n'importe quel épisode du feuilleton télévisé des années 1960 *Coronation Street* avec n'importe lequel de la série *EastEnders*, qui débuta, elle, sous Thatcher, vous constatez — bien qu'exclusivement sous forme de clichés — l'impact moral du néolibéralisme. En lieu et place du langage des années 1960 — qui se caractérisait par son calme et sa rationalité —, vous n'avez plus affaire, avec *EastEnders*, qu'à des hurlements, des claquements de portes, des femmes aux visages tuméfiés, des suicides et dépressions graves — le tout accompagné par la peur omniprésente des drogues et autres cambriolages. L'addiction, la rage et la dépendance exerçaient leur contrôle sur ces nouveaux archétypes dramatiques de la même façon que les dieux exerçaient le leur dans un drame antique. Les personnages de cette série avaient perdu toute autonomie et toute densité ; ils n'étaient plus que des spectres, des moins que rien privés de toute dimension — des laquais du destin.

Alors que pour la génération de mon père, le système social avait eu pour ambition de donner de l'oxygène à l'antiracisme, à l'internationalisme et à un altruisme que l'on apprenait par soi-même, le néolibéralisme travaillait maintenant à donner de l'oxygène à tout ce qui allait à l'encontre de ces attitudes[3]. Trois décennies durant, ce travail de sape acharné a consisté à stopper et détruire la résistance de la classe ouvrière au néolibéralisme. Mais maintenant que le néolibéralisme lui-même s'effondre, ce n'est pas le conservatisme traditionnel qui se montre en mesure de prendre la relève, mais un populisme droitier autoritaire.

L'ÉCHEC NARRATIF DU NÉOLIBÉRALISME

L'échec du néolibéralisme se déroula par étapes. Ses promesses d'ascension sociale se virent clairement battues en brèche à la fin des années 1990. Au début des années 2000, l'explosion de la bulle Internet et les scandales financiers, tel celui qui ruina la réputation d'Equitable Life[4], commencèrent à fermer l'accès au régime de retraite professionnelle auquel avait contribué le tiers supérieur de la main-d'œuvre.

Alors que des pans entiers de la population dépendaient désormais de plus en plus du secteur public et de l'État-providence en raison des délocalisations qui avaient arasé les anciennes régions industrielles, le Parti travailliste fit comprendre à son électorat qu'il ne ferait rien pour ralentir le processus en cours et qu'il ne protégerait pas plus les anciennes formes de cohésion sociale. En 2005, à l'occasion du congrès annuel du Labour, Tony Blair lança à son auditoire une mise en garde, le prévenant que débattre de la globalisation se ramènerait à débattre de la question de savoir si l'automne succéderait bien à l'été : « Ce monde changeant a pour trait principal d'être indifférent à la tradition. Impitoyable à la faiblesse. Sans respect pour les réputations passées. Il n'a ni coutume ni pratique. Il est saturé d'opportunités, mais celles-ci ne vont qu'à ceux qui sont assez agiles pour s'adapter, peu enclins à se plaindre, ouverts, disposés et en mesure de changer. »

Il s'agissait là d'un avertissement clair, définitif, visant la classe ouvrière anciennement industrielle, lui enjoignant de renoncer une bonne fois pour toutes aux ultimes vestiges, dévastés, de sa culture. Tony Blair et Gordon Brown parièrent alors — et parièrent tout — sur la financiarisation. La dérégulation du marché du crédit allait permettre aux pauvres, croyaient-ils, de prendre part à la bulle spéculative. Le développement spectaculaire de l'industrie de la finance allait générer des rentrées fiscales considérables, et celles-ci seraient redistribuées à la classe ouvrière sous forme d'aides sociales, de crédits d'impôts, d'investissements à nouveau importants en faveur du National Health Service[5] et d'un accès élargi à l'université. Cette logique-là fut mise en œuvre, jusqu'à toucher sept millions de personnes, soit le tiers des foyers de la nation, qui reçurent sous une forme ou une autre de l'argent de l'État.

Mais lorsque le système financier s'effondra, ce projet social-démocrate d'une amélioration du quotidien fondée sur l'industrie de la finance s'effondra aussi. Et c'est une politique d'austérité qui, en lieu et place, fut adoptée. Cette politique d'austérité tailla dans le vif des dépenses publiques et réduisit drastiquement les budgets de santé et les prestations sociales. Privant de très nombreuses familles de leurs uniques revenus, elle les força à se rabattre sur les banques alimentaires qui distribuèrent dès lors en urgence environ 1,1 million de colis chaque année. Un million d'anciens travailleurs n'ayant pas encore atteint l'âge de la retraite se virent également privés de leurs allocations maladie et invalidité. Et comme le filet de la Sécurité sociale craquait, l'assentiment aux vagues migratoires qui avaient prévalu jusqu'alors disparut.

COMMENT S'EST DÉSINTÉGRÉ L'ASSENTIMENT QUI AVAIT JUSQU'ALORS ÉTÉ DONNÉ À L'IMMIGRATION

Tout au long des années d'après-guerre, la Grande-Bretagne avait absorbé — à l'instar des États-Unis, de l'Allemagne et de la France — des millions d'immigrés. Le racisme agressif d'une minorité d'ouvriers blancs et conservateurs avait été apaisé par la relative facilité avec laquelle ces immigrés s'étaient intégrés dans la culture britannique. Les travailleurs blancs ne succombèrent alors au fascisme qu'en très petit nombre, et en adoptant des formes si violentes qu'il fut aisé d'y mettre immédiatement un terme. En conséquence, la classe ouvrière citadine devint au fil des années 1980 une classe multiethnique, et ce de façon indélébile : Afro-Caribéens, musulmans, hindous, Somaliens — tous connurent au départ l'expérience de la marginalisation et du racisme, et tous parvinrent à s'intégrer. Tous travaillent désormais dans les secteurs professionnels incontournables de nos grandes villes : dans les transports, à l'hôpital, aux caisses des supermarchés, chez des éditeurs de logiciels.

L'adhésion à l'Union européenne de dix pays d'Europe de l'Est changea profondément la donne. Le gouvernement britannique encouragea alors vivement les citoyens de ces pays de l'Est à jouir pleinement de leur droit de libre circulation au sein de l'Union tel qu'il est formalisé dans ses traités.

Si, depuis les années 1970, la population britannique donnait son assentiment à l'immigration, c'est parce que celle-ci était sévèrement régulée — notamment celle issue du Kenya, de l'Inde et du Bangladesh. À la différence des populations de ces pays, les Européens de l'Est qui s'installèrent alors dans le pays le firent non pas parce qu'ils en avaient reçu la permission, mais parce qu'ils en avaient le droit. Pourtant, aucun d'eux n'est en passe de devenir un citoyen britannique : alors qu'en 2016 on en compte sur le territoire trois millions, ils ne peuvent participer à aucune élection nationale.

Deuxième point important, cette vague migratoire en provenance de ces pays de l'Est fut encouragée afin de provoquer une pression à la baisse sur les salaires, qui ne fut cependant qu'à peine enregistrée par les indicateurs macroéconomiques. De fait, cette main-d'œuvre est-européenne correspond à la perfection, de par sa docilité, au profil recherché par les nouvelles institutions du travail précaire. Ajoutons que les arrêts Viking et Laval de la Cour européenne de justice vinrent confirmer le droit des employeurs à « affecter » d'un pays à l'autre des mains-d'œuvre sous-payées[6].

Un troisième point distingue cette vague migratoire des flux qui l'avaient précédée : alors que les immigrés africains et asiatiques avaient à l'époque choisi pour lieu d'intégration des grandes villes, les migrants en provenance d'Europe de l'Est choisirent, eux, pour principale destination des petites villes qui, jusqu'alors, n'avaient aucune expérience en la matière — qui, en outre, ne bénéficient pas de ces réseaux informels et souples qui permettent aux grandes villes multiethniques de fonctionner et où, enfin, la pression exercée sur les services publics était déjà forte. Une nouvelle fois, un message — là encore à l'effet narratif explicite — fut envoyé à la classe ouvrière encore existante : *voilà le type de travailleurs que nous préférons : flexibles, silencieux, dociles, déférents, ne revendiquant aucun droit particulier, ne contribuant que peu ou pas du tout à la vie publique et n'attendant rien en retour.*

Les défenseurs néolibéraux de la liberté de circulation justifièrent cette vague migratoire en ayant surtout recours au registre du fatalisme : nous avions là, semblait-il, un « fait » de la vie moderne impossible à contrôler ou contrecarrer. Puis, lorsque des études commencèrent à montrer que les salaires s'effondraient littéralement aux échelons les plus bas du marché du travail, ce fait fut jugé marginal et insignifiant ; on considéra qu'il serait contrebalancé par des gains macroéconomiques de bien plus vaste ampleur. Lorsque les politiciens du centre gauche constatèrent à quel point les natifs précarisés se retrouvaient obligés, sous cette pression migratoire, de faire appel aux aides sociales, ils partirent du principe qu'une telle situation pouvait être compensée par le soutien financier des secteurs les plus affectés, sans trop se soucier des possibilités et modalités d'un tel soutien.

Le néolibéralisme considéra qu'il pourrait surmonter l'hostilité grandissante à l'encontre des immigrés, au motif que le rapport au lieu de vie et de travail et l'identité en découlant étaient choses mortes depuis trente ans. La globalisation était un processus naturel, impossible à arrêter, et les populations finiraient par s'y faire, comme elles avaient fini par donner leur assentiment à toutes les réformes structurelles qui avaient précédé. Au lieu de cela, c'est une révolte des classes pauvres qui éclata en Grande-Bretagne et qui provoqua le premier grand accroc dans la trame multilatérale du système global : le Brexit, bien sûr.

Les 52 % d'électeurs qui ont voté en faveur du Brexit n'étaient pas seulement des Blancs. Selon les études menées sur le sujet, 27 % des Noirs et

33 % des Asiatiques ont voté pour le « *Leave* ». Par ailleurs, 59 % des partisans du « *Leave* » étaient issus des classes moyennes et moyennes supérieures. Mais c'est dans les petites villes que l'on a enregistré les proportions les plus fortes en faveur du « *Leave* », dans ces petites villes où les résidus de culture ouvrière ont adopté la forme d'une crispation identitaire dont le trait principal est la défiance, non pas simplement à l'encontre de la globalisation, mais à l'encontre de la culture libérale, transnationale, fondée sur les droits de l'homme, que cette globalisation a encouragée.

De façon tout à fait frappante, cette fausse rébellion des pauvres a pu exercer une forme d'ascendant sans cesse plus fort sur les classes moyennes des petites villes. Il n'est pas caricatural d'affirmer qu'un professionnel libéral vivant dans une grande ville a voté pour le « *Remain* », alors qu'un libéral vivant dans une petite ville anciennement industrielle a, lui, voté pour le « *Leave* ». Depuis le vote, de nombreux membres des classes moyennes ont reconnu avoir initialement envisagé de voter pour le « *Remain* » avant de réfléchir à la situation des plus défavorisés et d'opter en définitive, préoccupés par leur sort, pour le « *Leave* ».

Le seul moyen de désamorcer la colère, c'est d'en comprendre l'origine. La colère des natifs, Blancs et Noirs confondus, visait bien plus le système migratoire lui-même que les migrants eux-mêmes. Cette logique encourageant l'immigration sans se soucier ni de ses modalités ni de ses conséquences était et demeure le symbole ultime du désir néolibéral d'annihiler tout rapport au lieu de vie et de travail, toute notion de communauté et tout travail concret échappant à l'abstraction. Il est illusoire de vouloir combattre le racisme des partisans d'un populisme autoritaire en ignorant les paramètres économiques. La seule manière de le combattre passe par la réaffirmation d'une identité plébéienne sociale-démocrate, qu'il s'agit de façonner et défendre dans le cadre d'un monde à la fois mis en réseaux et individualiste.

LE COMBAT NARRATIF À VENIR

Depuis 2008, il est clair que la globalisation se terminera par un désastre, à moins que nous n'abandonnions le néolibéralisme. Avec le Brexit et l'élection de Donald Trump, ce processus est désormais entamé.

L'attrait fatal que le néolibéralisme a exercé sur les élites ainsi que sur deux générations d'économistes s'explique par sa perfection apparente. Sur le plan économique, le néolibéralisme venait confirmer l'idée selon laquelle l'essence du capitalisme résidait dans le marché, la survie du plus apte[7] et l'État le moins puissant possible. Sur le plan politique, il entrait en résonance parfaite avec l'idée-phare de la pensée libérale-démocratique voulant que nous soyons tous des citoyens et rien que des citoyens, et non pas des employés ou des patrons, et par conséquent que nos droits soient considérés comme des droits individuels et non pas collectifs. Même maintenant — alors que Renzi, en Italie, est tombé, que Hollande, en France, a renoncé à se représenter aux présidentielles de 2017, tandis que Schäuble, en Allemagne, exige de la Grèce toujours plus d'austérité —, les élites néolibérales peinent à mettre en question leur conception des choses essentialiste. Et une rupture a été opérée par d'autres dans la direction opposée. Le populisme autoritaire, qui est en train de mobiliser à travers toute l'Europe les électeurs issus pour partie de la classe ouvrière, consiste pour l'essentiel en une exigence de déglobalisation. S'il est profondément réactionnaire, ce n'est pas seulement en raison de ses penchants racistes, de son islamophobie et de son conservatisme social : il l'est aussi, et peut-être surtout, en raison de son ignorance complète de la complexité de la tâche.

À la différence des années 1930, le nationalisme économique d'aujourd'hui aurait pour tâche de démanteler un système complexe, organique et à la forte capacité de résistance. Bien sûr, il pourrait le démolir assez facilement — en lui menant une guerre monétaire ou en tirant tout simplement un trait sur les dettes énormes dues par les États —, mais le résultat d'une telle stratégie ferait que nos villes ressembleraient à peu près à La Nouvelle-Orléans après le passage de l'ouragan Katrina.

Par chance, les données démographiques d'aujourd'hui s'avèrent aux antipodes de celles des années 1930. Les convictions et comportements libéraux et individualistes que déteste tant l'ultra-droite xénophobe sont fermement ancrés chez une génération entière. À en croire les études de YouGov, si, au Royaume-Uni, 19 % de la population revendique des convictions relevant de la droite dure, et si 29 % de cette population affirme partager des convictions « populistes autoritaires » moins tranchées, le groupe le plus important — 37 % — est celui des tenants d'une « gauche libérale proeuropéenne et internationaliste[8] ». Nos sociétés ne ressemblent pas à la République de Weimar, où la soi-disant tolérance et le soi-disant multiculturalisme n'étaient qu'un très mince vernis recouvrant avec peine un fond réactionnaire, autoritaire et nationaliste. Les nouveaux comportements, les croyances nouvelles, les niveaux de tolérance inédits, l'attachement aux droits de l'homme ainsi qu'à leur universalité sont les fruits du changement technologique et de l'éducation. La plupart des moins de trente-cinq ans y tiennent comme à la prunelle de leurs yeux. Ils n'y renonceront pas.

J'ai avancé ailleurs[9] que le prolétariat industriel n'avait pas seulement échoué à résister au néolibéralisme dans les années 1980, mais qu'il s'était vu aussi supplanté, en raison de la révolution technologique, par un groupe plus informe que lui, et que des sociologues tels que Manuel Castells ont présenté comme celui des individus de la « société en réseaux ». Ce groupe joue désormais le rôle qui avait été jadis dévolu au prolétariat : celui de courroie de transmission du changement social. Il ne comprend pas seulement les couches inférieures des professionnels libéraux et les étudiants, mais aussi de larges pans de la main-d'œuvre ordinaire (nounous, serveurs, geeks...).

Quant à la main-d'œuvre industrielle non précarisée — du moins ce qui en reste —, elle aussi peut être très largement rattachée à cette culture globalisée en raison des normes désormais en vigueur sur des lieux de travail régis par la haute technologie.

En ce sens, l'individu de la société en réseaux est venu se substituer à l'ouvrier dans son rôle d'agent du changement social. S'il existe aujourd'hui un agent collectif de l'Histoire bien décidé à mener la transition devant conduire à un au-delà du capitalisme, c'est bien lui. Il ne s'agit pas là d'une classe — bien que tous ces jeunes gens soient largement dépossédés d'un avenir économique du fait de l'effondrement du néolibéralisme. Mais, si nous les insérons dans un scénario du type années 1930, nous nous rendons compte qu'une issue positive est possible, voire probable.

Écrivant au début des années 1940 sur la montée du fascisme, le psychanalyste Erich Fromm (1900-1980) en arriva à la conclusion que celui-ci n'avait pas seulement été porté par des ressentiments liés à la situation économique, mais qu'il fallait trouver sa racine, ou du moins l'une de ses racines, dans la « peur de la liberté ». La mentalité autoritaire qu'il avait diagnostiquée dans les rangs de la petite bourgeoisie allemande ainsi que chez certains ouvriers s'expliquait à ses yeux par le fait que ceux-ci réagissaient à leur propre impuissance par un « désir d'être dominé ». Fromm nous montre que s'il y eut une forte résistance au nazisme, du fait non seulement de la classe ouvrière organisée, mais aussi de la bourgeoisie libérale et catholique, cette résistance échoua. Elle échoua tout d'abord, montre-t-il, en raison d'« un état de fatigue intérieure et de résignation », mais aussi en raison du legs des échecs passés de la classe ouvrière, ceux des années 1919-1923. Enfin, elle échoua en raison de l'épuisement progressif, tout au long des années 1930, des idéologies de résistance[10].

Aujourd'hui, face à Trump, face au Brexit, face à la désintégration de l'ordre global, ce sont les élites politiques centristes néolibérales qui se montrent touchées par le doute et la résignation. Une tâche absolument vitale attend donc cet individu de la société en réseaux : c'est qu'il lui faut s'allier avec les internationalistes encore à l'œuvre au sein des communautés ouvrières des petites villes, et ce afin d'entretenir ce qui reste encore du grand récit qui avait permis à la génération de mon père d'écarter tout racisme, et d'articuler les restes de ce grand récit passé avec un autre récit, tourné, lui, vers le futur et capable de susciter l'espoir.

La tâche de la social-démocratie n'est pas d'aller au-devant des désirs conservateurs des partisans des populistes autoritaires. Elle consiste à élaborer une alternative politique capable de susciter une pleine confiance et correspondant aux besoins et aux passions d'une grande part de la main-d'œuvre actuelle — qui est à la fois plébéienne, en réseaux et diplômée. Cela implique de renverser très consciemment les postulats tactiques qui avaient été ceux de la « troisième voie ». Blair, Clinton, Schröder, Renzi — tous étaient partis du principe que la classe ouvrière des petites villes voterait toujours pour eux et que la social-démocratie se devait d'attirer les classes moyennes centristes.

L'effondrement du néolibéralisme et la lente érosion de la sensibilité progressiste qui avait été jadis au cœur de la culture ouvrière ont réduit à néant tous ces postulats. Une social-démocratie décidée à défendre les droits de l'homme, l'égalité des sexes, la liberté individuelle, et décidée aussi à protéger les migrants et les réfugiés, doit partir du principe que son socle électoral se trouve désormais parmi les salariés des grandes villes, parmi la jeunesse mise en réseaux, parmi la main-d'œuvre du secteur public ainsi que parmi la main-d'œuvre des grandes entreprises, à la fois hautement technicisée et globalisée — catégories auxquelles il faut évidemment ajouter les minorités ethniques, les travailleurs migrants et les femmes.

Une social-démocratie renouvelée et plus engagée politiquement ne saurait passer de compromis avec la mentalité réactionnaire qui s'est attirée environ 20 % des électeurs dans ma ville natale. Mais elle peut leur offrir un espoir économique. Elle peut avant tout leur offrir de l'argent sous forme d'investissements — de l'argent emprunté, issu de l'imposition des classes fortunées ou émis par les banques centrales —, et ce, afin d'investir dans les écoles, le logement, le travail, les transports publics et les soins de santé. Il n'est plus rare, désormais, d'entendre des racistes réactionnaires affirmer, à l'occasion de ces émissions où les auditeurs ou téléspectateurs interviennent par téléphone, préférer voir l'économie nationale ruinée et la croissance s'effondrer plutôt que de rester au sein de l'Union européenne et d'accepter l'immigration. En fait, ils ont correctement saisi ce qui est en jeu, mais également compris — bien que depuis peu — que leur racisme, celui de leurs familles et de leurs communautés, ne passe pas auprès d'une grande partie de la population.

L'échec de la gauche — et j'y inclus ici, aux côtés des sociaux-démocrates, la gauche radicale, celle de Syriza et de Podemos — est dû au fait qu'elle a sous-estimé la fragilité du récit néolibéral. Étant donné qu'une partie de ce récit a perdu toute efficacité, il a aussi perdu très vite toute espèce de signification. Alors même que nous avions critiqué le versant économique du néolibéralisme, nous avons eu tendance à calquer notre propre récit sur la permanence supposée des formes politiques du néolibéralisme. La gauche doit désormais combattre un nationalisme droitier très présent au sein des communautés ouvrières en s'appuyant sur un récit différent, sur une histoire différente.

Le néolibéralisme avait remplacé l'ancien récit de la solidarité et de la cohésion par une histoire de l'individualité où les êtres étaient des individus abstraits aux droits tout aussi abstraits : les noms qu'ils arboraient sur les badges de leurs uniformes ne devaient servir qu'aux intérêts du client ou du patron ; ils n'avaient pas à contribuer à l'expression de leur identité. Les ouvriers appartenant à ces communautés mises en déroute et laissées pour compte s'accrochèrent aux quelques résidus de leur identité collective. Mais à partir du moment où le socialisme fut déclaré définitivement impraticable par tout le monde — y compris par les partis socialistes —, les membres de ces communautés ouvrières se mirent à rattacher l'idée même d'identité non plus au travail et aux valeurs qui l'accompagnaient, mais à l'accent, au lieu de vie et de travail, à la famille et à l'appartenance ethnique.

Depuis 2008, les banques centrales et les interventions étatiques, si elles ont empêché la survenue de la grande dépression que craignait tant la génération de mon père, ont néanmoins engendré une tendance à la stagnation, à cette « croissance faible, accompagnée d'une faible inflation et d'un faible équilibre des taux d'intérêt », pour citer une déclaration de Mark Carney, le gouverneur de la Banque d'Angleterre lors du G20 de mars 2016. Mais il ne peut y avoir d'équilibre en pareilles circonstances, particulièrement là où le remède de l'austérité impose des offensives continues contre l'État-providence et contre ces salaires sur lesquels comptent tant les foyers aux faibles revenus.

Tant que le néolibéralisme narra un récit cohérent, ses victimes de premier choix — les membres de la classe ouvrière les moins qualifiés vivant dans les villes anciennement industrielles — purent peu ou prou survivre (tout en nourrissant un fort ressentiment ainsi que de fortes conceptions identitaires, qui n'étaient toutefois exprimées que dans la sphère privée). Mais, entre 2008 et 2016, l'attrait du néolibéralisme ne cessa plus de faiblir — et même plus rapidement que l'avaient imaginé ses critiques. En cela, nous traversons une période analogue en bien des points à celle qui se produisit en Russie au cours de la Perestroïka.

À la fin des années 1980, sous Gorbatchev, de nombreux Russes firent l'expérience d'une « dépression » brutale lorsqu'ils réalisèrent que l'effondrement était imminent. Pourtant, jusqu'à ce qu'il survienne, la plupart d'entre eux se comportaient, parlaient et même pensaient comme si le système soviétique allait durer à jamais. Et en dépit du cynisme qu'ils adoptaient face à sa brutalité, ils étaient nombreux à se rendre aux défilés et à se plier aux rituels exigés par l'État. L'anthropologue russe Alexei Yurchak décrit les événements qui se produisirent alors dans un ouvrage dont le titre se passe de commentaire : *Tout était là pour toujours, jusqu'à ce qu'il n'y ait plus rien*.

Depuis la victoire de Trump, un effondrement similaire est envisageable en Occident, et il est aussi envisageable que la globalisation, les valeurs sociales libérales, les droits de l'homme et l'État de droit connaissent un sort semblable. Si tel devait être le cas, le capitalisme revêtirait alors pour forme — forme par défaut — celle d'un nationalisme oligarchique et xénophobe, de Moscou à Washington. Si une telle chose devait se produire, l'ensemble des projets tournés vers la justice sociale et l'émancipation auraient à être entièrement « recalibrés » à l'échelle nationale, exactement comme cela avait été le cas dans les années 1930.

Mais il est possible d'éviter cela. En définitive,

le projet de la gauche devrait consister à sauver la globalisation en enterrant une fois pour toutes le néolibéralisme. Pour le dire de façon plus précise — et comme l'a suggéré récemment Carney —, nous avons besoin de nouveaux mécanismes destinés à supprimer les inégalités et à redistribuer les bénéfices du progrès commercial et technologique au bénéfice des travailleurs les plus modestes et au bénéfice des jeunes. Pour ce faire, il nous faut mettre un terme, en tout ou partie, aux cinq réformes structurelles évoquées plus haut, et en procédant de la façon suivante :

— il nous faut mettre en œuvre des politiques industrielles permettant au Nord d'offrir à nouveau du travail à ses populations sans se soucier de leurs effets sur la croissance du PIB par habitant dans les pays du Sud ;

— il nous faut obliger les grandes entreprises à prendre conscience qu'elles ont des devoirs sociaux à l'égard de communautés bien réelles, concrètes et spécifiques, et non pas à l'égard d'une très abstraite société civile ;

— il nous faut renationaliser les services publics les plus essentiels afin de les rendre à nouveau accessibles ou gratuits et d'améliorer ainsi le quotidien des populations les plus fragilisées ;

— il nous faut éradiquer les paradis fiscaux et ce que l'on appelle la « finance de l'ombre » afin de rendre à nouveau imposables des milliards qui échappent encore à une très légitime et indispensable taxation, et ce, afin de financer des investissements publics massifs, qui s'imposent urgemment ;

— il nous faut enfin définanciariser l'économie, augmenter les salaires, réduire la dépendance au crédit, stabiliser les dettes du secteur public comme du secteur privé — en tirant un trait sur certaines, en contrôlant l'inflation et, là où cela s'impose, en contrôlant le capital.

Ces mesures n'anéantiraient pas la globalisation. Mais elles la stopperaient et lui feraient en partie rebrousser chemin ; ce faisant, elles stabiliseraient et sauveraient ce qui, dans l'économie globalement interconnectée, mérite de l'être — sans pour autant être synonymes de renoncement à l'idée de progrès, c'est-à-dire en conservant l'ambition de poursuivre cette globalisation une fois corrigés les déséquilibres sociaux actuels. Si la croissance du PIB dans les pays en cours de développement devenait plus équitable, et en conséquence ralentissait, nous aurions là un enjeu d'importance secondaire pour les populations du Nord en général.

Avant même que leurs effets combinés se fassent sentir, ces mesures pourraient avoir un impact immédiat si des millions de gens les intégraient et les faisaient leurs, les envisageant dès lors comme une liste cohérente, et simple, de tâches à accomplir — comme cela avait pu être le cas du keynésianisme qui inspira dans les années 1930 le New Deal de Roosevelt.

Quant à la migration, elle est, dans un monde où règnent les téléphones portables, Internet et le crime organisé, tout simplement impossible à arrêter, sauf à adopter les mesures délétères qui hantent les imaginaires de l'« Alt-Right »[11] : clôtures électrifiées, suspension du droit international, usage de la force armée aux frontières... L'OCDE a estimé que l'Amérique et l'Union européenne auraient chacune à absorber cinquante millions de migrants entre 2016 et 2060 afin d'éviter que la croissance devienne progressivement nulle[12]. Il faut donc faire en sorte que nos populations redonnent leur assentiment à l'immigration. Il est possible d'y parvenir de plusieurs façons : (a) en dirigeant cette migration, en la contrôlant et en allouant des ressources aux régions où son impact se fait le plus négativement sentir sur les services publics ; (b) en réformant le marché du travail de manière à empêcher les employeurs d'utiliser pour leur plus grand bénéfice une population déracinée, coupée de toute vie publique, et prête à tout accepter de leur part ; (c) en mettant un terme aux politiques d'austérité. Un changement de braquet conduisant de l'austérité à une croissance portée par des politiques d'investissement n'atténuerait pas seulement, en quelques mois, la compétition effrénée pour le logement, les soins de santé et les places dans les écoles. Il créerait un jeu à somme positive en recontextualisant entièrement le débat sur la migration.

Les victoires de Trump et du Brexit doivent nous faire comprendre qu'il est plus que temps d'aller au-delà d'une simple critique économique du néolibéralisme. La gauche doit se confronter à un défi politique et économique tout ce qu'il y a de plus concret : élaborer un grand récit post-néolibéral.

Tous les partis, tous les hommes politiques, toutes les structures, toutes les théories faisant obstacle à une telle élaboration devraient être écartés vite fait. Car le temps joue contre nous.

PAUL MASON

Chapitre VIII

LA POLITIQUE À L'ÈRE DU RESSENTIMENT

LE SOMBRE HÉRITAGE DES LUMIÈRES

Les séismes politiques de notre époque — qu'il s'agisse du triomphe de Donald Trump, raciste et prédateur sexuel autoproclamé, des apothéoses électorales, en Inde et aux Philippines, d'« hommes forts » accusés de meurtres de masse (Narendra Modi et Rodrigo Duterte), ou des adoubements de masse ayant porté au pouvoir, en Russie et en Turquie, ces impitoyables despotes et impérialistes que sont Vladimir Poutine et Recep Tayyip Erdoğan — ont tous révélé l'existence d'une énorme énergie refoulée. L'émergence et l'accession au pouvoir, partout dans le monde et de façon quasi simultanée, de grands démagogues témoignent d'une situation codéterminante en vigueur sur tous les continents — même si les initiatives sécessionnistes dont nous sommes les témoins, de l'État islamique au Brexit, ont de nombreuses causes locales. Il semble que les barrières éthiques donnent partout de grands signes de faiblesse, et souvent du fait même de la pression exercée par l'opinion publique. Cette rage, que l'on avait pris l'habitude d'appeler la « colère musulmane » et que l'on associait à des hordes d'hommes à la peau foncée et aux barbes fournies, se manifeste brutalement à l'échelle entière du globe. Cette rage, nous la voyons désormais aussi à l'œuvre en Birmanie, du fait de bouddhistes aux robes safran, et ardents partisans du nettoyage ethnique ; nous l'observons aussi en Allemagne, du fait de nationalistes blancs et blonds. Comme l'écrivit Freud, « les impulsions primitives, sauvages et mauvaises de l'humanité n'ont disparu chez aucun individu, mais elles continuent au contraire à exister, quoique refoulées », attendant « les occasions d'entrer de nouveau en activité[1] ».

Comment comprendre cette rupture quasi générale et qui semble aussi morale et émotionnelle que politique ? Nos concepts et catégories de pensée, qui sont les fruits de trois décennies de libéralisme économique, semblent bien incapables d'intégrer ou d'assimiler ce qui s'apparente à une explosion de forces incontrôlées. C'est que les « masses » paraissent soudain bien plus malléables et imprévisibles que nous l'avions pensé. En conséquence, les élites politiques, économiques et médiatiques plongent dans la confusion et la perplexité. *The Economist,* une publication sur laquelle ces élites très choisies peuvent toujours compter lorsqu'il s'agit de mâchouiller de la bienpensance, est revenu tardivement sur ses indignations devant la « politique post-vérité » (une expression qui ne veut rien dire) pour annoncer l'apparition brutale d'un « nouveau nationalisme » qui, tel Rip Van Winkle, personnage éponyme de la nouvelle de Washington Irving, se serait réveillé d'un long sommeil. *Vanity Fair* — qui s'intéresse désormais, là encore bien tardivement, aux fiascos du capitalisme global — donne le sentiment d'être devenu une parodie de la *New Left Review :* c'est qu'on y lit de fort étonnantes lignes sur l'échec de ce capitalisme global à tenir ses promesses de prospérité générale et sur son mépris pour le principe démocratique d'égalité.

Des mises en opposition binaires, parfaitement rhétoriques et usées jusqu'à la corde — progressistes-réactionnaires, fascisme-libéralisme, rationnel-irrationnel —, ont été une énième fois convoquées. Mais il suffit d'observer la façon qu'a une certaine industrie intellectuelle écervelée de courir éperdument après les nouvelles du jour sans chercher le moins du monde à saisir la signification des actions humaines, pour comprendre que notre quête d'alternatives politiques rationnelles au chaos actuel pourrait être fatalement compromise. En effet, qu'ils soient de gauche, centristes ou de droite, ceux qui s'opposent au nouvel « irrationalisme » politique se montrent encore prisonniers d'un postulat à l'évidence profondément ancré en eux, selon lequel les individus seraient des acteurs rationnels mus par leur propre intérêt bien compris — des acteurs qui se mettraient en colère dès lors que cet intérêt matériel serait battu en brèche et qui s'apaiseraient dès que cet intérêt serait satisfait.

Nous avons là une conception de la motivation humaine qui a été élaborée à l'époque des Lumières, et qui, méprisant la tradition et la religion, voulut les remplacer par la capacité humaine à identifier rationnellement les intérêts de l'individu et de la collectivité. Dans son schéma explicatif, qui fut repris aussi bien à la gauche qu'à la droite de l'échiquier politique, le bourgeois tourné vers son intérêt bien compris, ou *Homo economicus*, représente la norme humaine — c'est-à-dire un individu doté d'un libre arbitre et dont les désirs et instincts naturels sont façonnés par l'objectif ultime qu'il se propose : la poursuite du bonheur et l'évitement de la souffrance. Cette vision des choses, plutôt simpliste, a toujours négligé de nombreux facteurs pourtant invariablement présents dans les existences humaines : la peur — peur, par exemple, de voir son honneur, sa dignité et son statut bafoués ; la méfiance pour le changement ; l'attrait exercé par la stabilité et un environnement familier. Cette conception des choses n'accorde pas non plus beaucoup de place à des pulsions et passions tristes plus complexes : la vanité, la peur de passer pour vulnérable, le désir forcené de donner à autrui une image de soi bien précise, dénuée de toute aspérité… Obsédés par le progrès matériel, les hyperrationalistes ont également ignoré le fort attrait exercé par l'identité — une identité synonyme à leurs yeux d'« arriération » — ainsi que les délices tenaces de l'autovictimisation.

Le mépris que nous montrons pour ces motivations non économiques semble d'autant plus étonnant lorsque nous nous rappelons à quel point ce programme des Lumières tourné vers le bonheur individuel, aux « assises intellectuelles beaucoup trop étroites », s'est à la fin du XIXe siècle transformé en « objet de risée et de mépris », comme l'écrivit Robert Musil en 1922[2]. En effet, la littérature moderne, la philosophie moderne et l'art moderne se sont attachés à montrer — et c'est ce qui les caractérise — que les êtres humains ne se résument pas à l'intérêt bien compris, à la compétition et à la pulsion acquisitive, que la société ne se résume pas à un contrat passé entre des individus autonomes raisonnant en seule logique, et que la politique ne saurait non plus se résumer à des technocrates impersonnels élaborant des schémas progressistes hyperrationnels au moyen de sondages, d'expertises, de statistiques, de modèles mathématiques et de hautes technologies. C'est que par-delà la gestion pragmatique la plus concrète s'étend le vaste royaume de l'inconscient. L'intellect chargé des calculs rationnels est, comme l'écrivit Freud, « une chose débile et dépendante, jouet et instrument de nos penchants pulsionnels et de nos affects[3] ».

Les bouleversements stupéfiants dont nous sommes les témoins, et notre perplexité devant eux, nous imposent d'ancrer à nouveau nos réflexions dans la sphère des pulsions et des émotions. Ils n'exigent rien de moins qu'une compréhension radicalement élargie de ce que signifie appartenir à l'espèce humaine. Une telle investigation, qui fut entreprise pour la première fois il y a maintenant un siècle, nous amène nécessairement très au-delà de la seule question du libéralisme économique et de ses soi-disant antidotes que seraient une croissance et une répartition des richesses équitables. Ce qu'il nous faut tout d'abord faire, en ces temps post-communistes et *post-libéraux*, c'est reconnaître franchement que « l'humanisme des Lumières et leur conception de l'Histoire » ne peuvent « expliquer le monde dans lequel nous vivons » — pour citer Michael Ignatieff, qui se présente lui-même comme un internationaliste libéral[4].

Nous avons là, à tous égards, un échec intellectuel massif. L'idéal libéral des Lumières d'une société commerciale universelle n'a jamais été plus parfaitement réalisé qu'au cours de ces deux dernières décennies de globalisation effrénée. Au XIXe siècle, Marx pouvait encore sourire avec mépris de Jeremy Bentham, ce « phénomène anglais » qui « pose comme homme type le petit-bourgeois moderne, l'épicier, et spécialement l'épicier anglais[5] ». À notre époque, pourtant, l'idéologie néolibérale, une forme réifiée du rationalisme des Lumières et de l'utilitarisme du XIXe siècle, est parvenue à dominer presque totalement l'économie et la politique, surtout depuis que sa rivale socialiste est discréditée, en somme depuis 1989.

Le succès du néolibéralisme est attesté par les nombreuses innovations apparues tout au long des dernières décennies et qui, désormais, nous semblent parfaitement naturelles. La croissance du produit intérieur brut est l'indice irremplaçable de la puissance et de la prospérité nationales ; la liberté individuelle est identifiée au choix du consommateur ; il est attendu du marché qu'il fournisse des produits et services de qualité, et des gouvernements qu'ils se contentent de garantir les conditions d'une juste concurrence. Les critères de l'échec et de la réussite tels qu'ils sont définis par le marché se sont même imposés dans la vie académique et dans la vie culturelle.

Le néolibéralisme s'est également accompagné d'une révolution intellectuelle de tout aussi vaste ampleur. L'effondrement du communisme — qui avait été l'enfant illégitime du rationalisme et de l'humanisme des Lumières — a encouragé les éditorialistes comme les politiciens et les hommes d'affaires à supposer que la démocratie et le capitalisme à la mode occidentale étaient parvenus à résoudre l'énigme moderne de l'injustice et de l'inégalité. Cette vision utopique postulait qu'une économie globale fondée sur le libre-échange, la compétition et l'entrepreneuriat individuel viendrait atténuer les différences ethniques et religieuses et conduirait à une prospérité et une paix mondiales ; au final, tous les obstacles irrationnels à la diffusion de la modernité libérale, tel le fondamentalisme islamique, seraient éradiqués.

Ce consensus post-guerre froide est pourtant aujourd'hui en ruine. Des fanatiques et autres obsédés de l'exclusion ont été portés au pouvoir au cœur même de l'Occident moderne, alors que celui-ci s'était acharné des décennies durant à imposer l'intérêt bien compris, le principe de maximisation du bonheur ainsi que la libéralisation effrénée des marchés. Thomas Piketty a sans aucun doute raison d'affirmer que « la victoire de Trump s'explique avant tout par l'explosion des inégalités économiques et territoriales aux États-Unis[6] ». Mais beaucoup de gens tout à fait aisés, hommes et femmes confondus — sans parler d'Afro-Américains et d'Hispaniques —, ont aussi voté pour ce peloteur compulsif. Les couches prospères des populations indienne, turque, polonaise et philippine restent inébranlablement fidèles à leurs démagogues respectifs, de plus en plus inconstants. Les nouveaux représentants des laissés-pour-compte et des opprimés — Trump et Nigel Farage se congratulant dans un ascenseur en plaqué or, le fondateur de l'État islamique portant à son poignet une Rolex, et Modi dans son costume de Savile Row taillé sur mesure — sont les figures d'un théâtre de l'absurdité politique dont la scène s'étend de jour en jour.

Gary Younge a raison de souligner, en guise de mise en garde, « que le lien entre l'angoisse économique et le nationalisme droitier peut être exagéré[7] ». Les propos de Mike Davis évoquant les passions nihilistes — le fait que certaines personnes « voulaient un changement à Washington, à n'importe quel prix, si nécessaire au moyen d'une attaque suicide dans le Bureau ovale[8] » — entrent en résonance avec ceux de Barack Obama, qui considère que Trump, en affirmant « vouloir faire sauter cet endroit », a marqué de nombreux points dans l'opinion. Les électeurs qui, aux quatre coins du globe, mettent au défi les sondeurs pseudo-rationnels et les experts des mégadonnées en sont venus, c'est certain, à ressembler à l'homme du sous-sol de Dostoïevski, incarnation quintessentielle du perdant radical rêvant de se venger de tous les gagnants de la société où il s'est trouvé jeté.

Écrivant dans les années 1860, au plein midi du libéralisme dix-neuviémiste, Dostoïevski fut l'un des premiers à donner une forme artistique à un soupçon qui ne cesse plus de nous hanter, nous faisant douter de la capacité de la pensée rationnelle à influer de façon décisive sur le comportement humain. Son homme du sous-sol se dressait contre les idées d'égoïsme rationnel et d'intérêt matériel bien compris, alors populaires en Russie — des idées qui y avaient été importées par de fervents lecteurs de John Stuart Mill et Jeremy Bentham. Le personnage de Dostoïevski attaque de façon très obsessionnelle les postulats positivistes qui sont tout autant ceux des capitalistes que des socialistes, et selon lesquels les êtres humains sont des animaux capables de calculer en toute logique :

> Oh, dites-moi qui a dit le premier, qui a énoncé le premier que si les hommes faisaient des saletés, c'est seulement qu'ils ne connaissaient pas leurs véritables intérêts ? Qu'il suffisait de les éclairer, de leur ouvrir les yeux sur ces intérêts véritables pour qu'ils arrêtent à l'instant de faire leurs saletés — que, s'ils sont éclairés sur leur véritable profit, s'ils le comprennent, ils deviendront honnêtes et bons en un clin d'œil et que c'est dans le bien qu'ils verront ce profit, car on sait bien que personne ne peut agir sciemment contre son intérêt, qu'ils feront donc le bien, pour ainsi dire, par nécessité[9].

Dostoïevski a défini un style de pensée — plus tard approfondi par Nietzsche, Freud, Weber et Musil, pour ne citer que quelques-uns des « maîtres du soupçon » — qui se transforma ensuite en une révolte intellectuelle totale contre les certitudes profondément ancrées des idéologies rationalistes, qu'elles soient libérales, démocrates ou socialistes. Robert Musil, ingénieur de formation, ne fut en rien un propagandiste au service des cultes néo-romantiques et autres nationalismes de la terre et du sang qui, en son temps, prospérèrent de toutes parts. Le problème, pensait-il, n'était pas que « nous a[y]ons trop d'entendement et trop peu d'âme », mais plutôt que « nous a[y]ons trop peu d'entendement dans les problèmes de l'âme[10] ». La plupart des autres écrivains et penseurs de cette même *fin de siècle*, qui aspiraient à aller au-delà de l'apparence de rationalité du réel, firent preuve d'une extraordinaire précision dans leur analyse des éléments moteurs très complexes de l'agir humain. Ce faisant, ils examinèrent attentivement le rôle non pas seulement du refoulé et de l'obscur dans la vie privée, mais aussi des opérateurs cachés qui sont à l'œuvre dans la vie sociale et politique inhérente à la démocratie libérale. « On a donc l'impression, écrivit Freud dans *L'Avenir d'une illusion* (1927), que la civilisation est quelque chose qui a été imposé à une majorité récalcitrante par une minorité qui a su entrer en possession de moyens de pouvoir et de contrainte[11]. »

Les œuvres d'art, les œuvres littéraires et philosophiques qui furent les fruits de cette nouvelle et complexe définition de la subjectivité humaine ont envisagé et mis en scène la conscience humaine au quotidien comme une conscience se caractérisant par des séries de vagabondages successifs : au sein d'un passé irrépressible et souvent douloureux, au sein d'un présent insaisissable, ainsi que dans un futur saturé de risques inconnus (*Ulysse* de Joyce en étant ici l'exemple le plus célèbre). Chaque action humaine, dans cette vision moderniste, se déroule inévitablement à bonne distance de ses principes et idéaux professés ; il se constate ainsi un gouffre irréductible entre la théorie et la pratique, gouffre où se tapissent la peur, l'espoir, la vanité, la colère et la vengeance. Ce que nous appelons le « moi » est donc une entité dynamique, constamment façonnée et refaçonnée dans le cadre d'une interaction entre ce que Freud appelait l'« appareil psychique » et les conditions sociales et culturelles en vigueur, qui évoluent au fil de l'Histoire.

En ce sens, ni les musulmans « en colère » ni les partisans de l'« Alt-Right[12] » d'aujourd'hui ne sont d'incorrigibles fanatiques et racistes. C'est qu'ils n'ont pas de moi fixe, de moi susceptible d'être distingué de ces projections de peurs, de désirs et d'aspirations qui, à l'instar de toutes choses humaines, sont constamment défaites par leurs propres contradictions. Voilà pourquoi leur ressentiment ostensiblement racial ou religieux ne peut être correctement saisi au moyen de lectures scrupuleuses du Coran ou de Breitbart News[13]. Il me semble qu'on les comprend bien mieux en s'intéressant à l'interaction entre le moi humain, qui est irréductiblement divisé, et son contexte social, politique et culturel.

Ce qui caractérise aujourd'hui ce contexte et lui

donne sa spécificité, et qui est à l'origine de tant de tourments et de conflits internes pour ce moi, c'est le paradoxe suivant : alors que les idéaux de la démocratie moderne n'ont jamais été plus populaires, il est au fil du temps devenu de plus en plus difficile, voire impossible, de les mettre en pratique dans les conditions de la globalisation néolibérale. Étudiant la première grande révolution démocratique des États-Unis, Tocqueville notait que tout un ensemble d'émotions, plutôt inquiétant, y avait été à l'œuvre. Il s'inquiéta alors que les promesses du « Nouveau Monde », fondées sur les idées de méritocratie et d'« égalité des conditions », finissent par conduire à l'ambition sans limites, à l'envie corrosive et à l'insatisfaction chronique. À certaines époques, la passion pour l'égalité devient « fureur » de l'égalité et finit par en conduire beaucoup à acquiescer à une réduction drastique de leurs libertés et à souhaiter que des « hommes forts » s'emparent du pouvoir[14].

Nous sommes aujourd'hui les témoins d'une frénésie universelle de peur et d'aversion, car la révolution démocratique dont Tocqueville avait été le témoin avisé s'est diffusée jusqu'aux endroits les plus reculés de la planète. Cette rage égalitaire se combine à une poursuite générale de la prospérité — une quête administrée par l'économie consumériste globale, qui en a fait son mandat — pour aviver au maximum les tensions et contradictions affligeant au plus intime les existences individuelles. Du coup, ces tensions et contradictions se voient comme précipitées dans la sphère publique. « Pour vivre libre, écrivit Tocqueville en guise d'avertissement, il faut s'habituer à une existence pleine d'agitation et de péril[15]. » Ce type de vie est effroyablement privé de toute stabilité, de toute sécurité, de toute identité et de tout sens de l'honneur, quand bien même abonderaient les biens matériels. Néanmoins, l'idée selon laquelle les considérations rationnelles fondées sur les notions d'utilité et de profit sont causes de déracinement, d'humiliation et d'obsolescence programmée est devenue un lieu commun partout sur la planète.

La modernité est aujourd'hui partout vécue comme expérience du chaos, ce qui ne peut, évidemment, qu'intensifier cette passion triste qu'est le *ressentiment*. Un ressentiment existentiel devant les vies menées par les autres, causé par un fort mélange de jalousie, de sentiment d'humiliation et d'impression d'impuissance, empoisonne la société civile et vient saper la liberté politique lorsqu'il en vient à persister et s'aggraver. Le *ressentiment*, qui est un composé d'émotions, révèle de la façon la plus claire qui soit le moi humain dans ses relations fondamentalement instables avec le monde extérieur. Rousseau le comprit admirablement, quand bien même il n'eut jamais recours à ce terme : dans une société mercantile, les gens ne vivent ni pour eux-mêmes ni pour leur pays, mais pour la satisfaction de leur vanité ou de leur *amour-propre*, c'est-à-dire le désir et la nécessité de s'assurer la reconnaissance d'autrui, d'être estimé par eux tout autant que l'on s'estime soi-même.

Mais cette vanité, dont le compte Twitter de

Donald Trump est la manifestation la plus éclatante, est condamnée à être perpétuellement insatisfaite. Elle est aussi banale que nuisible en raison de ses effets délétères sur une opinion publique instable. L'âme finit par en concevoir un sentiment de dégoût de soi, cette vanité alimentant en outre une haine impuissante des autres. Elle peut par ailleurs rapidement dégénérer, se muer en une pulsion agressive, les individus y succombant ne se sentant plus reconnus qu'à la condition d'être préférés à d'autres et finissant par ne plus jouir que de leur propre abjection.

Le *ressentiment* prospère au fur et à mesure que se diffusent les idéaux mercantiles et démocratiques. Au début du XXe siècle, le sociologue allemand Max Scheler élabora une théorie systématique du *ressentiment*, l'envisageant comme un phénomène spécifiquement moderne, intrinsèque aux sociétés où l'égalité sociale formelle entre les individus coexiste avec des différences spectaculaires en termes de pouvoir, d'éducation, de statut et de patrimoine[16]. De telles disparités se constatent aujourd'hui partout, alors même que les idées d'accomplissement individuel et d'égalité se sont considérablement diffusées. Tout au long de l'âge néolibéral, l'aspiration à la prospérité, au statut social et au pouvoir social s'est épanouie dans les circonstances les moins propices à sa satisfaction. Quant à l'idée d'égalité des conditions, qui suppose que le talent, l'éducation et un travail acharné se voient récompensés par l'ascension sociale, elle a cessé d'être, au lendemain de la guerre froide, une illusion exclusivement américaine. Le fantasme de l'égalité s'est propagé partout tandis qu'une inégalité structurelle ne cessait plus de s'aggraver. Conséquence de tout cela, le *ressentiment*, qui était une maladie européenne ou américaine, s'est transformé en une épidémie globale.

L'incubation de cette maladie est d'autant plus rapide que les idéaux égalitaires viennent se heurter aux idéaux néolibéraux de création de richesse privée, et que les conglomérats et individus transnationaux tournent le dos à l'État-nation. Les programmes rationnels visant à générer une prospérité plus grande au moyen des mises en réseaux ou visant une société plus juste à travers l'« économie du partage » échouent à comprendre que la plupart des individus mènent aujourd'hui leurs existences à l'intérieur d'États dont la souveraineté s'est considérablement affaiblie, ou dans le cadre de diverses collectivités sociales et politiques imaginaires. Comme l'écrivit Tocqueville dans un tout autre contexte, les anciennes certitudes nourries par l'individu quant à la place qu'il occupait dans le monde ont disparu au fur et à mesure de l'affaiblissement de tout ce qui reliait cet individu aux communautés et systèmes de solidarité traditionnels. Les individus modernes souffrent non seulement de la disparition de ces certitudes et de ces liens, mais aussi d'un isolement social qui, dans de nombreux pays, a été considérablement aggravé par le déclin de la social-démocratie et des programmes économiques nationaux postcoloniaux.

Il semble en effet que le néolibéralisme ait fait

de la déconnexion avec la collectivité une condition *sine qua non* de l'accumulation de richesses privée et de la valorisation de soi. Les individus modernes sont désormais véritablement condamnés à la liberté, quand bien même leur asservissement par des pouvoirs politiques, économiques et culturels de plus en plus intégrés — je pense au fonctionnement opaque de l'industrie de la finance, à la lourde machinerie de la sécurité sociale, aux systèmes judiciaires et pénaux, aux pressions idéologiques des institutions éducatives, ainsi qu'aux médias et à Internet — ne fait que se renforcer. Il n'est donc pas étonnant que de plus en plus de gens partent à la recherche de boucs émissaires et s'attaquent violemment, notamment sur Twitter, aux femmes, aux minorités ou parfois, tout simplement, à une personne. Ces racistes et misogynes ont à l'évidence longtemps souffert de ce qu'Albert Camus, reprenant la définition du *ressentiment* donnée par Max Scheler, appela en son temps « une auto-intoxication, la sécrétion néfaste, en vase clos, d'une impuissance prolongée[17] ». C'est cette boue toxique — sorte de maladie gangreneuse des organismes sociaux — qui, après avoir été longtemps et ouvertement malaxée par des médias du type *Daily Mail* et Fox News, a littéralement jailli, telle de la lave lors d'une éruption volcanique, avec la victoire de Trump.

Que riches et pauvres confondus votent pour un menteur pathologique et un fraudeur fiscal invétéré confirme une fois encore que les désirs humains opèrent de façon parfaitement indépendante de la logique de l'intérêt bien compris, et peuvent même la détruire. Nous nous retrouvons donc dans une situation funeste, qui évoque bien des choses à ceux qui connaissent l'Histoire, et notamment celle de la fin du XIXe siècle — où des masses mécontentes se laissèrent séduire par des alternatives radicales à une politique et une économie rationnelles qui avaient fini par se retourner contre elles.

On a fait d'une bonne partie de l'histoire du début du XXe siècle un récit édifiant montrant comment la manipulation de l'inconscient collectif par des démagogues, une instrumentalisation habile de la psychologie des foules, et les médias de masse alors récemment apparus avaient tous contribué à l'émergence de régimes génocidaires et à deux guerres mondiales. Mais il est tout aussi vrai que les échecs dévastateurs du libéralisme rationnel avaient alors ouvert la voie aux solutions totalitaires hyperrationnelles. La Russie de Staline et son ingénierie socio-économique et culturelle ultramoderne représentèrent, comme l'a écrit l'historien Stephen Kotkin, l'« utopie des Lumières portée à sa quintessence[18] ».

Grande ironie du sort, si les traumas infligés par le nazisme et le stalinisme furent dévastateurs, ils aidèrent dans l'après-guerre à la réhabilitation du libéralisme. En fait, il est absolument crucial de comprendre que le libéralisme, dont le prestige était totalement terni par ses fiascos ruineux, se vit appliquer un nouveau vernis intellectuel au cours de la guerre froide. Ne jurant que par les Lumières, les libéraux anglo-américains identifièrent résolument l'Occident non communiste à une rationalité bienfaisante et stigmatisèrent ses adversaires en les présentant comme des adeptes d'un irrationalisme mortel — un réflexe intellectuel que l'on a récemment pu constater aussi chez ceux qui guerroient contre l'islamisme radical.

Theodor W. Adorno et Max Horkheimer l'ont montré, le nazisme fut, comme le stalinisme, le fruit vénéneux de la dialectique de la raison[19] ; et, comme l'avancèrent Hannah Arendt et Simone Weil, l'impérialisme britannique raciste fut leur vrai prédécesseur. Pourtant, les idéologues du monde libre refusèrent de se pencher sur les très embarrassantes continuités qui pouvaient se constater entre leur rationalisme et l'irrationalisme de certains autres. Tout au long de la guerre froide, les mises en opposition binaires de l'Occident rationnel et de l'Orient irrationnel, des Lumières et de tous les mouvements qui s'étaient levés contre elles, de la démocratie libérale et du totalitarisme, de la liberté et de ses ennemis, et de l'Occident et de ses ennemis, engendrèrent un climat intellectuel entièrement nouveau.

Mais l'influence extraordinaire, tout au long de la guerre froide, du libéralisme sur la politique et la culture anglo-américaines donna un tableau trompeur de sa cohérence interne. Une bonne part des progrès réalisés en Europe et aux États-Unis durant l'après-guerre avaient en réalité été le fait de l'État-providence et de ses programmes empruntés pour beaucoup au socialisme. Le discrédit du socialisme, en 1989, laissa le libéralisme sans interlocuteur ni adversaire à sa taille. À cette date, l'État-providence était déjà en train d'être abandonné, aussi bien en Europe occidentale qu'aux États-Unis. Tout au long de la décennie 1990, le libéralisme se mua bien docilement en un économisme superficiel, l'idéologie matérialiste et mécaniste du néolibéralisme. Et c'est précisément le postulat rétrograde de cette idéologie, voulant que le réel soit le rationnel et décrétant l'absence de toute alternative à ce credo, qui nous a rendus incapables de comprendre la majorité des phénomènes politiques auxquels nous assistons.

Ceux qui tentent d'expliquer l'irruption des archaïsmes dans les sociétés post-modernes occidentales — citons seulement ici cette façon d'identifier des boucs émissaires et de les persécuter — ne peuvent plus s'appuyer, c'est certain, sur les déterminismes idéologiques respectifs de la gauche et de la droite (et ne parlons même pas ici de la « troisième voie »). Ces schémas concurrents visant à atteindre la vie bonne ont étayé notre connaissance de la société humaine et expliqué des événements historiques au moyen d'une téléologie du progrès. Une bonne partie du travail intellectuel réalisé tout au long de la guerre froide, et ensuite, a ainsi consisté à faire de personnalités, d'époques et de cultures bien précises des sortes de totalités autonomes et de modèles imposants : Winston Churchill, la civilisation occidentale, le libéralisme, la modernité...

Le Big Bang métaphysique de notre temps ne menace pas seulement ces orgueilleux procédés ainsi que la politique identitaire menée par certaines élites : il menace aussi la démocratie elle-même. La religion et la tradition ont été constamment mises au rebut depuis la fin du XVIIIe siècle, dans l'espoir que des individus rationnels, conscients de leurs intérêts bien compris, puissent former une communauté politique libérale capable de définir ses lois communes, de garantir la dignité de l'individu ainsi que des droits identiques pour tous les citoyens — quels que soient l'ethnie, la race, la religion ou le sexe. Cette prémisse fondamentale de la modernité laïque, qui était menacée jusqu'ici par les seuls fondamentalistes religieux, l'est désormais aussi par des démagogues portés au pouvoir par les électeurs dans les épicentres mêmes de cette modernité laïque : l'Europe et les États-Unis.

Quelle direction avons-nous donc, dans ces conditions, empruntée ? Nous pouvons bien sûr continuer de définir la crise qui affecte aujourd'hui la démocratie au moyen de dualismes rassurants : libéralisme contre autoritarisme, religion contre laïcisme, et ainsi de suite... Il pourrait être bien plus fructueux de penser la démocratie comme une condition émotionnelle et sociale qui est par définition saturée de tensions et qui est désormais devenue universellement instable. Cela nous permettrait au moins d'étudier le fonctionnement du *ressentiment* actuel à travers les différents régimes politiques et différentes classes sociales, et de comprendre pourquoi, par exemple, le suprémacisme ethno-nationaliste et la misogynie prospèrent à ce point en tandem concomitamment à l'amélioration du niveau de vie en Inde et en Turquie, ainsi qu'à la stagnation et au déclin en Amérique et en Grande-Bretagne.

Le fait qu'un troll, qu'un maniaque de Twitter, soit devenu l'homme le plus puissant de la planète constitue pour l'instant le dernier en date des nombreux signaux d'alerte venus ces dernières années nous rappeler que les prétentions idéalistes des élites anglo-américaines au sujet de la démocratie et du libéralisme n'avaient jamais véritablement correspondu à la réalité politique et économique de leurs nations. Celles-ci se virent à l'origine donner forme à l'aide de la violence raciste et impérialiste et ont en outre été constamment transformées, et même rendues difformes, au fil des dernières décennies, par la globalisation et le terrorisme. L'ère des crises qui a débuté le 11 septembre a fait s'évaporer pour l'essentiel la très mince teneur des idéologies de la guerre froide ; en est resté un résidu nostalgique pour les certitudes de l'Occident « libéral » antitotalitaire.

Peu de temps avant de mourir, Tony Judt, le plus éminent des intellectuels « libéraux », fit part de son espoir que les jeunes générations ressuscitent les idéaux sociaux-démocrates de sa jeunesse, en découvrant « la politique de la cohésion sociale fondée sur des objectifs communs[20] ». Dans son dernier livre, Pierre Manent, l'intellectuel libéral français le plus important, s'attache à recouvrir d'un vernis intellectuel la manière malicieuse qu'a Michel Houellebecq de défendre l'islam en le présentant comme un credo post-Lumières[21]. Quant à Simon Schama, il écrivit un tweet à la suite de la victoire de Trump, claironnant que nous aurions grand besoin d'un nouveau Churchill pour combattre le fascisme en Europe et aux États-Unis.

Ces façons de se tambouriner la poitrine ou de gonfler le poitrail se ramènent à une demande véritablement irrationnelle, consistant à exiger que le présent s'abolisse de lui-même et laisse place à un retour en arrière. Autant de manières de tenter d'éluder le douloureux fait suivant : c'est que les préconditions mêmes des efforts menés par la gauche et la droite traditionnelles pour construire une solidarité sociale autour des notions de classe, de race, de sexe et de nation ont disparu rapidement. Les déplorations habituelles — sur le manque de véritable leader capable de jouer un rôle d'épine dorsale de la nation, sur le manque de culture rationnelle, de communauté politique, de religiosité, de solidarité fondée sur l'appartenance au même sexe, d'attachement à la nation — ignorent la nature profondément fragmentée de nos vies publiques, de nos sociétés, de nos technologies qui, étant en perpétuelle mutation, sont depuis longtemps hybrides et indéterminées — aussi promptes à se mettre au service des droits LGBT qu'à contribuer à la réinstauration de la torture et à la propagation d'informations frelatées. Quant à la nostalgie du bon vieux temps, elle ne répond pas plus pertinemment à la crise massive de légitimité que traversent aujourd'hui les institutions démocratiques.

Contrecarrer les sinistres pathologies que contribuent à diffuser Modi, Erdoğan, Poutine, le Brexit et Trump suppose d'analyser avec beaucoup de justesse les temps que nous connaissons, qui sont à la fois extrêmement délétères et inédits, et d'élaborer des solutions témoignant d'une hauteur de vue très supérieure aux modèles de solidarité inspirés par l'islam, très supérieure aux pédagogies nationalistes à destination des opprimés, très supérieure à la foi déterminée en une globalisation qui finirait, comme par miracle, par donner les bénéfices promis. Cet indispensable travail ne peut être réalisé qu'à la condition de se faire une image plus riche, plus complexe et plus variée de l'expérience humaine, et seuls d'authentiques maîtres du soupçon sont à même de l'esquisser dans ses principales lignes.

Notre obsession des chiffres, notre obsession pour ce qui peut donc être compté et analysé, a trop longtemps exclu ce qui échappe au calcul : les émotions subjectives. Presque trois décennies durant, la religion de la technologie et du produit intérieur brut ainsi que le très cru calcul de l'intérêt bien compris — un legs du XIXe siècle — ont dominé la politique et la vie intellectuelle. Aujourd'hui, la société de l'entrepreneuriat individuel organisée autour de l'idée d'un marché immanquablement rationnel révèle des abîmes insondables de misère et de désespoir. Cette société-là engendre une rébellion nihiliste contre son organisation même.

Nos points de repère étant désormais, pour nombre d'entre eux, en miettes, nous ne pouvons qu'à peine deviner la direction dans laquelle nous sommes engagés et sommes *a fortiori* moins encore capables de tracer le moindre chemin. Mais nous avons surtout besoin, ne serait-ce que pour retrouver une orientation minimale, de faire preuve d'une plus grande précision et d'un plus grand entendement dans les problèmes de l'âme. Nous risquons autrement — infatués comme nous le sommes de nos motivations et résultats rationnels — de ressembler à ces observateurs qui, écrit Tocqueville, « placés au milieu d'un fleuve rapide », fixent « obstinément les yeux vers quelques débris qu'on aperçoit encore sur le rivage, tandis que le courant [les] entraîne et [les] pousse à reculons vers des abîmes[22] ».

PANKAJ MISHRA

Chapitre IX

LE COURAGE DE L'AUDACE

Il y a déjà presque trente ans maintenant, Pierre Bourdieu écrivait un court essai intitulé *Penser la politique*. Ce texte débute ainsi :

> Nous vivons immergés dans la politique. Nous baignons dans le flot immuable et changeant du bavardage quotidien sur les chances et les mérites comparés de candidats interchangeables. Nous n'avons pas besoin de lire les éditorialistes de quotidien ou d'hebdomadaire ou leurs ouvrages d'« analyse » [...]. Les propos sur la politique, comme les paroles en l'air sur la pluie et le beau temps, sont d'essence volatile [...][1].

Nous sommes aujourd'hui confrontés aux résultats de ce qui se préparait à l'époque, du moins dans ces contrées que l'on appelait encore, jadis, le « monde occidental ». Les grands partis d'autrefois, qui défendaient des visions du monde et, dans le même temps, des classes et des milieux sociaux bien précis, ont peu à peu disparu, avec le type de personnel politique qui leur correspondait, laissant progressivement la place à des professionnels de la politique d'un type inédit. Ceux-ci auraient pour système de référence leurs semblables et pour champ la politique politicienne. Ils constitueraient — en tout cas, et de plus en plus, aux yeux des citoyens — une sphère isolée, dont les membres rivaliseraient certes entre eux, mais seraient, en même temps, étroitement liés par des intérêts communs supérieurs à leurs motifs de rivalité.

Pire encore, les membres de cet establishment politique tenteraient de s'adapter à la nouvelle élite économique globalisée. Les politiciens professionnels entretiendraient avec elle des contacts étroits alors que leurs relations avec les citoyens se distendraient de plus en plus. Pour couronner le tout, ils se complairaient dans un jargon hermétique que les gens ne pourraient même plus écouter.

La stagnation, depuis près de vingt ans, des revenus des travailleurs et des couches moyennes inférieures s'est ajoutée à tout cela et est venue nourrir l'opinion désormais largement partagée selon laquelle « ceux d'en haut, les élites, ne s'en soucient absolument pas, et n'en ont pas même conscience ».

Nous avons ainsi déjà évoqué quelques-uns des paramètres qui ont abouti au vote en faveur du Brexit, à l'élection de Donald Trump à la Maison-Blanche et qui, plus généralement, contribuent à la montée en puissance du populisme de droite en Europe. Ce qui, dans un premier temps, prolifère aux marges de la société et se propage ensuite en son sein, telle une passion triste, vient maintenant menacer la démocratie pluraliste. Toutefois, la montée en puissance de l'antipolitique autoritaire n'est pas la cause, mais la conséquence de l'échec de l'establishment politique, et tout particulièrement des partis de la gauche démocratique — raison pour laquelle les pages qui suivent n'en feront pas leur sujet premier.

PARLONS UN PEU DE CLASSE SOCIALE

Les transformations historiques à l'échelle du globe que nous rattachons à l'année 1989 firent débuter une nouvelle ère. Les partis progressistes et les divers milieux qui les portèrent, et bien sûr, à plus forte raison, les nouveaux milieux apparus depuis, en subirent ou constituèrent les effets. Je ne pense pas seulement ici au naufrage du socialisme réel, à la chute du Mur, à la fin de la confrontation entre deux grands blocs, ni seulement à la décrédibilisation du « récit » socialiste. Je pense plutôt à une superposition de processus différents au fil de ces années : on proclama la « fin de l'Histoire » ainsi que le triomphe du capitalisme et, dans le même temps, celui d'une forme bien précise de démocratie pluraliste libérale. Le fondamentalisme du marché et le néolibéralisme devinrent idéologiquement dominants. Dans le même temps, les sociétés occidentales furent happées dans de nouveaux processus de modernisation — et c'est ainsi que de nombreux jeunes gens venant de milieux ouvriers intégrèrent les couches moyennes citadines. La classe ouvrière ? Mais cela n'existe plus, voyons ! disait-on. Et ce qui en restait se dissoudrait bientôt dans le fluide de la modernité contemporaine.

Les partis socialistes et sociaux-démocrates devinrent eux aussi, et toujours plus, des partis de la classe moyenne, n'ayant plus qu'une vague idée du profil de leurs électrices et électeurs. Les réseaux qui structuraient la vie quotidienne dans les quartiers populaires — ces quartiers ouvriers qui avaient autrefois constitué le cœur de cible des organisations partisanes — disparurent peu à peu, devinrent poreux et incapables de renouveler leurs modes d'action. Mais, en réalité, nos sociétés ne se transformèrent pas en des sociétés nivelées uniment et qui auraient été constituées d'une gigantesque classe moyenne. Les processus à l'œuvre générèrent de nombreux « perdants », qui furent toutefois oubliés.

Mais dire cela, c'est encore brosser un tableau à trop larges traits. En effet, il n'est pas seulement question dans cette histoire de dichotomies flagrantes entre, d'un côté, des « gagnants absolus » et, d'un autre, des « perdants absolus ». Le groupe de ceux qui se considèrent aujourd'hui, plus ou moins consciemment, comme des oubliés n'est en rien homogène.

En font partie, premièrement, les couches moyennes inférieures, dites laborieuses, dont les membres ne se désignent toutefois jamais comme appartenant à une « classe des travailleurs », et ne seraient d'ailleurs pas non plus désignés comme tels par les sociologues (sauf aux États-Unis, cela dit, où les termes « *working class* » et « *middle class* » sont souvent considérés comme synonymes, et où il est parfaitement naturel de se définir comme un membre de la « *working class* »). Ces classes moyennes inférieures, ce sont les employés de bureau, les plombiers et les électriciens, tous ces travailleurs ayant encore des revenus convenables, mais qui se considèrent, à raison, menacés par les transformations économiques globales. Leurs honoraires et salaires stagnent depuis des années, et ils savent qu'ils peuvent être engloutis par la concurrence, bien plus facilement qu'il y a ne serait-ce que vingt ans. Ils le sentent bien : ils marchent sur une plaque de glace qui ne cesse de s'amincir.

Ces groupes doivent être distingués de ceux qui sont immédiatement menacés par un violent déclassement et qui vivent au quotidien avec cette peur-là, et ils doivent également l'être de tous ceux qui travaillent dur, mais ne gagnent que des revenus très médiocres — je pense notamment au nouveau prolétariat des petites prestations de services (vendeuses dans les boulangeries, livreurs, etc.). Et ils doivent tout autant être distingués de ceux qui ne trouvent plus aucun travail faute de qualification suffisante.

Et les membres de ce groupe ne sauraient être assimilés non plus aux « pauvres », bien au contraire : ils sont fiers de subvenir à force de travail aux besoins de leurs familles, et ils n'applaudissent pas forcément aux programmes sociaux. Dans un texte intitulé « Ce que tant de gens ignorent de la classe ouvrière américaine[2] », la juriste américaine Joan C. Williams a analysé les différentes situations de menace pesant sur la « classe ouvrière blanche » et les différentes réactions politico-émotionnelles qui sont les siennes en face de ces menaces. La cartographie qu'elle en dresse s'avère également précieuse, *mutatis mutandis*, pour comprendre la situation de cette même classe dans la plupart, au moins, des pays européens.

Quelles que soient leurs différences, les membres de ces groupes très divers partagent quelque chose : tous ont le sentiment de ne plus avoir, en politique, de véritable représentant ; tous ont le sentiment que la globalisation et l'intégration européenne sont, pour eux, plus néfastes que bénéfiques. Et ce sentiment-là est pour l'essentiel justifié. Beaucoup d'économistes se demandent aujourd'hui, au regard des dégâts considérables dont ils sont cause, s'il est bien pertinent d'aller plus loin en matière de libre-échange et de dérégulation. Un sujet a toutefois cessé de faire débat : même si le libre-échange et la dérégulation peuvent être, à certaines conditions, sources de profits pour une collectivité, il est très clair que ces profits dégagés grâce à eux ne sont dès lors, en aucun cas, répartis équitablement — raison pour laquelle il n'y a, avec eux, que des gagnants et des perdants. Quant à ceux qui comptent au nombre des gagnants, ils savent très exactement, au bout de vingt-cinq ans, que la compétition gagne sans cesse en intensité, que le stress social et matériel ne cesse pas de s'aiguiser et que les discours du dimanche des défenseurs de la globalisation ne sont que du bla-bla.

Tous ces groupes sentent bien que les partis progressistes « mainstream » ne s'intéressent plus à eux, en règle générale, et que leurs représentants sont eux-mêmes devenus partie intégrante de la classe dominante globalisée. Et, là encore, ce sentiment est pour l'essentiel parfaitement légitime. Pour le dire autrement, nos sociétés sont encore et toujours des sociétés de classes, des sociétés déchirées, mais nous peinons à nous faire une idée précise de ces déchirures sociales persistantes et des nouvelles divisions sociales.

UNE ALIÉNATION CULTURELLE

Les partis progressistes, comme le parti social-démocrate autrichien, s'appuyaient sur des alliances précaires de milieux fort différents. Ces alliances, nous les concevons toujours, encore aujourd'hui, comme ayant été pour l'essentiel harmonieuses, alors que le fossé était pour le moins immense entre, mettons, un intellectuel de gauche raffiné comme Max Adler et un représentant syndical traditionaliste de Haute-Styrie. Ce qui, dans les années 1920, séparait deux profils de ce type excédait de très loin le seul style de vie. Être membre de la classe ouvrière signifiait toujours aussi ceci : l'homme était le maître à la maison, le montant des revenus gagnés constituait un critère important de la masculinité et les questionnements intellectuels étaient tout bonnement dédaignés. Pourtant, ces alliances ont tenu, d'une façon ou d'une autre.

Mais ne nous voilons pas la face : les « classes ouvrières » d'aujourd'hui, ceux que l'on appelle les travailleurs, les couches moyennes inférieures dites laborieuses, les différents groupes d'employés, le nouveau prolétariat des petites prestations de services, mais aussi tous ceux qui s'avèrent totalement dépendants sur le plan économique, toutes ces catégories entretiennent des visions du monde radicalement différentes de celles des couches moyennes progressistes et des milieux universitaires des grandes agglomérations urbaines.

C'est qu'un autre facteur est entre-temps venu se greffer sur tout cela : les milieux traditionalistes, en effet, ont désormais le sentiment que les milieux citadins à la sensibilité cosmopolite les dédaignent profondément, eux et leurs modes de vie. À une inquiétude économique est venue se greffer une inquiétude sociale, de sorte que leur statut se voit doublement menacé. La politiste suisse Silja Häusermann l'a montré :

> Ce ne sont pas les pauvres, et pas non plus les plus précarisés, mais les membres des classes moyennes inférieures qui votent pour les formations nationalistes et populistes de droite. Ces personnes-là ne se paupérisent pas forcément, mais sont en proie à un sentiment d'inquiétude, à une peur du déclassement. Elles revendiquent un statut qu'elles n'ont plus — un statut de salarié, de chef de famille subvenant à lui seul aux besoins des siens. Ces personnes se montrent insatisfaites du monde tel qu'il va. Il leur semble — tout cela envisagé en termes bien trop généraux — qu'une direction a été empruntée, et que cette direction

> n'est pas la bonne : pour ce qui est des femmes, pour ce qui est des jeunes générations, pour ce qui est du marché du travail, pour ce qui est de l'enseignement[3]...

Des couches de la population qui, il y a quelques années, pouvaient encore s'envisager comme tout à fait conventionnelles — et donc hégémoniques —, sans pour autant en entretenir une conscience bien précise dans la mesure où un tel sentiment va pour ainsi dire toujours de soi, ont soudain le sentiment de ne plus être tenues en considération. Et, une fois encore, un tel sentiment ne semble pas injustifié. Didier Eribon est sans doute celui qui a décrit ce processus de la façon la plus forte et impitoyable dans son ouvrage *Retour à Reims*[4]. Ses parents étaient communistes ; quant à lui, il partit, très tôt, faire ses études à Paris et reconnaît avec le recul avoir éprouvé « au plus profond de [lui]-même un rejet du milieu ouvrier[5] » de sa jeunesse. Aujourd'hui, les membres de sa famille votent Front national — moins par racisme (racisme dont, par ailleurs, ils n'avaient jamais été exempts) qu'en raison de la dévalorisation culturelle dont ils s'estiment victimes, mais aussi en raison d'un autre sentiment : celui de ne plus être représentés par les partis de gauche existants.

Cette mutation sociale s'est entre-temps accentuée à tel point que les partis de gauche, s'ils veulent remporter des succès électoraux, doivent maintenant s'appuyer sur deux milieux d'un poids à peu près similaire : sur les couches urbaines modernes, de gauche ou libérales de gauche, et sur divers segments des classes moyennes inférieures décrites plus haut. Pour le dire sans grandes nuances : si un parti de gauche veut obtenir environ 40 % des voix, il lui faut alors absolument convaincre une bonne moitié de chacun de ces deux grands bassins électoraux. Or ces milieux se distinguent l'un de l'autre de façon tout simplement spectaculaire.

Quelques semaines après le scrutin en faveur du Brexit, John Harris a publié dans les colonnes du *Guardian*, sous le titre « La gauche a-t-elle un avenir ?[6] », une analyse approfondie des dilemmes qui se posent désormais au parti travailliste britannique. Il y montre de façon convaincante que les problèmes des partis de gauche ne pourront être résolus du jour au lendemain au moyen d'un simple changement politique. Il est permis de dire, de façon certes un peu outrancière, que les partisans de Blair ont fait du Labour un appareil social-démocrate au service exclusif des couches moyennes, des intérêts des classes moyennes urbaines, aux grands dépens de la classe ouvrière. Que l'on donne un coup à gauche et que l'on élise à la tête du parti un Jeremy Corbyn, et alors, nous dit Harris, un regain de crédibilité du parti auprès des « simples gens » se constate aussitôt.

Mais les choses ne sont pas si simples : si Corbyn a certes les faveurs des étudiants progressistes, des partisans d'un certain internationalisme et des hommes et femmes de gauche convaincus, ces groupes-là attendent une politique tout autre que celle qui est souhaitée par les électeurs de la classe ouvrière, qui ont voté pour le Brexit au motif que les immigrés les priveraient de travail et que les universitaires de gauche se préoccuperaient bien trop des droits des LGBT et autres enjeux « politiquement corrects ». Pour cette raison, un « coup à gauche » ne saurait être automatiquement synonyme de succès électoral pour un grand bloc progressiste. Pire encore, un « coup à gauche » pourrait faire perdre à Corbyn les faveurs des milieux citadins progressistes, sans pour autant lui gagner un soutien significatif dans les rangs de la classe ouvrière.

Les deux bassins électoraux de la gauche ne peuvent être plus différents : d'un côté, une population hostile à l'immigration et au multiculturalisme et, de l'autre, une population qui ne jure que par l'internationalisme, les droits de l'homme et la solidarité. Les uns sont pour le protectionnisme alors que les autres bénéficient largement de la globalisation. Les uns ont voté, dans leur écrasante majorité, en faveur du Brexit, les autres, dans leur écrasante majorité, contre. Autrement dit, ce n'est pas seulement un fossé passablement profond qui sépare ces deux populations, mais une distance qui ne semble plus guère franchissable.

FAIRE AVANCER L'UNION EUROPÉENNE

Il est certain que parvenir à une alliance entre ces divers groupes ne sera pas une sinécure, tant s'en faut. Formuler des propositions claires est à cet égard une condition *sine qua non*, quoique non suffisante à elle seule, d'une telle alliance. Nous avons dans tous les cas impérativement besoin d'un changement de cap politique.

C'est que la domination néolibérale doit être repoussée à plusieurs niveaux. Tout d'abord au niveau du discours politico-économique. Cela a toutefois déjà été fait, en partie, depuis la crise financière : il y a quinze ans, l'hégémonie du discours néolibéral était quasiment sans conteste ; les mantras de la flexibilisation, de la globalisation, de la dérégulation, des réformes structurelles et de la compétitivité n'étaient pratiquement pas remis en cause. La plupart des partis de centre gauche classiques, de sensibilité réformiste, s'étaient eux aussi adaptés aux paradigmes triomphants — ce qui signifie aussi qu'ils ne disposèrent plus, dès lors, de leurs propres paradigmes, ni de conceptions propres sur lesquelles s'appuyer. Autant dire qu'ils en étaient venus à se méfier des conceptions qui avaient jusqu'alors été les leurs et qu'ils capitulèrent devant celles de leurs adversaires.

Le tableau, aujourd'hui, est tout autre : l'échec de l'austérité généralisée est désormais reconnu par tous, y compris par les esprits les plus bornés en la matière (à l'exception, sans doute, de Wolfgang Schäuble et de quelques lobbyistes grassement rémunérés, au sujet desquels il est difficile de ne pas citer Upton Sinclair, qui remarqua un jour qu'il était compliqué de « convaincre un homme de comprendre quelque chose lorsque son salaire dépend[ait] du fait qu'il ne le comprenne pas »). Le fait que la croissance se fasse toujours et encore attendre et que la crise ne soit pas surmontée alors même que l'on réduit partout dans la zone euro les revenus ne sera guère contesté par celui qui entend être pris à peu près au sérieux. Le mantra de la compétitivité, qui ne conduit qu'à une « *race to the bottom* », qu'à une course vers le bas, a poussé les sociétés pluralistes au bord de l'effondrement.

Des économistes — de Paul Krugman à Joseph Stiglitz et Branko Milanović, de Dani Rodrik à Thomas Piketty, en passant par Mariana Mazzucato — n'ont pas seulement attaqué, dans d'innombrables travaux, les paradigmes dominants : ils ont aussi, dans le même temps, élaboré des programmes pour un progressisme contemporain. Ils soulignent ainsi le rôle de l'État et l'importance d'une juste répartition des revenus pour le développement économique, tout autant que les effets inhibiteurs pour la croissance d'une concurrence internationale exacerbée. Il est déjà question, dans les discussions entre partisans de la globalisation — des magazines proches de Wall Street, comme *Forbes*, le site vox.com —, d'un « *new liberal consensus* », d'un nouveau consensus libéral, qui serait synonyme, paraît-il, d'une inflexion à gauche. Cela ne signifie naturellement pas que les idées progressistes seraient soudainement devenues hégémoniques dans les discussions économico-politiques, mais nous sommes sans doute parvenus à un relatif « équilibre de la peur », pour ainsi dire, l'idéologie néolibérale ayant perdu de son hégémonie. Et peut-être pourrions-nous même avancer que la vision néolibérale ne jouera bientôt plus guère de rôle majeur : les luttes politiques à venir opposeront à l'évidence des programmes libéraux de gauche à des programmes nationalistes populistes — un duel qui ne laissera plus guère de place aux anciennes élites néolibérales. (Les partis de centre droit traditionnels, ordinairement flexibles, tenteront d'adopter l'un des deux positionnements : soit ils se présenteront en ardents défenseurs de la justice sociale, soit ils s'aventureront sur les terres des populistes de droite, sur le modèle de la CSU en Bavière — ou bien ils concluront des alliances avec ces populistes de droite, jusqu'à fusionner avec eux, comme l'ont fait nombre de Républicains américains.)

Le problème n'est pas que les idées progressistes disparaissent. Elles n'ont pas disparu. Le problème consiste plutôt à traduire ces idées progressistes en politiques. Et ce problème se pose tout particulièrement pour l'Union européenne, d'une façon qui lui est propre. Son architecture politico-économique est implicitement néolibérale dans la mesure où elle rend extrêmement difficile l'implémentation de concepts de gauche dans la pratique politique. L'Union européenne est (encore) composée de vingt-huit États membres, et la zone euro de dix-neuf. Même de légers changements de cap ne peuvent être décidés sans consensus entre les gouvernements de ces États (ou du moins sans qu'une majorité y consente). Et de tels changements de cap doivent ensuite, y compris après avoir été acceptés par consensus, être avalisés par le système multiniveau des institutions européennes — le Parlement européen et la Commission européenne pouvant dès lors influer sur leur teneur. Qu'un gouvernement de gauche soit élu à l'échelon national, il sera tout de suite confronté à cette configuration qui limitera considérablement ses marges de manœuvre — avec brutalité, comme en fit et fait encore l'expérience le gouvernement grec portant les couleurs de Syriza, ou avec plus de mansuétude, comme avec le gouvernement portugais.

C'est en fait un triple changement de cap qui s'impose : à l'échelon national tout d'abord, les partis de gauche nationaux devant retrouver suffisamment de crédibilité pour gagner des élections dans leurs pays respectifs ; au niveau européen ensuite, le discours progressiste devant y retrouver de sa force pour que soient posées les conditions d'un authentique changement d'orientation ; enfin, et toujours au niveau européen, il importe absolument que les formations de gauche renouvelées concluent entre elles des alliances. Pas facile, mais pas non plus impossible.

Aujourd'hui, nous avons en Europe des social-démocraties traditionnelles qui, au fil des dernières décennies, se sont plus ou moins adaptées aux paradigmes néolibéraux, là encore avec plus ou moins de succès, et qui, désormais, doivent se réinventer. Le spectre entier de ces social-démocraties s'étend de la social-démocratie allemande au parti socialiste français, aujourd'hui rudement secoué, en passant par l'alliance rouge-vert de la social-démocratie suédoise actuellement au pouvoir et qui s'avère, elle, plutôt réussie

— sans oublier, bien sûr, le SPÖ autrichien, dont le jeune président est aussi chancelier fédéral du pays, ainsi que le Labour, le parti travailliste britannique, actuellement dirigé par Jeremy Corbyn. Dans le même temps, de nouveaux partis de gauche ont fait leur apparition. En Grèce, Syriza a remplacé la formation sociale-démocrate « installée » auparavant au pouvoir ; Podemos, en Espagne, se retrouve en concurrence avec le parti socialiste espagnol (ce qui nuit aux deux camps) ; le Bloc de gauche, au Portugal, a conclu une alliance avec le parti social-démocrate de son pays.

VOIR LA RÉALITÉ EN FACE

Les partis progressistes doivent redevenir des représentants convaincants des couches les plus fragilisées de nos sociétés. Pour cela, ils auraient tout intérêt à prendre en considération les points suivants :

1. Les réalités évoquées plus haut doivent être regardées en face par lesdits partis ;

2. Après trois décennies au fil desquelles les « simples gens » — désormais en proie à une véritable colère — ont payé le prix de la globalisation néolibérale, il est proprement mortel pour les partis de gauche d'être perçus par eux comme faisant partie de l'establishment. Un programme nouveau et une rhétorique nouvelle doivent être inventés pour que ces couches de la population leur fassent de nouveau confiance. Il n'est donc

plus question de passer des compromis avec les élites globalisées : les partis de gauche doivent maintenant entrer en conflit avec elles, et que les « simples gens » le comprennent ;

3. Tout ce qui pourrait être considéré (y compris à tort) comme des manifestations d'arrogance à l'égard de ces « simples gens » doit être définitivement écarté. Christian Kern, le nouveau président fédéral du Parti social-démocrate d'Autriche, a prononcé à ce sujet, dans son discours d'ouverture du congrès annuel de sa formation, en juin 2016, quelques phrases importantes :

> La première chose à faire, je le crois, doit consister à rayer de notre vocabulaire les phrases du type « Il nous faut aller à la rencontre des gens ». Parce que, si l'intention, ici, n'est naturellement pas méprisante, ce genre de phrases est de toute façon pris pour une manifestation de condescendance. Par ailleurs, ce genre de phrases est également absurde, et faux aussi, car qu'est-ce que peut bien signifier « aller à la rencontre des gens » ? Nous sommes les gens ! Nous sommes les gens, et nous faisons partie de ces gens, et ces gens font partie de nous.

4. Tout cela ne signifie pas, tant s'en faut, qu'il convient de se plier aux préjugés que peuvent éventuellement entretenir les membres des classes laborieuses. Par ailleurs, l'idée selon laquelle ces populations seraient exaspérées par la prédominance dans l'espace public des thématiques « politiquement correctes » (du type faut-il des troisièmes toilettes pour les transgenres ?) me

semble assez fausse. Si ces populations sont en colère, c'est parce qu'elles ont le sentiment que de telles revendications attireront *considérablement* l'attention alors que leur situation économique et sociale n'est *absolument pas* prise en considération ;

5. De bons métiers, des revenus censés augmenter au fil des années, des logements abordables, une éducation de qualité pour les enfants, une égalité des chances au départ dans la vie, telles sont, entre autres, les questions véritables. Celui qui n'incarne pas de façon convaincante la conscience de tout cela, et qui ne peut non plus expliquer de façon convaincante qu'il dispose d'un programme destiné à atteindre ces objectifs (un programme qui, ensuite, ne pourra sans doute être mis en œuvre que pas à pas, réclamant en cela une certaine patience), celui-là n'aura pas à espérer remporter quoi que ce soit ;

6. Alors que les réseaux de mouvements de travailleurs avaient jadis structuré la vie dans les quartiers défavorisés, leur disparition y a ensuite généré l'apparition de véritables trous noirs, raison pour laquelle les habitants de ces quartiers se sentent aujourd'hui totalement abandonnés à eux-mêmes. Il importe, pour cette raison, de créer dans ces quartiers des structures modernes destinées à donner véritablement forme à leur vie quotidienne, par exemple sur le modèle du *community organizing*, qui aide les habitants à s'impliquer durablement dans la vie de leurs quartiers, devenant ce faisant d'authentiques concitoyens capables de se rendre utiles, de s'organiser seuls

et d'articuler en bonne intelligence leurs intérêts respectifs ;

7. Ne commettons pas la faute, grave, de dédaigner les membres de la classe ouvrière en les envisageant comme des misogynes, des gens haïssant les féministes et méprisant les étrangers. À une époque où beaucoup de familles n'ont qu'un seul enfant, même le sidérurgiste le plus dur et le plus macho souhaite que sa fille bénéficie pleinement du principe d'égalité des chances et trouve un bon travail bien rémunéré ;

8. Il importe de mettre en avant les militants et permanents de partis qui bénéficient d'une réelle crédibilité auprès de ces populations. Les partis de gauche sont aujourd'hui avant tout représentés par des personnes issues de la classe moyenne intellectuelle et des milieux académiques, alors que les « apparatchiks » sont encore beaucoup trop présents dans les faubourgs ouvriers. Ces « apparatchiks »-là, qui n'ont pas changé d'un iota depuis les années 1970, jusqu'à incarner celles-ci, croient avoir l'oreille de ces populations, alors que ces dernières les flanqueraient volontiers dehors. Il n'y a guère que les organisations partisanes moribondes pour conserver encore de tels « apparatchiks » à des positions de pouvoir. Ce dont nous avons plutôt besoin, c'est de canaux permettant à de jeunes gens talentueux issus des couches moyennes inférieures et de la classe ouvrière de gravir les échelons au plus grand bénéfice de ces quartiers.

QUELQUES DILEMMES DONT NOUS NE SORTIRONS PAS TOUT DE SUITE

Les intellectuels de gauche en général — peu importe ici la sensibilité de chacun — ont la fâcheuse habitude de se comporter comme si tous les problèmes du monde pouvaient être résolus du jour au lendemain si l'on prêtait seulement attention à leurs conseils. Il est difficile de ne pas constater une disproportion pour le moins flagrante entre ce complexe de supériorité (contre lequel je ne suis moi-même pas tout à fait immunisé) et son insuccès chronique. Si les choses étaient réellement aussi simples qu'ils semblent le croire, chacun d'entre nous aurait depuis longtemps fondé un nouveau parti et convaincu en un tour de main une majorité absolue. Si nous prenions pour ligne directrice les huit points esquissés ci-dessus, quelques-uns des problèmes auxquels nous faisons face — et certainement pas tous — pourraient sans doute se voir apporter un début de solution. Quelques dilemmes, en effet, ne disparaîtraient pas pour autant.

Le dépit général qui sévit aujourd'hui (et qui est à proprement parler un double dépit : dépit des couches moyennes progressistes devant la sclérose des appareils partisans et de leurs apparatchiks et devant l'autarcie consanguine de la classe politique ; et dépit des groupes sociaux les plus vulnérables devant ce qu'ils considèrent être un désintérêt général envers leur situation toujours plus dégradée) a en effet plusieurs causes. De nouvelles alliances de gauche — nouveaux partis, partis refondés, mouvements inédits, etc. — peuvent et doivent transformer cet humus sur lequel prospère aujourd'hui si magnifiquement le populisme de droite, mais elles ne pourront y parvenir qu'à la condition de proposer une véritable politique progressiste, un véritable message progressiste. Une rhétorique de la « défensive » (« Nous défendons l'État social », etc.) ou même de la continuation entêtée est condamnée à coup sûr à l'échec : il faut impérativement offrir une vision qui soit synonyme d'espoir. Délivrer un message affirmant implicitement « Votez pour nous, car, avec nous, tout empirera plus lentement » équivaut à remettre les clefs du pouvoir aux populistes de droite. En fin de compte, nous avons besoin de ce que Barack Obama a appelé « l'audace d'espérer[7] ».

Bien sûr, entre ceux qui entendent arracher de haute lutte de nouveaux droits pour les citoyens et moderniser nos sociétés, et ceux qui prennent fait et cause pour l'État-providence (et donc, pour le dire autrement, entre « intelligence citoyenne et classe ouvrière », pour reprendre un terme jadis utilisé), il ne sera pas simple de renouveler l'ancienne alliance progressiste. Beaucoup tiennent même cette tâche pour impossible, comme John Harris ou encore Silja Häusermann, qui affirme être « indifférente à ce que fait la gauche ; celle-ci est de toute façon, dans tous les cas, perdante ».

Mais difficulté ne rime pas forcément avec impossibilité. Les mouvements progressistes du passé — des mouvements de travailleurs du XIXe siècle au mouvement des droits civiques aux États-Unis — firent leur apparition alors que les circonstances ne leur étaient pas propices, tant s'en faut, et que le combat ne s'annonçait pas facile. Mieux encore, la raison d'être de la gauche est précisément de créer de l'impossible, à rebours de toute facilité, et, en l'occurrence, d'apporter, en dépit des circonstances les moins favorables qui soient, une réponse à toutes les apories et tous les motifs de désespérance du moment, d'arracher de haute lutte et de garantir les droits et les libertés, enfin, de contribuer activement à la démocratisation de nos sociétés.

ROBERT MISIK

Chapitre X

LA DÉ-CIVILISATION

SUR LES TENDANCES RÉGRESSIVES À L'ŒUVRE DANS LES SOCIÉTÉS OCCIDENTALES

Il s'en est fallu de peu pour qu'une femme succède au premier président noir de l'histoire des États-Unis. Au lieu de cela, cette fonction est désormais occupée par un promoteur immobilier misogyne, raciste et paranoïaque, incapable de contrôler ses affects, et peut-être non désireux de le faire. Donald Trump incarne à maints égards la négation même de l'idée que se fait de lui-même le monde occidental, dont les sociétés se caractérisent par l'autocontrôle, où les forces de progrès social sont chez elles et font avancer, au nom de l'héritage des Lumières, l'égalité des droits et l'intégration sociale. Pourtant, ces sociétés sont actuellement les théâtres de bouleversements inquiétants qui viennent ébranler profondément l'image qu'elles se faisaient jusqu'alors d'elles-mêmes : leurs sphères publiques sont désormais affligées par une certaine rage non maîtrisée, un climat de tension colérique, de haine décomplexée ; des sentiments dangereux s'y propagent, semble-t-il, plutôt facilement, ainsi que des fantasmes de puissance et peut-être même des pulsions homicides.

Il semble que les affects soient de plus en plus difficiles à contrôler, que ce soit sur Internet, dans la rue, au quotidien. Norbert Elias a défini le processus de civilisation comme une tendance de long terme faite d'interdépendance sociale, d'entrelacement social [*Verflechtung*], une tendance qui conduit progressivement à un contrôle des affects et au contrôle de soi. Il est difficile, dès lors que l'on prend en considération tous les symptômes que je viens d'évoquer, de ne pas en conclure que nous sommes actuellement les témoins d'un processus fort dangereux, celui d'une dé-civilisation régressive.

Il est certain que les chambres d'écho et les bulles filtrantes d'Internet aiguisent le ressentiment aujourd'hui à l'œuvre. Ce serait pourtant aller trop vite en besogne que de voir dans ces médias sociaux — sociaux dans l'acception la plus littérale du terme — le moteur principal, et non pas simplement le terrain de jeu privilégié, de ce ressentiment en cours de propagation. Il y a peu de sens à rendre les algorithmes responsables de notre situation actuelle, aussi peu de sens qu'il y aurait à considérer l'apparition de la radio au début du XXe siècle comme responsable de l'avènement de Goebbels. Et on ne devrait pas oublier que les médias sociaux étaient, il y a peu encore (comme au moment du Printemps arabe), envisagés comme des déclencheurs et des facteurs favorables à un soulèvement démocratique. Il importe plutôt d'analyser les causes sociales de la dé-civilisation.

La configuration fondamentale qui a précipité

les sociétés occidentales dans ce « malaise » à la fois social, politique et culturel[1] se caractérise par de grandes asynchronicités en ce qui concerne l'itinéraire de vie, l'égalité des droits et l'inégalité. Deux exemples puisés aux États-Unis : l'espérance de vie des Américains a dans l'ensemble augmenté, mais celle des ouvriers blancs a baissé, et de façon assez notable[2]. Les Afro-Américains participent bien plus qu'auparavant aux institutions sociales, culturelles et politiques et, dans les États du Sud, ils n'ont plus depuis longtemps à prendre place dans des compartiments réservés. Le temps de la ségrégation formelle semble révolu — du moins lorsqu'on n'y regarde pas de très près... Que l'on se penche attentivement sur cette question et l'on se rend compte alors que l'assimilation libérale s'accompagne d'un système d'internement de masse des Noirs dans les prisons et de la production d'une sous-classe stigmatisée[3].

Je ne vais pas, dans les pages qui suivent, me colleter avec l'ensemble des enjeux actuels, mais développer plutôt une argumentation historico-sociologique qui, je l'espère, contribuera à la compréhension des bouleversements actuels, qui viennent rudement secouer les États industriels occidentaux (et pas seulement eux). De façon assez paradoxale, la régression qui peut actuellement être constatée est au moins en partie une conséquence de progrès sociaux. Devant de telles évolutions asynchrones et contraires, où le progrès porte en lui la régression, il est permis d'affirmer que le capitalisme occidental est désormais en proie à des processus de « modernisation régressive ». Celle-ci se traduit fréquemment par une égalité horizontale de groupes aux traits caractéristiques différents (l'appartenance sexuelle ou l'ethnie, par exemple) et, simultanément, par de nouvelles inégalités et discriminations verticales[4]. Cette combinaison spécifique de progrès et de régression a des conséquences sur le plan normatif, et elle a aussi ses perdants, qui se réfugient dans des affects régressifs synonymes de dé-civilisation.

CIVILISATION ET DÉ-CIVILISATION

L'une des théories les plus importantes sur le processus de civilisation nous a été offerte par Norbert Elias. La civilisation moderne est aux yeux d'Elias le résultat d'une mutation d'ensemble des structures sociales et structures de la personnalité, cette mutation se caractérisant par une différenciation sociale et des rapports d'interdépendance de très vaste ampleur. Un tel processus conduit à une autorégulation individuelle plus forte, à un nouvel *habitus* psychique dans le contrôle des affects, à un élargissement de l'espace mental, et elle conduit tout particulièrement l'individu à renoncer à satisfaire immédiatement ses désirs : cet individu adopte dès lors un tout autre rapport au temps, envisageant désormais sa trajectoire existentielle sur le long terme[5].

Le point de départ du processus de civilisation réside dans la constitution progressive d'un pouvoir centralisé détenant le monopole de la violence et dans des processus de concurrence et de distinction à l'œuvre dans la société de cour. Mais il est également le résultat du surgissement ultérieur de groupes sociaux bien déterminés. Entre le XVIIIe et le XXe siècle, la moyenne bourgeoisie « rattrapa » l'aristocratie et la grande bourgeoisie (et se mêla en partie à elles), contraignant ces classes jusqu'alors hégémoniques à partager avec elle le pouvoir social. Ce sont les membres de cette classe qui représentèrent et portèrent avant tout l'idée de progrès. De surcroît, ils furent associés à une vision optimiste de l'avenir[6], et il leur arriva même parfois de se joindre à des fractions de la classe ouvrière industrielle. Un processus général de mobilité sociale ascendante se mit ainsi en branle. Certes, des groupes bien déterminés perdirent en partie, au fil de ce processus, leurs privilèges ; mais tous se virent fondamentalement portés par ce grand processus de modernisation sociale, et les conflits habituels entre groupes sociaux passèrent progressivement à l'arrière-plan[7].

La théorie de la civilisation de Norbert Elias partage ses prémisses avec *La Dialectique de la raison* de Max Horkheimer et Theodor W. Adorno[8] : ces derniers avaient fait leurs l'idée de Sigmund Freud selon laquelle l'évolution de la culture s'accompagne d'une sublimation des pulsions, de sorte que les contraintes extérieures finissent par se muer, chez l'individu, en contrainte de soi, en autocontrainte. Horkheimer et Adorno partaient du principe qu'un monde rationalisé constituait dans le même temps un monde fait de domination anonymisée.

Alors qu'Adorno et Horkheimer discernent, dans ce monde rationalisé, une tendance à la domination sociale totale sur l'individu, Elias, lui, analyse le processus d'individualisation comme une mutation de la structure de la personnalité qui, historiquement, dépend à ses yeux d'un équilibre entre les divers pouvoirs sociaux. Pourtant, Elias ne considère le processus de civilisation ni comme un processus ininterrompu ni comme un processus évolutionnaire forcément synonyme de progrès : selon lui, la civilisation n'est « jamais achevée, elle est toujours menacée[9] ». C'est qu'elle est constamment menacée par son contraire exact : la dé-civilisation. Horkheimer et Adorno s'étaient également penchés de très près sur une telle dé-civilisation, la concevant comme un danger immanent à la modernisation : « Au lieu de s'engager dans des conditions vraiment humaines », l'humanité, craignaient-ils, pouvait tout à fait sombrer « dans une nouvelle forme de barbarie[10] ».

Dans les pages qui suivent, je vais pour ainsi dire suivre à la trace deux manifestations de cette dé-civilisation. Combiner la position de la théorie critique (qui s'intéresse au rôle joué par les contraintes systémiques sur l'individu) avec la perspective proposée par Elias (qui accorde une importance centrale au processus d'individualisation ainsi qu'aux mutations dans les équilibres des pouvoirs sociaux) peut en effet aider à comprendre les processus de dé-civilisation actuels — à la condition de considérer en outre le rôle, dans un tel processus, de la communauté et des associations intermédiaires. Tout d'abord, je vais analyser les répercussions des contraintes systémiques (néo)libérales sur les individus ainsi que les dynamiques de désintégration actuellement à l'œuvre dans ce contexte de modernisation régressive. Je me pencherai ensuite sur le rôle des relégations sociales et économiques avant d'articuler ensemble, en guise de troisième et dernière étape, les arguments qui, je l'espère, éclaireront ce processus de dé-civilisation.

INDIVIDUALISATION ET MODERNISATION RÉGRESSIVE

L'individualisation est partie active du processus de civilisation : l'un des éléments distinctifs définissant les sociétés modernes est le fait que leurs membres peuvent agir en tant que sujets autonomes. S'il y a individualisation, c'est parce que l'individu s'affranchit progressivement des formes sociales héritées, synonymes de limitation : des rapports sociaux traditionnels, des familles, des communautés locales, des relations de voisinage, qui ont tous perdu en importance. Pourtant, il y a un paradoxe : l'individu moderne, précisément parce qu'il a tourné le dos aux conditions sociales traditionnelles, a fini par tomber sous la dépendance de la société[11]. Parce que la mobilité s'est considérablement accrue, la plupart des gens, aujourd'hui, n'habitent plus dans la même rue que leurs parents et ont un besoin impératif de placer leurs enfants en crèche. Mais l'individu, en raison de la dé-collectivisation de l'État social et de la déconstruction de ses réserves de solidarité, est entré dans un processus d'individualisation essentiellement négatif. Le risque de déchéance sociale, qui est devenu la marque principale du capitalisme occidental, n'est plus compensé.

On néglige aisément dans ce contexte le rôle des communautés et associations intermédiaires. Aussi statiques et gages d'enfermement qu'aient pu être les mondes et milieux (de classe) traditionnels, ils constituaient néanmoins des espaces qui permettaient de se forger des interprétations alternatives et consolantes des temps — face au chômage par exemple —, des espaces où les risques sociaux n'étaient pas envisagés comme le résultat d'une défaillance personnelle, mais comme un destin partagé. Les amicales et autres clubs, lieux que l'on rattacherait aujourd'hui à la société civile, n'offraient pas seulement des espaces où se retirer, à bonne distance de la pression exercée par la société : il s'agissait aussi de lieux où la société s'organisait (à une échelle moindre) et où s'organisait même une sorte de contre-société, de société alternative. Cela valait non seulement pour la classe ouvrière, mais aussi pour les couches moyennes plutôt bourgeoises. La voix de chacun y comptait, chacun y étant pris en considération. On pouvait y donner expression, longuement, à son ressentiment, mais on y trouvait aussi une forme de socialisation, d'identité collective, d'insertion sociale et même de contrôle social. En ce sens, les communautés et associations intermédiaires sont toujours aussi des écoles de la démocratie et de la civilité[12]. Leur déclin a fréquemment laissé l'individu, face aux contraintes sociales et aux processus de transformation sociaux, abandonné à lui-même.

La perspective dystopique adoptée par Adorno et Horkheimer lorsqu'ils se confrontèrent à l'individualisation semble, à cet égard, se confirmer dans certains domaines. À la suite de la crise financière, la fin du néolibéralisme a certes été annoncée de divers côtés ; et, de fait, l'État a fait son grand retour en matière de politique économique. Mais le néolibéralisme n'a pas été enterré pour autant : il a simplement été mis à l'abri de certaines difficultés. Le marché continue d'être l'entité de référence pour tous les domaines de la vie. De tels mécanismes avaient été définis par Pierre Bourdieu comme *violence symbolique*[13] : on a assimilé le marché comme si cela avait été chose naturelle, on acquiesce à sa logique, en partie de son plein gré, en partie avec réticence. Dans le néolibéralisme, le poids du contrôle de soi — l'application à soi-même de fortes contraintes —, le poids de la sublimation permanente est considérable : il faut en permanence se montrer disposé, et même prompt, à jouer le jeu de la compétition, à se comparer et à se mesurer à autrui et à optimiser ses compétences. Les exigences exorbitantes, les avilissements, les humiliations et les échecs n'ont à être imputés qu'à soi-même — ne restera plus dès lors qu'à attendre qu'une seconde chance nous soit donnée. En général, ce sont les acteurs traditionalistes qui ressentent de l'inquiétude face aux transformations culturelles, notamment pour tout ce qui a trait aux standards de comportement en vigueur. Et ceux qui entendent se confronter au néolibéralisme blâment le marché et l'État à la fois, et leur belle concorde. Les Grecs sont bien placés pour le savoir.

Le néolibéralisme, croyance quasi religieuse aux vertus du marché, est une incarnation de la « raison instrumentale[14] ». Horkheimer nous montre qu'avec l'hégémonie de la raison instrumentale, toute chose est assujettie à une rationalité instrumentale ne se souciant que de fins et de moyens, à une logique de contrôle de la nature et du moi. La croyance aux vertus du marché, croyance au plus haut point autoritaire, est un « dieu anonyme, qui réduit en esclavage les hommes », parce qu'il se conçoit lui-même comme sans alternative aucune[15]. Cette interprétation de Horkheimer s'avère extrêmement précieuse ; elle nous permet de comprendre comment l'autonomie se mue en autoritarisme. L'absence d'alternative au marché contraint l'individu à assimiler ses règles. Les maîtres à penser des Lumières partaient du principe que l'individu pouvait maîtriser le monde. Sous l'égide de la raison instrumentale totale, le contrôle exercé par l'individu sur le monde devient pourtant contrôle total exercé par le monde sur l'individu. L'individualité conforme au marché devient dès lors un impératif social.

L'autonomie réellement accrue de l'individu moderne est liée à sa performativité sur le marché. Les gagnants obtiennent des dividendes en autonomie ; quant aux perdants, ils font l'expérience de la disciplination et de la stigmatisation. Certes, l'individu moderne dépend comme auparavant des institutions, mais il est, de ce fait même, toujours plus désocialisé. Jadis citoyen qui, dans une communauté plus ou moins organisée, était lié aux institutions de la solidarité collective, il devient un citoyen du marché — un client pouvant se prévaloir de certains droits. Mais les marchés déterritorialisés génèrent une incertitude permanente, et de plus en plus d'individus y font l'expérience de l'impuissance, acquérant dès lors la conviction d'avoir « perdu la main » sur leur situation présente ainsi que sur leur avenir. L'individu a besoin de se projeter dans l'avenir, de sentir qu'il contrôle son destin, et il a besoin d'une certaine sécurité, mais ces besoins-là ne sont plus depuis longtemps satisfaits par nos sociétés. De façon paradoxale, notre culture permissive a conduit à ce que les sentiments de culpabilité s'aiguisent et se propagent : s'il est permis dans nos sociétés de faire beaucoup de choses, il importe en revanche d'y maintenir un haut niveau de productivité. En résumé : les contraintes que l'on s'impose à soi-même, leur internalisation, deviennent à nouveau contraintes sociales extérieures — les affects s'accumulent, l'autocontrôle civilisé s'affaiblit et les ressentiments finissent par s'échapper comme au travers d'une soupape de sûreté.

Les processus de désintégration sociale jouent également ici un rôle. Faisant siennes certaines réflexions de Talcott Parsons[16], Axel Honneth a par exemple avancé que le droit, l'économie et la famille exercent chacun une fonction double : une fonction d'intégration au système et une fonction d'intégration sociale. Toutefois, le mode fonctionnel de ces sous-systèmes s'est transformé au fil des dernières décennies : ils sont devenus des ressources de désintégration et sont même devenus causes d'une « aggravation des conflits sociaux[17] ». Il est possible de repérer, pour chacune de ces sphères, un type de modernisation régressive bien spécifique : (a) alors que de grands progrès ont incontestablement été réalisés en matière d'égalité juridique des minorités sexuelles, ethniques, etc., les droits *sociaux*, eux, ont été l'objet d'un processus de fragmentation (pour les travailleurs intérimaires par exemple). Tout cela a contribué à (b) une précarisation croissante des rapports de travail. Les processus d'émancipation des trente dernières années se sont ainsi conformés à la logique du libéralisme — une logique couplant égalité culturelle et dérégulation du marché.

Axel Honneth nous rappelle qu'à l'époque de Talcott Parsons, et comme le montre ce dernier, (c) les rôles des pères et chefs de famille avaient pour beaucoup contribué à la pacification sociale. Les déficits de reconnaissance dont on souffrait dans la vie professionnelle pouvaient être compensés dans la sphère familiale à travers ce rôle de chef de famille. Mais, entre-temps, de nombreux hommes n'ont pas seulement perdu le monopole du rôle consistant à subvenir aux besoins de la famille, ils ont aussi perdu ce rôle symbolique de chef de famille.

DÉCLIN ET ÉROSION DE LA CIVILISATION

Les progrès accomplis au XXe siècle en matière de critères de comportements ne se fondaient pas seulement sur un contrôle de soi amélioré, mais aussi sur le « respect des standards de vie habituels[18] ». Un niveau élevé de sécurité sociale et physique est ainsi au nombre des préconditions principales de tels progrès. Certes, des luttes pour le statut et le rang ont aussi été menées dans les sociétés intégratrices et égalitaires, mais ces luttes se sont déplacées de plus en plus dans des arènes telles que le sport, la consommation et la culture.

En outre, à partir du milieu du XXe siècle, de nouveaux mouvements sociaux sont apparus et se sont efforcés de déplacer l'équilibre des pouvoirs dans leurs sociétés respectives — que l'on pense au mouvement féministe et à tous ceux qui exigèrent une reconnaissance de leurs droits subjectifs et de leur identité, sexuelle entre autres. Certes, les couches supérieures ont conservé leurs positions, mais, dès la fin du XXe siècle, la donne avait changé, de nouveaux statuts, de nouvelles identités et de nouveaux comportements ayant fait leur apparition.

Mais, depuis les années 1980, au plus tard depuis la décennie 1990, la dynamique fondamentale des sociétés occidentales s'est profondément transformée. Le processus collectif de mobilité sociale ascendante s'est interrompu : non seulement de larges couches de la population qui en avaient bénéficié connaissent de ce point de vue une forme de stagnation, mais de plus en plus de pans de la population semblent touchés par un processus de déclassement — et tout particulièrement les groupes n'ayant pas auparavant bénéficié de cette mobilité sociale ascendante (par exemple, les classes moyennes inférieures relevant du travail intérimaire). Bien sûr, le progrès social eut aussi, jadis, ses perdants, mais les perdants d'aujourd'hui, bien souvent, n'étaient pas condamnés à l'être dès le départ.

Norbert Elias s'attacha à penser deux dimensions différentes : tout d'abord, l'ascension et le déclin de groupes bien précis à l'intérieur d'un État ; enfin, la position des nations dans le système mondial. Se penchant sur des processus passés, il nous offre l'analyse suivante :

> Les conséquences immédiates d'un tel déclin, d'une telle perte de pouvoir et de statut, se traduisent habituellement par des sentiments de découragement et de désillusion, par une perte des valeurs et des objectifs jusqu'alors entretenus, qui ne manquent pas de s'accompagner de certains penchants au cynisme, au nihilisme, d'un repli sur soi, lesquels peuvent prendre le dessus sur tous les autres affects[19].

Certains groupes bien précis vivant dans les États occidentaux autrefois prédominants ont connu, au cours des vingt, trente dernières années, un déclin relatif — et ce déclin doit être précisément relié aux positions de leurs nations respectives dans le système mondial. Ce sont précisément ces groupes qui, bien souvent, se montrent réceptifs à des messages autoritaires du type « *Make XY Great Again* ». Une telle évolution a beaucoup à voir avec l'évolution globale du capitalisme, qui a désormais adopté une forme bien spécifique : celle de la modernisation régressive. L'économie globale s'est tout d'abord développée, comme on a pu le constater, de façon extraordinairement positive. Les inégalités de revenus entre États se sont considérablement réduites depuis la fin des années 1980, principalement en raison de l'essor économique de l'Asie. Le Brésil, la Russie, l'Inde, la Chine et l'Afrique du Sud — États que l'on regroupe habituellement sous l'acronyme BRICS — ont rattrapé les pays les plus développés et se sont défaits de l'étiquette de « pays en voie de développement » qui leur avait été accolée. Ces pays, eux aussi, accueillent des gagnants de la globalisation, ces nouvelles couches moyennes globales, bien que leur niveau de vie s'avère encore relativement modeste comparé à celui des couches moyennes des pays occidentaux. Mais les inégalités se sont aggravées dans le monde occidental, parce que les revenus des classes moyennes inférieures de ces pays ont stagné ou, dans le meilleur des cas, n'ont que modestement augmenté[20]. La classe moyenne et la classe ouvrière du monde anciennement industrialisé sont les grandes perdantes de la modernisation globale, qui assistent impuissantes à leur décrochage par rapport à trois autres groupes : les élites cosmopolites, les très diplômés, qui sont les grands gagnants de la globalisation, et les classes moyennes du nouveau capitalisme en plein essor. Ce sont les individus sans qualification ou aux qualifications modestes qui font l'expérience d'un fort déclassement social et qui se voient menacés sous maints aspects : comme cela a déjà été évoqué plus haut, ils ont fréquemment perdu la position symbolique qu'ils occupaient au sein de la cellule familiale — celle du chef de famille —, et ils nourrissent de surcroît le sentiment d'être désavantagés au profit de réfugiés, de migrants et autres minorités. Les ressentiments correspondants ne sont pas confinés dans une sorte de sous-sol moral personnel : ils sont ensuite instrumentalisés par des politiciens. Ils sont aussi attisés par des acteurs de l'establishment et, ce faisant, sont légitimés. Citons seulement à titre d'exemple une déclaration, remontant déjà à mars 2011, de Horst Seehofer, ministre-président (CSU) de Bavière : « Nous nous opposerons à ce que le système social allemand bénéficie aux immigrés, jusqu'à la dernière cartouche. » De telles phrases n'ont strictement rien à envier, on le voit, à la rhétorique de Pegida.

DES PROCESSUS DE DÉ-CIVILISATION

Parmi les causes d'une possible dé-civilisation, Norbert Elias cite les conflits de pouvoir entre les groupes dominants et leurs rivaux potentiels, encore « marginaux ». Les pertes de pouvoir « au profit de groupes de marginaux en pleine ascension sociale » déclencheraient, dans les rangs des dominants, « et pas seulement pour des raisons économiques, une âpre résistance, un désir de restauration de l'ordre ancien, désir qui n'entretient bien souvent plus guère de rapport avec la réalité ». Les groupes qui cessent d'être dominants entretiennent bien souvent, nous dit Elias, le sentiment « d'être rabaissés, de voir humiliée l'idée qu'ils se faisaient d'eux-mêmes[21] ». Ces groupes ont dès lors le sentiment d'être menacés par l'irruption de ces « marginaux » et cherchent à contrer ces derniers en les stigmatisant ou en tenant à leur égard des propos péjoratifs[22]. Nous avons là la cause profonde de la dé-civilisation.

> [Pour ceux qui s'inquiètent pour leur statut], aucun moyen de le défendre n'est, bien souvent, ni trop grossier ni trop barbare ; en effet, leur pouvoir et l'image qu'ils se font d'eux-mêmes ont à leurs yeux une valeur suprême. [...] Plus ils perdent en force, en sécurité et en certitudes au fil de leur déclassement, plus ils se retrouvent sommés de combattre dos au mur pour défendre leur statut, et plus ils gagnent en brutalité — et le risque s'accroît à proportion qu'ils ignorent et ruinent les critères de comportement civilisés dont ils étaient jadis si fiers. En effet, pour les groupes dominants, les critères de comportement civilisés ne conservent bien souvent leur signification que tant qu'ils font leur office aux côtés de toutes les autres fonctions, de tous les autres symboles et instruments de leur puissance. Les élites détentrices du pouvoir, les classes ou nations dominantes combattent plutôt

> au nom de la supériorité de leurs valeurs, de la supériorité de leur civilisation, et bien souvent en recourant à des méthodes qui s'avèrent diamétralement opposées aux valeurs qu'elles prétendent défendre. Poussés dans leur retranchement, les défenseurs de la civilisation ont vite fait de devenir ses destructeurs. Ils deviennent facilement des barbares[23].

De tels phénomènes de dé-civilisation ne se constatent pas seulement dans les rangs des couches moyennes inférieures, mais aussi parmi les élites. Les hommes d'âge moyen, de qualification moyenne et de revenus moyens y semblent tout particulièrement sujets. La recherche n'en étant ici qu'à ses débuts, il paraît difficile d'aller au-delà de ce constat. Qu'ont-ils en commun, si ce n'est le fait de suivre ou même de répandre sur Internet des messages de haine après avoir dîné en famille ? Ils se sentent dépréciés et exploités, que ce soit par les élites, la globalisation, les femmes ou les migrants. Ils ont le sentiment d'avoir été relégués aux marges de leur société, d'être devenus une minorité dans leur propre pays — une minorité que personne n'écoute et à laquelle personne ne s'intéresse. Ils tentent de compenser ce qu'ils ressentent comme une grave perte de statut au moyen de « classifications négatives » d'autres groupes[24]. Les angoisses matérielles et culturelles soulevées par une perte de statut sont les éléments activateurs du ressentiment, des affects négatifs, de la clôture identitaire et des théories de la conspiration — autant d'aspects reconnus de longue date comme des marqueurs essentiels des structures de la personnalité autoritaire[25]. Il est fort possible aujourd'hui que ce soit l'asservissement au marché et l'absence d'alternative économique supposée qui libèrent les « agressions autoritaires[26] ».

Celui qui a le sentiment d'être exclu de la société perd tout sentiment de confiance en lui. Nombreux sont ceux qui adoptent des stratégies, fort diverses, visant à retrouver ou renforcer leur estime de soi. Mais le désir de se soulager d'un tel sentiment d'exclusion conduit beaucoup d'autres à rechercher une contrainte imposée de l'extérieur par une instance autoritaire. Norbert Elias, lorsqu'il écrivit les lignes citées plus haut, étudiait le national-socialisme. Il nous montre que les situations d'insécurité sont propices au surgissement d'un « désir de contrôle sur soi imposé de l'extérieur par un dominant puissant[27] ». Le ressentiment, son expression, permettrait à tous ceux qu'angoisse une (éventuelle) perte de statut de retrouver une forme d'affirmation de soi, de se façonner une nouvelle identité, un nouveau sentiment du « nous ». Dans cette mesure, le problème fondamental que pose l'individualisation radicalisée est celui du rôle des identités collectives, du « nous » et des sentiments l'accompagnant[28]. La politique de l'identité est dans cette mesure aussi une réaction à l'érosion de la communauté et des associations intermédiaires. La radicalisation permet aux hommes de se sentir à nouveau souverains.

À l'évidence, à notre époque, certains groupes sociaux ne considèrent plus, depuis un certain temps déjà, qu'il vaut la peine de se comporter de façon civilisée. Passant un temps assez considérable sur Internet, en y étant affranchis de tout contrôle social, ces individus n'ont pas à rendre le moindre compte pour les messages haineux qu'ils y propagent, et laissent donc libre cours à leurs préjugés. Les partisans de l'AfD, de Donald Trump ou de Marine Le Pen partagent les mêmes affects, les mêmes coagulations d'affects, que résume bien le terme de ressentiment. Ce qui unit ces groupes, c'est la négation de la civilisation au quotidien, au nom d'une civilisation occidentale imaginaire.

OLIVER NACHTWEY

Chapitre XI

POLITIQUE PROGRESSISTE ET POLITIQUE RÉGRESSIVE DANS LE NÉOLIBÉRALISME TARDIF

La victoire de Donald Trump aux présidentielles américaines de 2016 a été analysée par beaucoup comme un symptôme du triomphe des mouvements régressifs sur les mouvements progressistes. De la même façon, le Brexit a été le plus souvent considéré comme le symptôme du surgissement d'une véritable lame de fond portant un nouvel esprit de clocher et menaçant de balayer le sentiment cosmopolite jusqu'alors prédominant. Nous avions assisté, au tournant du siècle, à de puissantes mobilisations de gauche : que l'on pense seulement au « mouvement pour une justice globale », à la « bataille de Seattle » en 1999, au premier Forum social mondial de 2001 et à sa devise « Un autre monde est possible », ou encore à l'émergence d'organisations du type Attac ; quant à la crise financière de 2008, elle avait provoqué l'apparition de mouvements antiaustérité comme Occupy Wall Street et les Indignados. Et pourtant, ces dernières années ont vu réapparaître ce que la politique pouvait générer de plus régressif. Cela dit, des signes précurseurs de cette réémergence des mouvements réactionnaires pouvaient déjà s'observer en Europe il y a quinze ans de cela, notamment en Autriche : en 1999, le FPÖ de Jörg Haider était parvenu à remporter un nombre considérable de sièges aux élections législatives organisées cette année-là, entraînant ainsi la formation d'un gouvernement de coalition de droite placé sous la direction du chancelier Wolfgang Schüssel (et du Parti populaire autrichien[1]). Quelques années plus tard, en 2002, Jean-Marie Le Pen se hissait au second tour des présidentielles françaises, dont il devait sortir grand perdant face à Jacques Chirac. Il importe de garder ces événements à l'esprit, qui laissent penser que le mécontentement provoqué par la globalisation néolibérale pouvait déjà se constater il y a un certain temps, à gauche comme à droite.

Les mouvements protestataires (de gauche) ont vu leur base sociale se transformer totalement : alors que celle-ci était jadis composée de la classe ouvrière industrielle, ce sont désormais les nouvelles classes moyennes qui la constituent — et qui représentaient déjà le noyau dur des nouveaux mouvements sociaux des années 1960 et 1970. Le « mouvement pour une justice globale » attira toutefois l'attention sur les mobilisations des victimes d'un néolibéralisme toujours plus effréné et dont l'hégémonie progressive constitue bien le trait principal des dernières décennies. Ces mouvements ont mobilisé des coalitions de cols bleus et de cols blancs, des personnes au chômage et des étudiants, générations plus jeunes et plus âgées confondues[2]. Pourtant, dans le même temps, une droite populiste a gagné sans cesse en puissance en se nourrissant des griefs et conflits liés aux diverses facettes de la globalisation. Un nouveau clivage est apparu, entre gagnants et perdants de la globalisation, la seconde catégorie y réagissant souvent au moyen de revendications xénophobes et anti-immigrés dont on voit bien qu'elles convergent dans des formes de nationalisme prônant l'exclusion[3].

Il n'est pas étonnant que des périodes de crise s'accompagnent d'une polarisation politique et sociale. En fait, il est fréquent, en temps de crise, que des mouvements sociaux apparaissent au même moment *aussi bien à gauche qu'à droite*[4]. Il reste cependant à décider si le Brexit ou la campagne 2016 de Trump peuvent véritablement être envisagés comme des *mouvements* populistes, ou s'ils doivent plutôt être considérés comme d'autres formes de politique populiste.

Je vais tout d'abord identifier un certain nombre des principaux défis sociaux que soulèvent les transformations capitalistes en cours ; dans un deuxième temps, j'analyserai certaines différences dans les réactions que provoquent ces transformations en termes de politique progressiste et de politique régressive ; je me pencherai enfin sur les conditions politiques qui pourraient s'avérer propices au développement de l'une ou de l'autre.

LE DÉFI DE LA GLOBALISATION NÉOLIBÉRALE

Je crois pertinent, pour comprendre le néolibéralisme ainsi que la crise qu'il traverse et provoque, de les envisager dans un cadre bien précis — celui que Karl Polanyi, le grand spécialiste d'économie politique, a décrit comme le double mouvement de l'évolution du capitalisme : dans un premier temps, la société fait l'expérience d'une forte poussée de la marchandisation, suivie de l'apparition de contre-mouvements en quête de protection sociale. Dans *La Grande Transformation* (1944), un ouvrage absolument fondamental[5], Polanyi se penche avant tout sur la première vague du libéralisme, celle qui se produisit au XIXe siècle, mais ses analyses restent précieuses pour étudier la transformation néolibérale qui s'est enclenchée dans les dernières décennies du XXe en raison des nombreux parallélismes pouvant se constater entre les deux processus. Polanyi mettait en garde son lecteur contre l'expansion des marchés et leur manière de faire de la terre, du travail et de la monnaie des « marchandises fictives » — une expansion qui, si elle était laissée sans contrôle, finirait selon lui par détruire la société[6]. Comme l'a avancé le sociologue américain Michael Burawoy,

> [d]es tensions majeures ne manqueront pas de se produire si la force de travail est échangée sans protection contre le préjudice ou la maladie, le

> chômage ou le suremploi, ou les salaires inférieurs au niveau de subsistance ; le travail marchandisé décline rapidement et sombre dans l'inutilité. De la même façon, lorsque la terre, ou plus généralement la nature, est assujettie à la marchandisation, elle ne peut plus répondre aux besoins basiques de la vie humaine. Enfin, lorsque l'argent est utilisé pour faire de l'argent, par exemple à travers la spéculation monétaire, sa valeur devient si incertaine qu'il ne peut plus être utilisé comme un moyen d'échange — ce qui ne peut qu'affecter la vie des entreprises et générer des crises économiques[7].

Dans ses analyses, Polanyi focalisait son attention sur un certain nombre de formes spécifiques que les contre-mouvements qu'il étudiait étaient censés adopter. Ces contre-mouvements, il les envisageait comme des mouvements de réaction, c'est-à-dire des mouvements défensifs, regardant en arrière. En effet, ces contre-mouvements apparaissent le plus souvent afin de résister à une idéologie prônant la domination du marché sur tous les autres aspects de la vie sociale. Citons deux exemples. Dans de nombreux cas, les révoltes paysannes éclataient lorsque les paysans considéraient qu'avait été violé un contrat social implicite qui leur offrait une protection au moins minimale contre les aléas et caprices du marché. De la même façon, les émeutes de la faim ont souvent été interprétées comme des réactions à la destruction d'une économie morale entière ayant provoqué la privatisation de terres jadis collectives et la dérégulation du marché de produits de base comme le pain. L'Histoire nous apprend que les contre-mouvements qui aspirent à réinstaurer des droits traditionnellement garantis peuvent générer des récits progressistes et offrir des visions plus inclusives et participatives, mais qu'ils peuvent aussi encourager et faire appel à des modèles régressifs et à des logiques plébiscitaires et prônant l'exclusion.

La mise en œuvre politique des dogmes économiques néolibéraux a révélé, je l'ai dit, l'existence de certains parallélismes avec la « grande transformation » décrite par Polanyi. Dans un premier temps, le fondamentalisme du marché effréné se vit opposer une forte résistance, couronnée de succès : la conséquence en fut une expansion des protections sociales à l'intérieur des États-nations (dans les social-démocraties du « premier monde » ainsi que dans les pays relevant du « socialisme réellement existant » du « deuxième monde »). Mais, dans un second temps, l'État-providence dut battre en retraite partout, et les interventions étatiques destinées à réduire les inégalités sociales se virent attaquées de toutes parts sur la longue durée. Avec le tournant néolibéral, le capitalisme se mit une nouvelle fois à s'appuyer — par exemple en abrogeant des textes de loi qui protégeaient les droits des citoyens et régulaient les marchés financiers — sur des formes d'accumulation par la dépossession, que Marx identifia en son temps comme des formes types de ce qu'il appelait l'« accumulation primitive[8] ». La marchandisation du travail, de la terre et de la monnaie fut de nouveau poursuivie à travers la dérégulation du marché du travail et le démantèlement des dispositifs de protection des droits des travailleurs, à travers l'accaparement des terres et une nouvelle dérégulation à grande échelle du capital financier.

À nouveau, des contre-forces (similaires en bien des points aux contre-mouvements de Polanyi) firent leur apparition, en se développant dans deux directions : certaines se sont avérées progressistes, cherchant à étendre les droits des citoyens dans le cadre d'une vision inclusive et cosmopolitique, tandis que d'autres se sont avérées régressives, aspirant à un ordre révolu dans le cadre duquel ne serait protégé qu'un nombre restreint de natifs.

Avant de m'attaquer à la question des modalités d'apparition des contre-mouvements *réactionnaires* hostiles au néolibéralisme, je vais tout d'abord développer deux observations relatives aux contre-mouvements *progressistes*.

DES MOUVEMENTS PROGRESSISTES CONTRE LA GLOBALISATION NÉOLIBÉRALE

Les manifestations contre les mesures d'austérité des années 2010-2014 témoignaient d'un sentiment de dépossession, d'impuissance, ainsi que d'une coupure entre les populations et le pouvoir institutionnel. Elles se focalisèrent sur les situations intérieures de leurs pays respectifs, même si leurs protagonistes avaient conscience d'être confrontés à des phénomènes d'une ampleur globale. Elles débutèrent avec la « révolution des casseroles » en Islande en 2008, et se poursuivirent avec le Printemps arabe, le mouvement Occupy Wall Street en 2011 et les manifestations du parc Gezi en 2013 en Turquie. À chaque fois, leurs protagonistes durent travailler à la cohésion d'une base sociale hétérogène. Cette nécessité, ainsi que l'incapacité des idéologies en place à fournir des visions sociales et politiques alternatives attractives, contribua au développement d'identités pluralistes et tolérantes, prônant la diversité en la présentant comme une valeur enrichissante. En témoigna notamment, au niveau organisationnel, l'élaboration d'un modèle participatif et délibératif de prise de décision[9]. Cependant, la crise traversée et provoquée par le néolibéralisme a aussi un impact sur la politique progressiste contemporaine. Lorsque nous comparons cette politique à la première vague de protestations contre le néolibéralisme effréné, qui date de 1999, nous constatons que la base sociale de ces mouvements a évolué, que le cadre national est bien plus mis en avant, et que ces mouvements mettent plus fortement qu'autrefois l'accent sur l'idée d'une protection sociale visant à contrecarrer un capitalisme jugé immoral.

Parfois regroupés dans la catégorie du « précariat », ces adversaires de l'austérité représentaient des coalitions de diverses classes et divers groupes sociaux s'envisageant eux-mêmes comme des perdants du néolibéralisme. Nombre de ces activistes — dont une majorité appartient à une génération touchée de plein fouet par le chômage et le sous-emploi — connaissaient, c'est certain, une situation personnelle de précarité aussi bien sociale que culturelle. Ce sont les pans les plus marginalisés de la jeunesse qui prirent la tête du Printemps arabe, et ce furent ceux qui étaient les plus frappés par la crise financière qui se mobilisèrent de très diverses façons au sud de l'Europe (au Portugal, ils se présentent eux-mêmes comme une génération « sans avenir »). Considérer ces jeunes gens comme des perdants au sens le plus traditionnel du terme serait toutefois une erreur. Diplômés, mobiles, ils auraient pu quelques années auparavant faire partie des « gagnants » de la mondialisation alors qu'ils sont loin de se considérer comme tels aujourd'hui.

Cela dit, les jeunes diplômés ne sont pas les seuls perdants de l'assaut mené par le néolibéralisme contre les droits sociaux. Prenons, par exemple, deux groupes autrefois considérés comme particulièrement protégés : les retraités et les fonctionnaires. Leurs conditions de vie à tous (incluant l'accès à des biens fondamentaux tels que les soins médicaux, le logement et l'éducation) se sont plus ou moins précarisées. De la même façon, les cols bleus travaillant dans des entreprises, petites et grandes, ayant mis la clef sous la porte ou étant menacées de le faire, ont participé à cette vague protestataire. On parle beaucoup de « société des deux tiers ». Ce sont les membres du tiers oublié de cette société — les plus affectés par les politiques d'austérité — qui sont descendus dans la rue à l'occasion de ces manifestations, qui montrèrent un niveau de participation élevé des jeunes générations et citoyens diplômés[10].

Comme Zygmunt Bauman l'a montré de façon implacable, le néolibéralisme engendre une société liquide qui détruit, à travers une mobilité forcée et l'insécurité qui en découle, tout ce qui fondait de longue date l'identité personnelle, l'identité collective et politique[11]. En conséquence, les diverses manières qu'ont les individus de se façonner une identité sont profondément affectées par cette culture du changement perpétuel, et l'enjeu de l'identité en vient de nouveau à jouer un rôle crucial. Alors que le mouvement ouvrier avait développé une identité qui lui était propre — étayée par une idéologie complexe —, et que les nouveaux mouvements sociaux se focalisaient très consciemment sur des préoccupations bien précises telles l'égalité des sexes ou la défense de l'environnement, les activistes s'opposant aux mesures d'austérité ont semblé mettre au défi l'individualisation tout autant que la peur de l'individualisation. Ils exprimèrent également leur opposition à toute politique d'exclusion, appelant au contraire à une citoyenneté inclusive. Se présentant souvent comme « les 99 % », ils élaborèrent un discours moral appelant à la réinstauration des dispositifs protecteurs de l'État-providence tout en mettant au défi (sur le ton de l'indignation) l'injustice du système envisagé dans sa dimension globale.

Bien qu'ils aient souvent présenté la nation comme étant au fondement de toute communauté de solidarité (en brandissant, par exemple, des drapeaux nationaux ou, dans le cas de Podemos, en en appelant à *la patria*), ces activistes ont développé une vision cosmopolitique combinant un nationalisme inclusif à la reconnaissance de la nécessité d'apporter des solutions globales à des problèmes globaux. S'est également développée dans leurs rangs une forte vision morale, une aspiration à contrecarrer ce qu'ils considèrent comme l'amoralité du néolibéralisme, ainsi que ses stratégies visant à diffuser et imposer la marchandisation des services publics. Exigeant la réinstauration des droits sociaux qui avaient auparavant existé, ces activistes ont stigmatisé les très cyniques conceptions néolibérales, ces idées selon lesquelles les individus sont personnellement responsables de leur propre survie et les mobiles égoïstes, fondamentalement bénéfiques. En appeler à la solidarité et à un retour aux communs a été leur manière de s'ériger contre les politiques néolibérales, perçues par eux comme injustes et inefficaces.

Dans la mesure où la crise économique s'est accompagnée d'une crise de légitimité politique, des groupes sociaux toujours plus nombreux ont cessé de se considérer comme représentés au sein des institutions, et ont de plus en plus envisagé celles-ci comme tombées aux mains du « *big business* ». Les critiques de la collusion entre pouvoir économique et pouvoir politique ont gagné en force[12]. Aujourd'hui, les protestataires critiquent activement le pouvoir et l'impunité des grands conglomérats et des organisations internationales, soulignant dans le même temps (en établissant un lien entre eux) le déclin de la souveraineté gouvernementale nationale. Ces protestataires tiennent en outre leurs gouvernements respectifs et leurs classes politiques respectives pour responsables en bonne partie de ce qu'ils considèrent être une véritable confiscation de la démocratie. Pourtant, plutôt que de développer des attitudes antidémocratiques, ils en appellent à une démocratie participative ainsi qu'à un retour général aux biens communs et à leur préservation. Par contraste avec le « mouvement pour une justice globale », qui se présentait comme une alliance de minorités en quête d'une large audience[13], les mouvements antiaustérité ont élaboré une définition non restrictive de leurs identités collectives, englobant ainsi une large majorité de citoyens.

Ces manifestations antiaustérité se sont tout particulièrement focalisées sur un certain nombre de droits apparus dans les démocraties du « premier monde » tout au long des décennies 1960 et 1970, ainsi que dans les États socialistes du « deuxième monde » et les pays en voie de développement du « tiers-monde », dans la ferme intention de les réinstaurer[14]. Si elles s'attachèrent à souligner que la souveraineté nationale constituait un rempart contre la dépossession des droits des citoyens du fait d'élites globales (d'élites n'ayant aucun compte à rendre et ignorant toute procédure démocratique), les manifestations antiaustérité des années 2011-2014 défendirent néanmoins des droits politiques et sociaux en les envisageant comme des *droits de l'homme*. La dénonciation de la corruption des 1 % (et l'idée corollaire de la défense des 99 autres) était intégrée à un cadre plus général : celui de la lutte contre l'accaparement, par une petite oligarchie, du pouvoir économique et politique. En un sens, ces manifestations étaient en partie tournées vers le passé en ceci qu'elles en appelaient à la réinstauration de droits perdus, tout en dénonçant avec véhémence la corruption de la démocratie. Mais elles étaient également tournées vers l'avenir par leur manière de combiner leur défense des droits sociaux à leurs espoirs d'inclusion culturelle.

Les institutions représentatives existantes peinant plus que jamais à susciter la confiance, ces mouvements ont fait part aux institutions étatiques d'un certain nombre d'exigences tout en expérimentant aussi des modèles alternatifs de démocratie participative et délibérative. En Espagne, les *acampadas*, ces campements que les manifestants montèrent au départ sur la Puerta del Sol de Madrid, accueillirent de nouvelles formes d'expériences démocratiques. Il ne s'agissait pas ici de mettre au défi la démocratie, mais plutôt sa dégénérescence, comme le rappelait l'affiche d'un *indignado* affirmant : *Lo llaman democracia y no lo es* (« Ils appellent cela la démocratie, mais il ne s'agit pas là de démocratie »). Exigeant, comme en Espagne en 2011, une démocratie *réelle*, les activistes proposèrent de cette façon une conception différente de la démocratie et élaborèrent leurs propres formes organisationnelles afin de la mettre en pratique. Et dans la mesure où le néolibéralisme attaque les acteurs corporatistes qui avaient été à l'origine des pactes sociaux du capitalisme fordiste — les syndicats avant tout, mais aussi de nombreuses organisations de la société civile ayant contribué à la protection sociale —, ces mouvements commencèrent à caresser l'idée d'une démocratie directe organisée par les citoyens eux-mêmes.

Ce caractère progressiste des mouvements sociaux est bel et bien réel et vivace, même s'il ne frappe pas par son évidence. En Europe du Sud tout particulièrement, ces manifestations ont généré une politisation générale de la société tout autant que de profonds changements dans les systèmes partisans, les préoccupations des mouvements sociaux étant désormais bien plus largement représentées dans les parlements respectifs de ces pays du Sud (de Podemos en Espagne au Bloc de gauche au Portugal, en passant par le Mouvement 5 étoiles en Italie) et l'étant même désormais au sommet de l'État en Grèce (avec Syriza)[15]. Même en Grande-Bretagne et aux États-Unis, les deux pays où le tournant populiste réactionnaire a été ressenti le plus violemment, les protestations du mouvement Occupy Wall Street ont laissé leur marque dans la politique partisane : en Grande-Bretagne, Jeremy Corbyn a été élu à la tête du Parti travailliste, et Bernie Sanders a obtenu des résultats remarquables aux primaires démocrates.

Ces mouvements de gauche progressistes ont pourtant été temporairement éclipsés, dans le débat public, par les succès des partis de droite.

DES MOUVEMENTS RÉGRESSIFS ?

Si nous avons le sentiment d'être les témoins d'une « grande régression », c'est parce que s'est produite une succession d'événements qui a eu jusqu'à présent pour points culminants le vote en faveur du Brexit et la victoire de Trump aux présidentielles américaines ; mais ce sentiment doit aussi beaucoup aux récents développements à l'œuvre en France, où le Front national occupe depuis longtemps dans le paysage politique une place centrale, mais aussi en Allemagne, où l'AfD va de succès en succès, en Autriche, dans les pays scandinaves, ainsi qu'en Pologne et en Hongrie. Le Tea Party aux États-Unis, Pegida en Allemagne, la Ligue de défense anglaise au Royaume-Uni, le Bloc identitaire en France et CasaPound en Italie constituent tous, autant qu'ils sont, des exemples de mouvements sociaux relevant d'un populisme de droite. Il est encore trop tôt pour élaborer une analyse de ce glissement régressif, mais on peut tout au moins tenter de soulever un certain nombre de questions susceptibles de nous aider à le circonscrire. Tout d'abord, il importe de se pencher sur la base sociale, très hostile au néolibéralisme, qui est à l'origine des évolutions en cours. Des sociologues et politistes affirment avoir identifié un nouveau clivage, qu'ils présentent comme une conséquence directe de la globalisation. Ce clivage sépare les gagnants de cette mondialisation (qui savent et peuvent s'ouvrir à la compétition internationale) de ses perdants (qui ne le savent pas et ne le peuvent pas) :

> La catégorie des gagnants probables de la globalisation comprend les entrepreneurs et salariés qualifiés travaillant dans des secteurs économiques tournés vers la compétition internationale, ainsi que les citoyens cosmopolites. La catégorie des perdants de la globalisation inclut, elle, les entrepreneurs et salariés qualifiés travaillant dans des secteurs traditionnellement protégés, ainsi que les employés non qualifiés et les citoyens qui s'identifient fortement à leur communauté nationale[16].

Les données dont nous disposons au sujet du Brexit et des présidentielles américaines laissent cependant penser que les cols bleus et les membres des classes moyennes touchés par une forme ou une autre de déclassement n'ont pas été les seuls à voter pour le Brexit et Donald Trump, et n'ont pas même été leurs principaux soutiens. Aux États-Unis, Trump a pu compter sur le soutien indéfectible de couches de la population à la fois fortunées et diplômées. L'argent a joué un rôle crucial dans sa victoire, à travers les milieux d'affaires et de très prospères *think tanks* qui avaient tout d'abord apporté leur soutien au Tea Party. En parallèle à la mobilisation de la base conservatrice traditionnelle du Parti républicain, de l'argent fut injecté, et dans des proportions considérables, pour financer des campagnes médiatiques qui diffusèrent à grande échelle des messages très simplistes, souvent parfaitement faux, dont l'objectif était de répandre la peur et de stigmatiser divers boucs émissaires, qui devinrent dès lors la cible d'outrages publics. Nous n'avons pas là l'explication première de la victoire de Trump, mais un facteur important de cette victoire qui ne saurait être négligé. Ce n'est pas la première fois, tant s'en faut, que des contre-mouvements régressifs expriment leur prétendue solidarité avec les 99 % tout en jouissant du soutien du très puissant 1 % (la réaction positive des marchés boursiers à la victoire de Trump en constituant un exemple éclatant).

Une deuxième question a trait aux formes qu'adopte, à la droite de l'échiquier, ce mécontentement à l'encontre du néolibéralisme. Ces formes semblent être très différentes de celles que l'on peut observer à gauche, non seulement pour ce qui est de la teneur sociopolitique des revendications exprimées, mais aussi pour ce qui est des modèles organisationnels. Les recherches consacrées au populisme de droite ont identifié de longue date une ligne de démarcation culturelle — cosmopolitisme d'un côté, xénophobie de l'autre — séparant la gauche de la droite[17]. Cela est d'autant plus vrai aujourd'hui. Qui plus est, la politique telle qu'elle est menée à droite se caractérise par une forme organisationnelle spécifique, qui s'appuie bien plus sur un fort leadership personnalisé que sur une participation citoyenne. Cela distingue très clairement ces mouvances des mouvements progressistes.

Parce qu'ils en appellent à la volonté populaire contre des élites jugées corrompues, les récents mouvements progressistes ont aussi été présentés comme des mouvements populistes. Mais cette interprétation du populisme me semble un peu « mince ». Après tout, quel parti ou mouvement politique n'en appelle pas au peuple ? Nous ferions mieux de conceptualiser autrement le populisme, en l'envisageant comme une forme de subjectivité populaire. Comme l'a relevé le politiste Kenneth Roberts, les mouvements sociaux « émergent de formes autonomes d'action collective menées par des groupes de citoyens ou réseaux citoyens autoconstitués ; quant au populisme, il suppose typiquement que la subjectivité populaire soit accaparée par des personnalités en situation de contrôler les formes, canaux et rythmes organisationnels de la mobilisation sociale ». La définition du populisme proposée par Roberts permet d'analyser avec justesse des phénomènes comme la campagne de Trump :

> Le populisme n'implique en rien que ses partisans s'investissent en masse dans l'action collective. Il ne demande rien de plus que de glisser un bulletin dans l'urne, que ce soit lors d'élections nationales ou lors de référendums. Bien qu'il s'agisse dans les deux cas de contester les élites au pouvoir, les mouvements sociaux, eux, mobilisent une telle contestation par la base et de la base, tandis que le populisme mobilise typiquement par le haut, d'en haut, les pans de l'électorat qui lui sont acquis, et qui se voient dès lors placés derrière le leadership d'une sorte d'« élite alternative[18] ».

Le contraste que nous pouvons constater entre les mouvements sociaux et le populisme se révèle particulièrement net à la lumière des rapports existants entre le peuple et les leaders — rapports qui, dans un cas, sont de nature participative et qui, dans l'autre, sont de nature plébiscitaire :

> Ces liens incarnent en définitive des formes très différentes de subjectivité populaire et d'action collective. Les rapports ou modèles de subjectivité de nature participative confèrent aux citoyens un rôle direct dans la contestation des élites au pouvoir ou dans le déroulement des processus délibératifs et décisionnels. En tant que tels, ils tendent à s'appuyer sur des formes d'action collective autonomes et autoconstituées à la base — que ce soit à l'intérieur ou à l'extérieur des canaux institutionnels formels (et parfois même contre eux). En comparaison, les rapports ou modèles de subjectivité de nature plébiscitaire obéissent à une logique tout à fait différente : les pans de l'électorat — souvent désorganisés — qui sont acquis aux formations populistes sont mobilisés d'en haut, par le haut, et ce, afin d'acclamer une figure d'autorité, ou de ratifier les initiatives politiques du leader. Une telle acclamation plébiscitaire sera fréquemment organisée au moyen d'élections ou de référendums : elle n'est jamais fondée sur des formes autonomes d'action collective à l'initiative de la base. En effet, les appels au plébiscite s'appuient souvent sur une relation directe, non médiatisée, entre une figure populiste et les pans de l'électorat, grandement fragmentés, qui lui sont acquis[19].

Bien que les deux types de subjectivité invoquent « le peuple » et stigmatisent les élites, c'est bien ce rapport de nature plébiscitaire — qui investit d'un pouvoir non pas le peuple, mais la personne d'un leader — qui est la marque du populisme. Ce tournant plébiscitaire, nous le voyons à l'œuvre en cette ère de régression politique : les leaders populistes d'aujourd'hui attirent en effet les masses au moyen de discours hostiles à l'establishment tout en les manipulant (et non pas en les impliquant).

Enfin, troisième point, la question des conditions politiques permettant à un contre-mouvement régressif de se développer reste à traiter. En règle générale, les perspectives et menaces politiques constituent autant de facteurs affectant l'ampleur et les caractéristiques des mouvements protestataires. Leurs traits spécifiques sont influencés par les réponses politiques apportées à la grande récession en cours — et particulièrement par les stratégies (des partis) de centre gauche. Pour ne prendre qu'un exemple important, en Amérique latine, les vagues de protestation les plus déstabilisantes se sont produites à la suite du refus des partis institutionnels de permettre à la critique antinéolibérale de s'exprimer (les grands partis ayant tous opté pour une politique néolibérale)[20]. Une situation similaire semble faire son apparition en Europe, où les conséquences du repositionnement des droites extrêmes, qui affirment désormais défendre des idées (excluantes) de protection sociale, sont d'autant plus spectaculaires que la gauche est désormais perçue comme une avocate des marchés dérégulés, incapable d'offrir des alternatives significatives[21].

SUR LES MOUVEMENTS ET CONTRE-MOUVEMENTS : QUELQUES CONCLUSIONS

Le mécontentement provoqué par le néolibéralisme et la crise qu'il traverse se traduisent très diversement sur le plan politique. À gauche, les protestations adoptent souvent la forme organisationnelle de mouvements sociaux mis en réseaux tandis qu'à droite, de nouveaux partis ont fait leur apparition — d'autres ayant été transformés par le développement d'un rapport de nature plébiscitaire entre leaders et clientèles politiques. Comme cela a souvent été le cas dans l'Histoire, les causes de mécontentement ont été, à gauche, intégrées et articulées dans un discours mettant en avant les idées de cosmopolitisme et de classe sociale. Cependant, à la droite extrême de l'échiquier, ce même mécontentement l'a été le plus souvent dans des discours d'exclusion et xénophobes. Tout cela ne signifie pas que les mouvements régressifs soient nécessairement appelés à avoir plus de succès ; cela signifie plutôt que les avancées opérées par la gauche se voient opposer une forte résistance du fait de puissants acteurs — comme cela a pu se produire dans le passé, particulièrement à des époques de crise économique (que l'on pense seulement à ces moments où les victoires du mouvement ouvrier furent suivies de retours de manivelle réactionnaires).

Alors que la politique progressiste reste bien vivace, les récents et incontestables succès du populisme droitier témoignent des défis actuellement posés à la gauche par la situation présente. Tout d'abord, la fragmentation de sa base sociale de référence est à coup sûr un problème préoccupant pour une politique progressiste, alors même qu'il est permis d'attendre des manifestations de mécontentement qu'elles suivent simultanément différentes logiques — en luttant contre la marchandisation (comme dans les conflits du travail les plus traditionnels), mais aussi contre la re-marchandisation (qui adopte la forme de la privatisation des biens et services) et contre l'ex-marchandisation (soit l'expulsion des acteurs hors du marché, à travers un chômage massif et la précarisation du travail[22]).

Dans le même temps, et plus encore qu'au cours de la précédente vague de politique progressiste, plus encore qu'aux beaux jours du « mouvement pour une justice globale », nous pouvons observer, à gauche, un besoin urgent de coordination transnationale, qui pourrait affaiblir les structures de mobilisation jusqu'ici entretenues. Il est très possible que se produisent des interférences entre une résistance locale à l'éradication des droits existants et la nécessité d'efforts globaux visant à maîtriser le capitalisme financier globalisé.

Notons enfin qu'il est difficile de rallier au moyen d'appels génériques ou de mensonges flagrants les activistes et électeurs progressistes — qui, de façon caractéristique, entretiennent de fortes croyances normatives et se montrent accoutumés à un niveau discursif élevé. Il est en conséquence de plus en plus difficile de les mobiliser en ayant recours aux appels néolibéraux du centre gauche, qui, de fait, s'est révélé être le grand perdant des récentes évolutions. Dans le même temps, alors même que la gauche radicale a sans cesse gagné en force, tout particulièrement là où les mouvements sociaux progressistes étaient les plus présents, il s'est avéré que les partis de gauche n'ont pu qu'à de rares occasions occuper des postes véritablement décisionnels au sein des institutions nationales. Là où ils sont parvenus à le faire (comme en Bolivie et en Grèce), ils ont rencontré et rencontrent toujours une résistance considérable, à l'intérieur comme à l'extérieur de leurs pays respectifs.

Faire face à ces défis requiert sans aucun doute de la patience, mais impose aussi de créer des espaces de rencontre qui permettraient d'apprendre tout en agissant, en luttant au quotidien, comme il en existait dans les mouvements progressistes dans le passé.

DONATELLA DELLA PORTA

Chapitre XII

LE RETOUR DES ÉVINCÉS : LE DÉBUT DE LA FIN DU CAPITALISME NÉOLIBÉRAL

Le néolibéralisme vint avec la globalisation, ou la globalisation avec le néolibéralisme — et c'est ainsi que débuta la *grande régression*[1]. Dans les années 1970, le capital des sociétés industrielles reconstruites commença à s'affranchir du rôle d'animal utile qu'il avait dû endosser, dans un carcan national, tout au long des décennies d'après-guerre[2]. Le temps était venu pour lui de faire ses adieux à des marchés du travail désertifiés, à une productivité en berne, à des profits en chute libre et à des syndicats parvenus à maturité et devenus toujours plus revendicatifs, ainsi qu'à un capitalisme encadré par l'État. L'avenir était tout tracé : une nouvelle expansion telle que la chérit par définition tout capital conduirait au dehors de ce cadre-là, vers un monde bienheureusement dérégulé, vers une économie globale illimitée où les marchés ne seraient plus enfermés dans les États, mais les États enfermés dans les marchés.

Le tournant néolibéral vit l'apparition d'une nouvelle divinité, du nom de TINA (*There is no alternative*). Ses prêtresses et prêtres étaient innombrables, de Margaret Thatcher à Angela Merkel, en passant par Tony Blair. Celui qui voulait servir TINA, au milieu des solennels cantiques entonnés par les économistes réunis de tous les pays, devait reconnaître que l'évasion du capital à l'échelle mondiale était une nécessité tout aussi naturelle — une loi de la nature pour ainsi dire — que d'utilité publique ; et il devait contribuer activement à écarter tous les obstacles susceptibles de ralentir une telle marche triomphale. Des pratiques hérétiques comme le contrôle de la circulation du capital ou les aides étatiques devaient être traquées et éliminées. Personne ne devait plus se dérober à la « concurrence globale », et personne ne pourrait plus se prélasser dans son hamac national qui, d'ailleurs, allait disparaître. Des accords de libre-échange devaient ouvrir les marchés et les protéger de toute ingérence étatique ; une « *global governance* », une gouvernance globale, devait se substituer aux gouvernements nationaux ; toutes les digues faisant obstacle à la marchandisation devaient laisser place à une véritable culture de la marchandisation, qu'il s'agissait de rendre hégémonique ; quant à l'État social, il devait céder la place à l'État de la concurrence, permettant l'ouverture d'une nouvelle ère de la rationalisation capitaliste[3]. Au plus tard à la fin des années 1980, le néolibéralisme était devenu *pensée unique*, au centre droit comme au centre gauche. Les vieilles questions litigieuses, politiques, étaient considérées comme relevant définitivement du passé. Il était désormais question de « réformes » visant à accroître la « compétitivité » nationale et à imposer partout une seule et même configuration : des marchés du travail plus flexibles, des « encouragements » améliorés, une privatisation généralisée, une marchéisation généralisée, envisagée à la fois comme une arme dans la concurrence internationale (entre places économiques et coûts pratiqués) et comme une sorte d'examen de passage moral. L'examen technocratique des nécessités et possibilités économiques se substitua aux luttes de répartition. Les institutions, les politiques et les modes de vie s'adaptèrent à tout cela. Et tout cela s'accompagna logiquement d'un remaniement profond des partis politiques — qui retrouvèrent leur place de « partis-cartels » au sein des appareils d'État[4] —, d'un véritable effondrement du nombre de leurs adhérents et d'une participation aux élections toujours plus déclinante (et plus déclinante encore, dans des proportions écrasantes, aux échelons inférieurs de la société). Depuis le début des années 1980, l'organisation syndicale a partout considérablement perdu en influence, de même que la fréquence des grèves s'est spectaculairement ralentie dans le monde entier. En d'autres termes, nous avons assisté à une démobilisation générale de l'appareil de participation et de redistribution de la démocratie de l'après-guerre, à grande échelle, très progressivement, de façon régulière et sûre, et jusqu'à ce qu'une telle situation soit considérée comme la normalité même.

La révolution néolibérale, en tant que processus de régression institutionnelle et politique, aurait ouvert une nouvelle ère : celle de la *politique post-factuelle*[5]. Une telle évolution était devenue nécessaire tant le programme unique de la globalisation néolibérale s'est avéré incapable d'offrir à tous la prospérité promise[6]. À l'inflation des années 1970 et au chômage qui l'accompagna succédèrent l'endettement étatique des années 1980 et, tout au long de la décennie 1990, l'assainissement des finances publiques au moyen de « réformes » sociopolitiques — accompagné, à titre de compensation, de la possibilité offerte aux ménages de s'endetter généreusement. Dans le même temps, la croissance reflua, en dépit ou en raison de l'accroissement des inégalités et de l'endettement : aucun *trickle-down,* mais au lieu de cela le plus brutal *trickle-up,* et une inégalité croissante des revenus entre individus, familles, régions, et — au sein de l'Union européenne — entre nations. La société qui avait été annoncée — une société du savoir et de prestations de services — se révèle d'une échelle bien plus réduite que feu la société industrielle. Et le nombre des inutiles dans une telle société ne cesse plus d'augmenter. Cette population surnuméraire a ainsi été exposée, dans la vulnérabilité et l'incompréhension les plus totales, à la transformation de l'État fiscal en État débiteur puis, dans la foulée, en État de la consolidation[7] ; elle s'est ensuite vue exposée à la crise financière et aux mesures étatiques de sauvetage qui lui succédèrent, et qui eurent pour résultat de la plonger dans une situation pire encore[8]. La « *global governance* » ne fut ici d'aucune utilité. Et il va sans dire qu'une étaticité démocratique nationale découplée de l'économie capitaliste — et découplée d'elle afin de la « parasiter » le moins possible — s'avéra dans ces conditions d'une inutilité tout aussi grande. Afin que tout cela ne mette pas en péril le nouveau monde merveilleux de la globalisation, il fallut recourir à des méthodes améliorées de création de consensus et de désorganisation de toute résistance, et, de fait, l'arsenal élaboré pour atteindre ces objectifs s'avéra admirablement efficace, dans un premier temps.

L'« ÉPOQUE POST-FACTUELLE »

Les mensonges les plus éhontés ont toujours existé en politique — que l'on pense seulement à la petite prestation PowerPoint de Colin Powell au Conseil de sécurité des Nations unies, en 2003, qui y présenta alors d'incontestables preuves visuelles de la présence d'armes de destruction massive sur le sol irakien… Pour ce qui est de l'Allemagne, certains se souviendront de la déclaration d'un fort respecté ministre de la Défense, décédé depuis, et qui était unanimement considéré comme un social-démocrate : celui-ci n'avait pas hésité à affirmer que les troupes allemandes envoyées en Afghanistan aux côtés des troupes américaines y défendaient (dans l'Hindou Kouch) la sécurité de l'Allemagne. Mais, avec la révolution néolibérale et le passage à la « post-démocratie[9] » qui lui est intrinsèquement liée, un nouveau type de duperie politique s'est imposé : le *mensonge de l'expert*. Tout cela commença avec la courbe de Laffer, au moyen de laquelle il fut scientifiquement démontré que les baisses d'impôt conduisaient à des rentrées fiscales plus importantes[10]. Lui succéda, entre autres, le rapport Cecchini de la Commission européenne (1988), qui promit aux citoyens européens, en guise de récompense pour le « parachèvement du marché intérieur », planifié pour 1992, une amélioration du niveau de vie, correspondant à 5 % du produit intérieur européen, une baisse notable du prix des biens de consommation d'environ 6 % en moyenne, des « millions d'emplois nouveaux », ainsi qu'une amélioration des finances publiques correspondant à 2,2 % du produit intérieur. Aux États-Unis, au même moment, des experts ès finances comme Bernanke, Greenspan et Summers s'accordaient à dire que des mesures de précaution prises au nom de leurs intérêts bien compris par des investisseurs forcément rationnels suffiraient à stabiliser des marchés financiers toujours plus « libres » et plus globaux ; et ils s'accordèrent aussi pour dire que les administrations étatiques ne devaient rien entreprendre contre les formations de bulles financières, partant du principe que l'on serait en mesure d'aplanir sans difficulté les conséquences de leur éclatement éventuel.

Dans le même temps, les « récits[11] » propagés par les partis, les gouvernements et les communicants ainsi que les décisions et non-décisions fondées sur ces récits gagnèrent toujours plus en absurdité. Les appareils de gouvernement continuèrent d'accueillir d'anciens et futurs managers de Goldman Sachs, au nom de leur indispensable expertise, comme si rien ne s'était passé. Eric Holder, procureur général des États-Unis sous Obama, retrouva après ses sept années passées à la tête du département de la Justice américain — sept années au cours desquelles aucun des dirigeants des banques responsables de la crise financière de 2008 ne fut traduit en justice — son cabinet d'avocats new-yorkais spécialisé dans la défense des dirigeants de banques, et ses honoraires princiers. Quant à Hillary Clinton, qui, avec mari et fille, toucha des honoraires proprement monstrueux au cours des seize années qui suivirent leur départ de la Maison-Blanche — honoraires versés, entre autres, par Goldman Sachs et s'élevant très au-delà de ceux d'un Larry Summers —, elle s'est autoproclamée tout au long de la campagne présidentielle la représentante des « laborieux » — une « classe moyenne » qui, en vérité, est depuis longtemps devenue surnuméraire en raison des évolutions du capitalisme.

Toutefois, à adopter le point de vue de l'internationalisme néolibéral, à l'origine de la propagation des illusions entretenues au sujet du gouvernement démocratique et de l'art qui lui est propre, les débuts de l'époque post-factuelle datent bien de 2016, cette année qui fut celle du Brexit et du démantèlement du clintonisme par Donald Trump[12]. Il aura fallu attendre l'échec de la post-démocratie — et que les masses perdent la patience qu'elles avaient montrée jusqu'alors à l'égard du « grand récit » qui leur avait été fait de la globalisation (qui, notamment aux États-Unis, s'avéra n'être une bonne chose que pour le premier 1 % de la population, c'est-à-dire les richissimes) — pour que les régisseurs du « discours » dominant exigent des « vérifications factuelles » obligatoires. Ils déplorèrent dès lors les « déficits » constatés, qu'ils attribuèrent, d'une part, au fait que l'économie globale de l'attention se retrouvait à leurs yeux prise dans des contradictions difficilement surmontables et, d'autre part, aux économies réalisées à l'échelon national en matière d'éducation ; et ils exigèrent pour y remédier des tests d'aptitude de toutes sortes, dont la réussite conditionnerait l'exercice du droit de vote[13]. Que les ploucs qui passent leur temps, pressés comme ils sont de le faire par le capitalisme, à reluquer les pages Facebook de Kim Kardashian, Selena Gomez, Justin Bieber *e tutti quanti* puissent ensuite se rendre aux urnes a soudainement été considéré comme un signal d'une régression redoutable. Même les diverses manières de nous faire oublier le déclin de nos sociétés au moyen d'« interventions humanitaires » ou de tentatives de réanimer le conflit Est-Ouest — la Russie prenant ici le relais de l'URSS —, se sont vite épuisées. La vérité et la morale ne vaudraient plus rien, et, en Angleterre, même un député conservateur de second plan, interrogé sur les raisons l'ayant poussé à faire campagne en faveur du Brexit contre le conseil « des experts », a pu répondre ceci : « *People in this country have had enough of experts !*[14] »

LA MORALISATION, LA DIABOLISATION ET LE RETOUR DES ÉVINCÉS

La « situation spirituelle de notre époque[15] » se caractérise par une *scission culturelle* d'un type nouveau, jamais connu par nos sociétés démocratico-capitalistes. Les « perdants de la globalisation » s'avèrent constamment plus nombreux, et le malaise ressenti de longue date à l'égard de cette « globalisation » s'aiguise à proportion. Nous avons là un processus structurel qui a atteint, dans les années qui ont suivi la crise financière de 2008, un seuil critique à partir duquel la consternation générale finit tout de même par se traduire en protestations franches et ouvertes. S'il fallut attendre si longtemps de telles protestations, c'est parce que ceux qui s'exprimaient autrefois au nom des plus fragiles avaient cette fois-ci adhéré, au plus tard dans les années 1990, au fan-club de la globalisation. Tous ceux qui vécurent la « globalisation » comme un problème et non pas comme une solution se retrouvèrent, dans un premier temps, sans représentants. La phase intensive de la globalisation favorisa les membres les plus « installés » d'une industrie du façonnement de l'opinion à sensibilité cosmopolite, industrie qui vit dans cette globalisation l'occasion rêvée de se développer. Désireuse d'accompagner au mieux l'expansion des marchés capitalistes, cette classe articula à l'idéologie néolibérale les valeurs libertaires de la révolution sociale des années

1960 et 1970 ainsi que leurs promesses utopiques d'émancipation humaine[16]. La *pensée unique* technocratique du néolibéralisme fusionna ainsi avec le *juste milieu*[17] moral d'une communauté de discours internationaliste. Mais nous assistons désormais à un *Kulturkampf*, à un combat culturel d'un type inédit, dans le cadre duquel la moralisation du capitalisme global s'accompagne d'une diabolisation de ceux qui considèrent en être les victimes.

Si la participation électorale dans les démocraties occidentales a considérablement reculé au fil des dernières décennies, elle connaît depuis peu, à nouveau, un certain regain, notamment dans les rangs des couches inférieures. Toutefois, la redécouverte de la démocratie comme correctif politique ne se révèle être un avantage que pour les nouveaux mouvements et nouveaux partis dont l'irruption plonge les systèmes politiques nationaux dans le désarroi. Pour cette raison même, ils sont perçus comme un danger mortel pour « la démocratie » et combattus comme tels par les partis paraétatiques — des partis depuis longtemps consanguins et ayant de longue date fusionné avec l'appareil d'État — et leurs communicants professionnels. Le concept clé brandi dans le cadre de ce combat culturel, et qui fut introduit en très peu de temps dans l'arsenal intellectuel idoine, est celui de « populisme ». Celui-ci permet de stigmatiser assez commodément des courants et des organisations, de gauche comme de droite, s'opposant à la logique « TINA » de la globalisation néolibérale.

La notion de populisme a une longue histoire, qui remonte à l'ère progressiste des États-Unis, c'est-à-dire aux années 1920 et au parti des ouvriers et paysans de Robert M. La Follette (qui, en 1924, fut le candidat du Parti progressiste aux présidentielles américaines). Plus tard, ce terme de populisme servit à désigner de façon plutôt neutre l'idéologie partagée par tous les mouvements latino-américains qui s'opposaient à leurs élites respectives — et qui s'envisageaient comme incarnant l'opposition du « peuple » à une « élite » tout aussi autoproclamée qu'autodésignée[18]. Depuis quelques années, ce terme est utilisé partout dans le monde par les partis et médias de l'internationalisme libéral comme un moyen de désigner de façon polémique l'opposition nouvelle à une internationalisation décrétée sans alternative. L'idée, associée au populisme classique, d'un peuple se constituant au fil des conflits politiques comme une force unie bien décidée à chasser du pouvoir une minorité élitaire jugée hostile par les « petites gens », cette idée-là, donc, revêtait une dimension politique de gauche, mais était aussi connotée à droite. Cela a contribué à ce que ce concept soit facilement adopté par les tenants de la globalisation : c'est qu'il permet d'éviter les distinctions et de jeter dans le même panier propagandiste Trump et Sanders, Farage et Corbyn, et, pour ce qui est de l'Allemagne, Petry et Wagenknecht[19].

La véritable déchirure entre les « populistes » et ceux qui les désignent comme tels constitue aujourd'hui, dans les sociétés en crise du capitalisme financier, la ligne de conflit politique dominante. Le grand sujet dont il est ici question n'est nul autre que le rapport entre le capitalisme global et l'organisation étatique. Rien ne polarise autant les sociétés capitalistes d'aujourd'hui que les confrontations qui y font rage au sujet de la nécessité et de la légitimité d'une politique nationale — des confrontations dans le cadre desquelles intérêts et identités se mêlent et sont prétextes à des explications atteignant un niveau d'animosité qu'on n'avait plus connu depuis la fin de la guerre froide. Les guerres idéologiques en résultant, qui, à tout moment, peuvent dégénérer en campagnes de destruction morale, touchent aux strates profondes les plus sensibles de l'identité sociale et individuelle — qui dictent de façon décisive l'attitude adoptée à l'égard de l'adversaire, le respect ou le mépris montré à son endroit —, mais régissent aussi les processus d'inclusion et d'exclusion, de reconnaissance et d'excommunication[20].

La politique de l'internationalisation se caractérise par la manière bien particulière qu'ont les « élites » — désignées comme telles, avec dédain, par les « populistes », mais qui se désignent elles-mêmes ainsi, quoique sur un tout autre ton — de réagir aux nouvelles formations politiques. Les tenants de cette politique de l'internationalisation traitent avant tout le « populisme » comme un problème cognitif, et de façon fort uniforme : les partisans du « populisme » réclameraient des « solutions simples » au motif qu'ils ne comprendraient pas que les solutions (telles que les fournissent, infatigablement et avec, comme on le sait, le plus grand succès, les forces de l'internationalisme, qui, on le sait encore, ont fait leurs preuves) sont dans les faits nécessairement complexes ; leurs représentants seraient des cyniques, qui promettraient « aux gens » les « solutions simples » déjà évoquées, alors même qu'il n'y aurait, comme on le sait bien aussi, aucune alternative praticable aux solutions complexes des technocrates. On peut alors expliquer l'apparition de ces nouvelles formations politiques par une *grande régression des petites gens*, qui se manifesterait par un défaut de formation et de respect pour les gens éduqués — et de rivaliser en doctes « discussions » sur le spectaculaire effondrement de la participation électorale des classes populaires ou la délégation de la prise de décision politique à des experts et hauts fonctionnaires apolitiques…

Les partis antiglobalisation et leurs membres sont ainsi frappés au quotidien d'une sorte de déchéance morale et culturelle. La déclaration d'irresponsabilité mentale succède à la dénonciation morale dès lors qu'est émise l'idée qu'une politique nationale renouvelée pourrait être à même de protéger les populations des risques et répercussions de l'internationalisation. On invoquera alors le fameux « populisme », les souvenirs du racisme et de la guerre, on parlera d'« ethno-nationalisme ». Les « ethno-nationalistes » ne s'opposent pas seulement aux exigences morales de la globalisation : ils s'opposent aussi à ses exigences économiques — la « concurrence globale ». Leurs « angoisses et leurs soucis » doivent, nous dit la version officielle, « être pris au sérieux », mais seulement en matière sociale. Les protestations contre la dégradation matérielle et morale encourent le soupçon de fascisme, d'autant que les anciens défenseurs des classes plébéiennes sont passés avec armes et bagages dans le camp proglobalisation et que leur clientèle de jadis ne dispose plus, pour articuler ses protestations contre la pression modernisatrice du capitalisme, que d'une sorte de matière première langagière pour ainsi dire brute de décoffrage, intrinsèque aux expériences prépolitiques. Des atteintes sont ainsi constamment portées aux règles en vigueur du langage public civilisé, qui deviennent sources non seulement d'« indignation » chez ceux « d'en haut », mais aussi de mobilisation chez ceux « d'en bas ». Dans le même temps, les perdants et autres objecteurs de conscience de l'internationalisation se dérobent à la censure morale en se retirant des médias officiels pour se mêler aux « réseaux sociaux », créant ce faisant leurs propres circuits de communication avec le concours des infrastructures les plus globalisées qui soient. Ils n'y ont pas à craindre d'être offensés comme dans les médias officiels, où ils sont traités de haut, et considérés comme arriérés aussi bien sur le plan culturel que sur le plan moral[21].

UNE OPINION PUBLIQUE LIBÉRALE COUPÉE DE L'EXPÉRIENCE QUOTIDIENNE DE GROUPES ET RÉGIONS EN SITUATION DE DÉSHÉRENCE ET DE DÉCLIN

Le Brexit et la victoire de Trump n'ont pas seulement sidéré la sphère publique : ils ont aussi sidéré les chercheurs en sciences sociales — ce qui, me semble-t-il, constitue l'une des choses les plus étonnantes que nous aura offertes l'année 2016. Rien n'illustre mieux la scission des sociétés globalisées du néolibéralisme que la stupéfaction de leurs élites politiques et intellectuelles devant le retour des évincés, dont on avait cru pouvoir interpréter l'apathie politique comme un signe sûr de résignation définitive. Même les universités d'« excellence », aux budgets correspondants, des côtes est et ouest des États-Unis n'ont su annoncer le séisme politique. Les enquêtes d'« opinion » et leurs entretiens téléphoniques longs de vingt minutes n'ont à l'évidence plus rien à nous dire de l'état de nos sociétés en crise, profondément déstabilisées. Le nombre de ceux qui semblent considérer les chercheurs en sciences sociales comme des espions au service d'une puissance étrangère, le nombre de ceux qui les évitent ou, lorsque cela n'est pas possible, qui évitent leur désapprobation en répondant à leurs questions de la manière supposément attendue par eux, ce nombre, donc, pourrait bien ne plus cesser d'augmenter. C'est ainsi que se renforcent, de façon quasiment pathologique, les illusions des « élites » quant à l'état réel de leurs sociétés. Seuls quelques chercheurs en sciences sociales semblent encore, aujourd'hui, prendre en considération les échelons inférieurs de nos sociétés. Celui ou celle qui avait lu, par exemple, le livre de Robert Putnam, *Our Kids : The American Dream in Crisis*, n'est certainement pas tombé(e) à la renverse en apprenant la victoire de Trump[22].

Il faudra beaucoup de temps pour que la gauche « citoyenne du monde » comprenne les événements de 2016. En Grande-Bretagne, les disciples de Blair au sein du Parti travailliste, ou du moins ce qui en reste, croyaient pouvoir sortir vainqueurs du référendum sur l'Europe — et voir le « *Remain* » l'emporter — au moyen de la seule (et interminable) énumération des avantages économiques procurés par la présence de la Grande-Bretagne au sein de l'Union européenne. Et ils crurent inutile de prendre en compte le fait que ces avantages étaient très inégalement répartis. Que l'électorat puisse refuser d'assister sans sourciller au piétinement de ses intérêts par un gouvernement prenant surtout en compte les seuls accords internationaux n'effleura pas même une opinion publique libérale coupée de l'expérience quotidienne de groupes et régions en situation de déshérence et de déclin. Cette opinion libérale ne voulut pas même comprendre que, pour de nombreux électeurs, l'idée d'une solidarité internationale entre salariés au XXIe siècle n'avait pas à supposer que le lieu de travail et les emplois allant avec soient exposés à une concurrence globale effrénée.

UN INTERRÈGNE

À quoi faut-il donc s'attendre ? Le démantèlement par Trump de l'appareil clintonien, le Brexit et les échecs respectifs de Hollande et de Renzi

— et tout cela la même année — marquent une nouvelle phase dans la crise des systèmes étatiques capitalistes transformés par le néolibéralisme. Afin de tenter de comprendre cette nouvelle phase, je crois pertinent de reprendre le concept gramscien d'« interrègne[23] » : un interrègne est une période d'une durée indéterminée, où un ordre ancien s'avère déjà détruit, mais où un nouveau ne peut encore être instauré. L'ordre ancien, aujourd'hui, est bien sûr ce monde du capitalisme global dans lequel les gouvernements avaient, en recourant à des méthodes post-démocratiques, neutralisé leurs démocraties nationales respectives, dans le but de rester raccordés à l'expansion globale du capitalisme — cette expansion globale qui, en 2016, a été ruinée par le tsunami des barbares populistes. Les gouvernements de cet ordre ancien avaient tenté de jouer la montre, assurant qu'une démocratie globale ne tarderait pas à entrer en vigueur et qu'elle faciliterait les interventions démocratico-égalitaires au sein des marchés capitalistes exigées par les populations. Cela n'a pas marché. Quant à l'ordre nouveau, ou plus exactement à venir — d'où la pertinence actuelle, à mes yeux, du terme d'interrègne —, il s'avère parfaitement incertain. Avant que cet ordre nouveau soit véritablement instauré, il faudra s'attendre, comme nous le dit Gramsci, à des « phénomènes pathologiques de très diverses sortes »[24].

Un interrègne, tel que le conçoit Gramsci, désigne une période d'incertitude extrême au cours de laquelle les rapports de causalité habituels disparaissent et où peuvent à tout moment se produire des événements inattendus, dangereux, sortant spectaculairement des cadres habituels, et cela en raison d'évolutions disparates n'entretenant aucun lien entre elles et provoquant constamment l'apparition de configurations instables, de chaînes d'événements inattendus venant désormais se substituer aux *structures prévisibles* d'antan. Le fait que les classes politiques du capitalisme néolibéral soient contraintes par la révolution populiste d'écouter à nouveau, un peu plus, leurs peuples respectifs participe de la nouvelle imprévisibilité. Après des décennies d'assèchement institutionnel imposé par la globalisation, la démocratie nationale redevient ce qu'elle n'aurait jamais dû cesser d'être : un canal permettant à l'insatisfaction des échelons inférieurs de la société de s'exprimer. L'époque du démantèlement méthodique des lignes de défense nationales, qui servaient à se prémunir de la pression des marchés internationaux, est révolue. Trump étant désormais à la Maison-Blanche, il n'y aura pas en Grande-Bretagne de nouveau référendum sur le Brexit — ce genre de nouveau référendum auquel nous avait habitués l'Union européenne, qui aimait faire voter et voter encore jusqu'à ce que le bon choix s'impose. Le nouvel électorat, réveillé, n'acceptera ni les prétendues nécessités économiques — ces lois de la nature ne souffrant aucune alternative — ni, mettons, les grandes déclarations sur l'impossibilité des contrôles frontaliers. Les partis, qui n'avaient à l'esprit que la *responsability*, que leur rôle de garants de l'ordre, doivent à nouveau apprendre ce que signifie et suppose la *responsiveness*, le devoir de rendre compte à leurs populations respectives[25], et, s'ils ne le font pas, il leur faudra laisser place à d'autres formations.

La rhétorique tout à fait remarquable de la nouvelle Première ministre britannique montre qu'une telle évolution n'a pas échappé à des parties non négligeables du personnel politique dirigeant. Dès son discours de candidature du 11 juillet 2016, Theresa May a fait part de convictions qui n'avaient plus guère été formulées depuis les années 1980 (et qui l'avaient été pour la dernière fois par des leaders du Parti travailliste), réaffirmant ainsi la nécessité de lutter contre l'inégalité, d'imposer plus justement les hauts revenus, d'améliorer le système éducatif, d'encourager la participation des salariés au sein de l'entreprise, de protéger le marché du travail national des interférences étrangères — le tout articulé à une limitation de l'immigration. Dans tous les cas, la sortie de l'Union européenne a pour le moment rappelé au personnel politique britannique qu'il avait avant tout à rendre des comptes à son électorat, comme en a aussi témoigné le discours tenu par May en novembre 2016 lors du congrès annuel de la Confédération de l'industrie britannique — à l'occasion duquel elle rappela à son auditoire que le résultat des urnes témoignait d'un « désir général d'une économie plus juste[26] ».

Le programme néoprotectionniste de May pose à la gauche sociale-démocrate des questions gênantes. Quant à Trump, il pourrait bien, lui aussi, devenir un gros problème pour la gauche s'il tentait d'honorer ses promesses en matière industrielle et fiscale — et, de fait, le toujours judicieux Bernie Sanders lui a déjà, à plusieurs reprises, manifesté son soutien sur certains points, non seulement au sujet du redressement des anciennes régions industrielles, tombées en déshérence tout au long des huit années du règne d'Obama, mais aussi au sujet d'un programme « keynésien » visant à édifier à nouveaux frais l'infrastructure économique nationale. Le nouvel endettement étatique nécessaire à une telle politique, s'il s'accompagnait, dans le même temps (comme promis), d'une politique de baisse générale des impôts, se résumerait avant tout à un arsenal de recettes néokeynésiennes, qui sont privilégiées de longue date par les politiques et les économistes de la gauche modérée (ce que l'on appelle la « fin de l'austérité »). En raison de la résistance à son endroit d'une bonne partie de la droite dure (disons la fraction Tea Party), une telle politique ne pourrait être approuvée au Congrès qu'avec le soutien des démocrates. De la même façon, le recours à de l'« argent-hélicoptère », que Trump, manifestement, envisage aussi, supposerait la coopération pleine et entière de la Banque centrale américaine[27].

Toutefois, une politique néoprotectionniste, post-globalisation, au sens de Trump et de May, et peut-être aussi, bientôt, de Le Pen ou Hamon, ne pourra pas assurer une croissance stable, un taux d'emploi élevé et constamment amélioré, et ne pourra pas non plus garantir une réduction de l'endettement public et privé, ainsi qu'une confiance dans la monnaie. Le capitalisme financiarisé contemporain, actuellement en crise, n'est pas plus gouvernable au niveau national, par le bas, qu'il ne l'est au niveau international, par le haut : bien peu de chose le relie à une politique monétaire « non conventionnelle » qui, au moyen de taux négatifs et d'une expansion extravagante de la masse monétaire, provoquée par l'achat en masse d'obligations d'État par les banques centrales, tente en vain comme on le sait de générer de la croissance. Les « réformes structurelles » néolibérales qui, du point de vue des « experts », s'imposent absolument, et de concert, se retrouvent, dans les pays où elles pourraient tout au plus provoquer encore quelque chose, embourbées dans la résistance qu'y mènent leurs populations contre une « globalisation » qui leur est imposée par la force. Dans le même temps, les inégalités économiques s'aggravent, entre autres raisons parce que les syndicats et les États ont perdu de leur puissance au profit des marchés globaux ou ont renoncé bien volontiers à cette puissance. La destruction des institutions nationales dédiées à la redistribution économique et le « surmenage » de la politique monétaire et des banques centrales qui en a résulté — et qui a fait office, en dernier lieu, de politique économique — ont, de fait, rendu le capitalisme ingouvernable. Et une politique « populiste » ne parviendra pas plus qu'une politique « technocratique » à le maîtriser.

Il faut aussi s'attendre à des conflits intérieurs partout où la symbolique culturelle joue son rôle.

La revalorisation du « local » par les « populistes » impliquera-t-elle une stigmatisation générale des populations immigrées ? Et la gauche peut-elle parvenir à renouer de façon convaincante avec ceux qui se réveillent de leur apathie ? Trop de noms d'oiseaux ont été échangés, sans compter qu'une réconciliation pourrait irriter la classe moyenne cosmopolite. Trump, May et consorts pourraient aussi succomber à la tentation, en cas d'échecs économiques, de lancer, en guise de diversion, des campagnes contre les minorités ethniques et autres, de façon plus ou moins subtile. La conséquence en serait une « insurrection des gens honnêtes », comme des malhonnêtes d'ailleurs[28].

Au niveau international, il pourrait en aller dans un premier temps de façon moins dramatique. Contrairement à Obama, Blair, Clinton, mais aussi à Sarkozy, Hollande et Cameron, et peut-être même à Merkel, cette « dernière avocate de l'Occident libre[29] », les nouveaux protectionnistes nationaux ne montrent pas la moindre ambition, sur le terrain de la politique mondiale, en matière de droits de l'homme, ni vis-à-vis de la Chine, ni vis-à-vis de la Russie, et pas plus — pour autant que l'on sache — vis-à-vis de l'Afrique et du Proche-Orient. L'amateur d'interventions humanitaires, au sens le plus large du terme, le regrettera certainement. L'absence de tolérance, en Russie, pour des agitateurs culturels comme les Pussy Riot ne déclenchera en tout cas aucun réflexe missionnaire. Aux États-Unis, Victoria Nuland (« *Fuck the EU* ») n'est pas devenue secrétaire d'État aux

Affaires étrangères, et le groupe de travail dédié aux droits de l'homme au sein du Département d'État a retrouvé le chemin de l'université. Les plans visant à placer l'Ukraine dans le giron de l'Union européenne et de l'OTAN et à subtiliser aux Russes les ports de la mer Noire relèvent maintenant de l'histoire ancienne, tout comme les projets de « changement de régime » dans des zones comme la Syrie. La tentative des États-Unis de choisir la Russie post-soviétique comme ennemi de prédilection dans le cadre d'une nouvelle guerre froide va, elle aussi, bientôt relever du passé — même si la Chine pourrait bien remplacer la Russie dans ce rôle du grand méchant.

Dans ce contexte, dans cet interrègne ainsi institué, et synonyme de déstructuration, avec ses institutions dysfonctionnelles et chaînes de causalité chaotiques, les « populistes » qui grimpent les échelons des appareils étatiques représentent une source d'incertitude supplémentaire. Le début de cet interrègne évoque un moment bonapartiste : tout est possible, mais rien n'a de suite, et pas même les véritables intentions. En effet, la société, plongée dans la révolution néolibérale, est redevenue un « sac de pommes de terre[30] ». Les nouveaux protectionnistes ne mettront pas un terme à la crise du capitalisme, mais ils font revenir la politique dans le jeu et la rappellent durablement au bon souvenir des couches moyennes et inférieures devenues les grandes perdantes de la globalisation. Même la gauche, ou ce qui est advenu d'elle (voir Hollande, Renzi, Clinton…), ne sait pas à quoi pourrait ressembler le passage du capitalisme actuel, devenu ingouvernable, à un avenir moins menaçant et dangereux — un avenir qui aurait retrouvé un minimum de stabilité. Mais si elle entend véritablement jouer à nouveau un rôle, alors il lui faudra tirer les leçons des échecs de la « *global governance* » et de la politique identitaire censée la remplacer. Comptons, au nombre de ces échecs, le fait qu'elle ait pu abandonner à leur sort les outsiders en pleine déconfiture de la « société du savoir » autodésignée, les laissant, ce faisant, défendre tout seuls leurs droits ; comptons aussi le fait que le cosmopolitisme ne peut être mis en pratique sur la durée aux dépens des « gens ordinaires », y compris sous les menaces néolibérales, et sur le fait que l'on ne peut ouvrir les frontières de l'État national qu'*avec* l'accord de ses citoyens et non pas *contre* eux. Pour ce qui est de l'Europe, cela signifie ceci : celui qui veut trop d'intégration ne récolte que le conflit et obtient au final moins d'intégration encore. L'identitarisme cosmopolitique du personnel dirigeant de l'ère néolibérale, qui trouve en partie ses racines dans l'universalisme de gauche, génère comme réaction un identitarisme national — les mesures de rééducation antinationales prodiguées « d'en haut » générant un nationalisme anti-élitaire « d'en bas ». Qui place une société sous une pression économique ou morale synonyme de dissolution doit s'attendre à faire face à une résistance traditionaliste. En effet, qui se voit abandonné aux incertitudes des marchés internationaux, dont on avait longtemps — bien trop longtemps — promis qu'ils seraient placés sous contrôle, et que l'on n'a, dans les faits, jamais contrôlés, ne peut que préférer le « un tiens » d'une démocratie nationale au « deux tu l'auras » d'une société mondiale démocratique.

WOLFGANG STREECK

Chapitre XIII

DE LA RÉGRESSION GLOBALE AUX CONTRE-MOUVEMENTS POST-CAPITALISTES

Depuis 2008, l'hégémonie qui trente ans durant avait permis aux élites économiques occidentales de définir les contours de la légitimité politique, les frontières de ce qui était considéré collectivement comme possible, impossible, souhaitable ou nécessaire, a été fortement ébranlée. La crise a changé la perception que pouvaient avoir du fonctionnement du capitalisme contemporain des groupes sociaux dont les intérêts se superposaient soi-disant à ceux des élites globales. Aujourd'hui, nombre de ces personnes se montrent bien conscientes que la possibilité d'échec vital — de « désaffiliation », pour employer la terminologie de Robert Castel[1] — s'est pour ainsi dire démocratisée et n'est plus désormais le seul « apanage » des migrants, des anciens ouvriers de l'industrie, des précaires à faible qualification et autres perdants de la première heure de la globalisation néolibérale. Précisément, les différentes manières d'interpréter la nature de ce destin commun — soit comme un jeu à somme nulle où s'affrontent différentes victimes de la crise, soit comme l'effet partagé de tendances globales — offrent quelques-unes des clés permettant de comprendre les convulsions politiques, sociales et culturelles de notre temps.

Il est significatif que les lectures dominantes du cycle historique actuel revêtent en revanche un fort caractère économiciste, comme le démontre la généralisation de l'expression « grande récession ». Certains se sont efforcés de décrire ce qui s'est passé depuis 2008 — du Printemps arabe à la victoire de Syriza, en passant par les crises migratoires ou le Brexit — au moyen de ce concept fort technique qui, dans les manuels de macroéconomie, correspond à « au moins deux trimestres consécutifs de chute du PIB », et il est permis de dire que de tels efforts ressemblent à une mauvaise plaisanterie. Mais l'interprétation économiciste de la crise est aussi ethno-centriste et classiste. Les centaines de millions de personnes dont le quotidien est depuis des décennies marqué par les chocs financiers et la dé-légitimation des institutions démocratiques ne peuvent que s'étonner lorsqu'on leur annonce qu'il s'est produit en 2008 quelque chose d'exceptionnel. Les Mexicains ou les Colombiens de moins de quarante ans n'ont littéralement connu que crise économique et décomposition politique. Et des pans entiers des populations des pays riches font désormais la même expérience. Je fais moi-même parfois une petite expérience avec mes élèves des classes de sociologie. Je commence par leur commenter les chiffres du risque de pauvreté relative en Espagne, qui en 2016 affectait un peu plus de 22 % de la population. Puis je leur demande quel était selon eux ce pourcentage avant le début de la crise, à l'apogée du miracle économique espagnol, quand l'Espagne était la huitième puissance économique mondiale. Presque tous avancent des chiffres très en dessous des 10 %. En réalité, en 2007, 19,7 % des foyers espagnols connaissaient *déjà* le risque de pauvreté : l'inégalité n'est pas la conséquence de la récession, elle en est la cause.

En fait, la crise est l'état de normalité même du turbo-capitalisme global. En premier lieu parce que les catastrophes financières se sont succédé de façon presque ininterrompue depuis le début des années 1980, entre autres au Mexique, aux États-Unis, au Japon, en Finlande, en Thaïlande, en Indonésie, aux Philippines, en Espagne, en Russie, en Argentine ou en Islande. Et surtout, comme l'a souligné David Harvey, parce que ces crises régionales, loin de remettre en question le projet néolibéral, l'ont au contraire renforcé[2]. Les collapsus financiers causés par la dérégulation et l'interdépendance économique transnationale ont été utilisés pour impulser des réformes politiques visant à réduire plus encore le pouvoir de négociation des travailleurs. Il en va de même du malaise social lié aux processus de mercantilisation : depuis le début des années 1980, les néolibéraux ont développé des stratégies agressives visant à gérer la souffrance psychique, la dégradation des institutions publiques, la fragilisation sociale, la détérioration culturelle et la polarisation politique, pour qu'elles rétroagissent positivement sur leur projet.

La grande régression contemporaine n'est pas tant le début d'une ère nouvelle que la conclusion de la stratégie choisie par les élites occidentales pour surmonter la crise d'accumulation du capital des années 1970 : un retour au capitalisme manchestérien globalisé qui s'est achevé par une victoire écrasante des classes dominantes. Et dans un système social comme le capitalisme — un système auto-expansif et par essence incompatible avec l'idée même de limites, quelles qu'elles soient —, une victoire écrasante est toujours le prélude à la catastrophe.

CONTRE-MOUVEMENTS ÉMERGENTS

De façon similaire, dans les années 1940, Karl Polanyi interpréta la grande crise économique, politique, sociale et spirituelle de son temps non comme une anomalie imprévisible, mais comme le dénouement logique des processus de mercantilisation généralisée qui, après avoir dévasté l'Europe, s'étaient répandus dans le monde entier, propagés par l'ouragan colonial de la fin du XIXe siècle[3]. Les deux guerres mondiales et l'essor du totalitarisme furent ainsi les conséquences des tensions larvées accumulées tout au long d'un siècle de *pax mercatoria* et de croissance économique sans précédent.

Polanyi n'a pas tant remis en question la légitimité ou la justesse du libéralisme que sa possibilité même. L'idéal du marché autorégulé est un projet utopique et autodestructeur, matériellement incompatible avec la vie sociale humaine, quelles que soient les formes qu'elle adopte. Le libre marché n'a jamais existé et ne peut exister. Les processus de mercantilisation ont toujours eu besoin d'interventions agressives de l'État propres à pallier leurs défauts systémiques et briser la réticence des gens à se laisser entraîner par l'ouragan économique.

Le choix historique qui nous est réellement proposé, nous dit Polanyi, n'oppose pas le libre marché à l'intervention étatique. Nous ne pouvons que choisir entre les différents types de médiations politiques, de « contre-mouvements » qui surgiront nécessairement afin de limiter les effets cancérigènes du capitalisme. La question est de savoir si ces régulations collectives viseront à sécuriser les privilèges des élites, si elles seront réactionnaires, ou bien si elles offriront une opportunité de diffuser la démocratie et la culture.

Pour le dire de façon plus précise, Polanyi a interprété la situation politique explosive de l'entre-deux-guerres comme le résultat d'une rivalité entre différents projets post-libéraux, qui luttaient entre eux pour imposer leur propre version de l'encadrement du marché. D'un côté, le type de dynamiques baptisées par Gramsci « révolutions passives », soit des interventions autoritaires proposant des changements institutionnels agressifs, dont une régulation économique, avec pour objectif de préserver le système de stratification hérité. De l'autre, tout un éventail de courants visant à plus de démocratie, tentant de mettre en branle des processus de dé-mercantilisation propres à réduire l'inégalité et à avancer dans la voie de l'émancipation.

La situation actuelle présente d'importantes analogies avec la situation politique dont Polanyi fut le témoin direct, avec sa polarisation politique, son instabilité institutionnelle et son climat de haine collective. D'une certaine façon, nous vivons déjà dans des sociétés post-néolibérales. L'idéal du libre marché est un zombie politique qui continue à être à l'origine de souffrances et à émettre des sons inarticulés, mais que tout le monde donne pour mort. Partout dans le monde surgissent de puissants contre-mouvements de réaction contre la dystopie néolibérale. La plupart d'entre eux relèvent de l'extrême droite, du nationalisme identitaire, de la xénophobie, de l'intégrisme religieux et du populisme réactionnaire. Les institutions politiques occidentales cessent peu à peu de jouer leur rôle de médiatrices de la délibération démocratique et se transforment en anabolisants contre la brutalisation du discours public, ôtant toute légitimité à la discussion politique, ramenant celle-ci à de simples questions sécuritaires. La « démocratie illibérale » revendiquée par le Premier ministre hongrois Viktor Orbán en 2014 ou la victoire de Donald Trump en 2016 sont de spectaculaires manifestations d'une dynamique qui, à des degrés divers, affecte déjà la totalité des pays occidentaux. Pour s'en tenir à cet exemple, lorsqu'on critique la proposition de Trump de construire un mur entre le Mexique et les États-Unis, on omet soigneusement, la plupart du temps, de rappeler que la seule frontière terrestre entre l'Union européenne et l'Afrique — les territoires sous souveraineté espagnole sur la côte nord du Maroc — accueille depuis des années déjà une triple barrière métallique de six mètres de haut, surmontée de lames qui ont causé de cruelles blessures à des centaines d'immigrants.

Par bonheur, les contre-mouvements réactionnaires ne constituent qu'une partie du paysage. Apparaissent aussi des alternatives démocratiques et égalitaires bien décidées à tirer parti de la crise économique pour impulser des transformations sociales de grande ampleur, fondées sur la solidarité transnationale. Si, au début de ce siècle, l'Amérique latine a été en bonne partie le théâtre du mouvement altermondialiste, né avec les manifestations de Seattle de 1999[4], sans doute faudrait-il aujourd'hui s'intéresser de près à ces nouveaux laboratoires de la contre-hégémonie que sont les pays semi-périphériques de l'Europe du Sud.

APPRENDRE DE LA PÉRIPHÉRIE EUROPÉENNE

Ce qui est sûr, c'est que la récession économique a, en Europe méditerranéenne, des effets politiques explosifs. Elle a transformé la dépolitisation post-moderne aimable et non conflictuelle diagnostiquée et défendue par des auteurs comme Anthony Giddens ou Ronald Inglehart en une grande crise de légitimité[5]. En Espagne, particulièrement, s'est lézardé un régime politique fondé sur l'alternance au pouvoir de deux partis majoritaires dont les programmes coïncidaient sur des éléments essentiels, telles la dérégulation du marché du travail et la limitation des politiques redistributives[6]. La légitimité de ce régime bipartisan reposait sur une économie de la croissance fondée sur le marché immobilier, qui avait promis une mobilité sociale ascendante ainsi qu'un fort pouvoir d'achat. Il s'agissait dans une large mesure d'un pur mirage, car les niveaux du chômage, de la précarité et des inégalités étaient déjà très élevés, et l'État-providence peu redistributif. Mais durant longtemps, ce fut une source de cohésion sociale très efficace.

La crise économique a fait exploser ce consensus. Le rêve d'un boom immobilier s'est transformé en cauchemar spéculatif, caractérisé par le chômage de masse (il y a en Espagne plus de quatre millions de chômeurs et un million et demi de familles dont tous les membres le sont), la pauvreté (un enfant sur trois est en risque de pauvreté ou d'exclusion) et les expulsions (un demi-million depuis le début de la crise). Les innombrables affaires de corruption politique sont perçues par la population comme le symptôme d'une crise institutionnelle profonde induite par la connivence entre les élites économiques et politiques. Le malaise social est devenu manifeste au printemps 2011 avec l'irruption du 15-M (le mouvement des Indignés) et le cycle de mobilisations qu'il a déclenché. Mais le grand changement s'est produit en 2014, lorsque ce mouvement est parvenu à mettre en cause les institutions politiques. Dans un premier temps, Podemos secoua la carte électorale en obtenant 8 % des voix lors des élections européennes. Quelques mois plus tard, de nombreuses localités espagnoles virent s'imposer, à l'occasion des élections municipales, des candidatures surgies d'initiatives populaires proches du 15-M. Concrètement, les trois plus grandes villes espagnoles — Madrid, Barcelone et Valence — sont dirigées par des personnalités issues de ces mouvements critiques prônant un réel changement, et notamment une dé-mercantilisation.

Cette dynamique antagoniste était surprenante et porteuse d'espoirs et, comme l'a relevé Owen Jones, elle a sans doute fait apparaître des modèles de mobilisation et d'intervention publique susceptibles d'être reproduits dans d'autres pays[7]. À la différence de ce qui s'est passé en d'autres endroits, la réaction à la crise n'a eu pour le moment, en Espagne, que peu de déclinaisons xénophobes ou autoritaires. Il n'est pas aisé d'expliquer cette immunisation, probablement redevable de nombreux facteurs très divers : le souvenir encore vif de la dictature, l'intense solidarité familiale qui a atténué la souffrance économique, l'intégration d'une partie de l'extrême droite dans le parti conservateur majoritaire… Mais l'apparition de mouvements qui ont su canaliser le malaise et l'indignation et les mettre au service d'un approfondissement revendiqué de la démocratie a, elle aussi, été cruciale : ces mouvements sont parvenus à transformer le discours de gauche traditionnel de sorte qu'il puisse s'adresser à une large fraction de la société. En fait, il n'est probablement pas exagéré d'affirmer que des positions qui, récemment encore, étaient cantonnées à la périphérie des mouvements sociaux espagnols se sont vues, quoique timidement, normalisées. Aujourd'hui, le féminisme, l'économie sociale ou la démocratie participative ont une bien plus grande visibilité publique qu'avant la crise[8].

En fait, la question consiste à savoir pourquoi le processus de changement politique n'a pas été plus rapide et plus profond. Comment est-il possible que sept millions d'Espagnols continuent de voter pour un gouvernement conservateur à l'origine des plus grandes fractures sociales depuis l'avènement de la démocratie, et qui est par ailleurs, dans son ensemble, touché par des affaires de corruption ? Une partie de la réponse réside sans doute dans l'efficace diabolisation des partisans du changement, tous les moyens de communication de masse ayant été mobilisés à cet effet. Mais il est certain aussi que la gauche éprouve de grandes difficultés à mettre en place un modèle politique alternatif capable de dépasser la seule logique idéologico-discursive et de proposer à une majorité de citoyens des solutions convaincantes à la dégradation de ses conditions de vie.

LA CRISE SOCIALE ET LES LIMITES DU « CLASSE-MOYENNISME »

Le 15-M, Podemos et les autres mouvements bien décidés à transformer la société espagnole se sont arrêtés aux portes des lieux de travail et ont été incapables de générer une solidarité de classe établie sur la base d'une précarisation partagée, qui aurait aidé à dépasser les micro-identités fondées sur le patrimoine immobilier et le capital social et culturel[9]. La mobilisation née de l'indignation devant la crise économique, l'inégalité et la corruption ne s'est pas traduite en propositions d'un modèle alternatif de société susceptibles de séduire un peu plus de monde que les seuls universitaires et activistes — les premiers s'intéressant à elles pour des raisons théoriques et les seconds pour des raisons idéologiques. Ces mouvements n'ont pas encore su proposer un modèle alternatif au nom duquel il vaudrait la peine de prendre des décisions politiques risquées. Comme dans d'autres pays, le refus en Espagne de l'« austéricide » a eu pour acteurs les classes moyennes, dont l'indignation n'a pas tant à voir avec une souffrance matérielle immédiate qu'avec un malaise « existentiel », c'est-à-dire avec la fin de ses espoirs de mobilité ascendante et la non-réalisation des promesses sociales héritées. Il s'agit là d'un moteur du changement politique limité, se caractérisant pour l'essentiel par une aversion de la perte.

Une vieille idée marxiste mériterait sans doute d'être récupérée. Marx pensait que les perdants du capitalisme étaient des agents privilégiés du changement politique. Eux seuls en effet sont en situation d'impulser quelques progrès moraux susceptibles de bénéficier à tous — des progrès qu'aucun autre groupe social ne saurait soutenir, tous étant empêtrés dans leurs intérêts particuliers à courte vue. Par exemple, nous sommes nombreux à penser qu'il serait raisonnable, dans une société hautement technicisée, de cesser de traiter l'emploi comme s'il s'agissait d'un bien rare pour lequel il faudrait entrer en compétition, et de chercher des alternatives politiques permettant de faire du problème du chômage une solution — concrètement, une source de temps libre et de revalorisation du travail reproductif[10]. Mais ceux d'entre nous qui s'accrochent encore à des emplois précaires sont peu disposés à assumer les coûts et les risques de la transition vers un système plus sensé, car cela pourrait entraîner pour eux, à court terme, d'importants préjudices. Nous sommes capables d'imaginer cette réorganisation sociale et d'en apprécier les avantages, mais il faudrait pour l'impulser que nous nous transformions en héros moraux prêts à nous immoler sur l'autel de la rationalité politique. En revanche, celui qui a vingt ans, dont toute la famille est depuis cinq ans au chômage, et qui vit dans une ville où le chômage des jeunes atteint les 70 %, celui-là considérera aisément la destruction du marché du travail tel que nous le connaissons comme un objectif accessible et raisonnable.

La morale de tout cela, c'est que les projets émancipateurs ont un besoin urgent de mettre un terme au confinement social des discours progressistes, qui ne s'adressent en vérité, à l'heure actuelle, qu'aux classes moyennes — et souvent sous les oripeaux d'un radicalisme théorique. Mais, au contraire de ce que proposait jadis la gauche ouvriériste traditionnelle, nous n'avons pas là un problème idéologique — l'aliénation du prolétariat ou encore la frivolité de la *gauche caviar*[11] — mais quelque chose qui a à voir avec les conditions sociales du changement politique. Les initiatives émancipatrices contemporaines se meuvent sur un terrain social dévasté. La vraie victoire du néocapitalisme a été de démonter la société civile, d'en faire une société fragile, individualiste et consumériste.

En 1987, Margaret Thatcher prononça, dans une interview, sa fameuse sentence : « La société n'existe pas » (« *There is no such thing as society* »). Nombreux furent ceux qui l'interprétèrent comme une manifestation d'individualisme méthodologique. En fait, il s'agissait d'un programme politique. Ce que des auteurs néocommunautaristes comme Richard Sennett ou Christopher Lasch comprirent bien mieux que les héritiers de Marx[12]. La défaite globale du syndicalisme intervenue dans les années 1980 a entraîné une diminution dramatique du pouvoir de négociation professionnel des travailleurs, mais elle est surtout venue couronner la destruction d'un vaste ensemble d'espaces de socialisation qui étaient directement imbriqués dans les processus assurant la subsistance matérielle des classes populaires. En revanche, les classes supérieures sont parvenues à se protéger de l'individualisation post-moderne et à préserver non pas tant leur capital social — par exemple à travers des institutions éducatives élitistes ou des réseaux d'affinité liés aux styles de vie — qu'un simulacre de projet culturel leur appartenant en propre et fondé sur la consommation sophistiquée. Aujourd'hui, les chances de succès des contre-mouvements émancipateurs impliquent la reconstruction de liens sociaux universalistes, une reconstruction donnant tout son poids à l'enjeu de la subsistance matérielle : non plus seulement à la question de l'emploi rémunéré, mais à celle du travail reproductif et du travail domestique.

L'IMPUISSANCE APPRISE AU NIVEAU GLOBAL ET LA POSSIBILITÉ DE L'EUROPE

Les contre-hégémonies en cours d'émergence sont également freinées par ce qu'on pourrait appeler une sorte d'impuissance apprise globale. Le capitalisme contemporain a impulsé des dynamiques dont il serait insuffisant de dire qu'elles sont dépourvues de mécanismes de coopération politique internationale : c'est qu'elles se fondent précisément sur l'absence de tels mécanismes. Dans les démocraties occidentales, les marchés globaux votent, et leur vote pèse davantage que celui des parlements. Le cas le plus récent est bien entendu celui de la Grèce. Lorsque, en 2015, les Grecs ont eu le mauvais goût de faire un choix électoral « erroné », l'Union européenne a mis en branle une authentique machine de guerre financière, politique et médiatique, véritablement sadique, afin de transformer cette décision en leçon de discipline politique à l'échelle du continent.

Un projet de démocratisation ne pourra convaincre une majorité sociale s'il n'est pas capable de surmonter cette impuissance apprise en proposant des outils réalistes de récupération de la souveraineté politique. L'élargissement du cadre géographique d'intervention politique au-delà des frontières de l'État-nation, c'est-à-dire la construction d'alliances transnationales capables de disputer le pouvoir à la ploutocratie globale, devrait à coup sûr être l'un de ces outils. La bonne nouvelle est qu'aujourd'hui, en Europe, une telle visée n'est pas que vœu pieux, contrairement à ce qui avait pu se passer jadis avec l'internationalisme classique. En effet, nous disposons désormais d'un embryon de culture institutionnelle continentale. Bien plus, la nécessité pour les mouvements contre-hégémoniques de disposer d'un espace d'intervention politique transnational pourrait bien représenter le dernier espoir pour le projet d'unité européenne qui, depuis le début de la crise, subit un processus dégénératif accéléré.

Une bonne partie des réflexes de défense de l'Union européenne consiste aujourd'hui en une sorte de nationalisme continental de faible intensité, prude, obsolète et chichiteux : en des apologies de l'héritage culturel européen et de notre propension ridicule — à la limite même de l'humour noir — à nous arroger le rôle de gendarmes moraux du monde. En fait, si l'Europe est importante, ce n'est pas parce qu'elle est l'Europe, mais, bien au contraire, parce qu'une union continentale pourrait constituer un pas en direction de la construction de formes de coopération globale post-capitaliste — en dépit de ce millefeuille que représentent les traditions politiques, sociales et culturelles européennes. Nous avons là, c'est certain, une idée allant à contre-courant de l'architecture institutionnelle européenne. Dès l'origine, l'Union européenne s'est comprise comme une réalisation réussie du principe de pacification mercantile, vieille théorie remontant aux Lumières et qui soutient que le commerce génère de la cordialité entre les peuples là où la politique et la culture poussent au conflit[13]. Marqués par les guerres de religion qui avaient transformé l'Europe en abattoir, Montesquieu et d'autres auteurs pensaient que le partage des intérêts économiques pouvait aider à dépasser les désaccords identitaires.

Presque quarante ans durant, la théorie sembla fonctionner. L'Union s'avérait une expérience réussie et une preuve en actes du pouvoir pacificateur du marché, capable d'anticiper et de préparer le terrain à un processus de convergence politique. En réalité, il s'agit là, fondamentalement, d'un mythe. La mercantilisation des relations internationales européennes avait alors pour contrepoids un fort consensus autour de la dé-mercantilisation partielle de la force de travail au niveau national. En d'autres termes, jusqu'à la fin des années 1970, l'unification commerciale européenne se développa en même temps que l'État-providence européen, et c'est cette simultanéité qui fut la clé du succès de l'Union. Ce processus put, en outre, compter sur le très puissant soutien des États-Unis, qui considérèrent à juste titre que les politiques keynésiennes représentaient une sorte de digue faisant obstacle à l'expansion soviétique. Après la fin de la guerre froide, au fil de la remise en question de l'État-providence par l'hégémonie néolibérale, l'Union européenne se révéla être une carcasse financière vide, et la décision d'instaurer une monnaie unique sans politiques fiscales et sociales communes rien d'autre qu'un suicide au ralenti.

La seule façon d'éviter l'implosion de l'Union européenne consiste à dissiper définitivement le malentendu historique qui permit de donner le primat au marché dans la construction d'un projet politique continental. Et seuls les contre-mouvements de démocratisation de la périphérie sud de l'Europe sont en situation d'impulser un tel projet. Face aux partis politiques traditionnels, ils aspirent à une prise du pouvoir populaire qui en finisse avec la dictature des marchés. À la différence des programmes identitaires ou néoprotectionnistes, tels que les incarne le Brexit, ils ont besoin d'un cadre de souveraineté élargi qui leur permette de défier avec succès les élites économiques globales, lesquelles ont échappé au contrôle des États-nations. Mais une démercantilisation à l'échelle européenne pourrait également mettre très fortement au défi l'ordre néolibéral global. C'est là une thèse qui a été soutenue, il y a deux décennies, par le politiste britannique Peter Gowan[14]. L'Union européenne dans son ensemble est la plus forte économie du monde et les pays qui la constituent peuvent se prévaloir de solides traditions politiques démocratiques. Pour cette raison, suggérait Gowan, l'Europe est en situation de prendre le leadership d'une mondialisation post-capitaliste, plus juste, plus démocratique et plus prospère.

AU-DELÀ DE LA RÉCESSION, AU-DELÀ DU CAPITALISME

La transformation du précariat en une « classe pour soi[15] » transformatrice disposant de nouveaux outils de socialisation, et la création d'une alliance populaire internationale peuvent sembler des projets titanesques, à la limite même de l'utopie. En réalité, elles sont la partie simple du programme émancipateur contemporain. Il sera bien plus difficile encore de rompre avec la logique consensuelle qui tend à dominer au sein des mouvements critiques rencontrant le plus de succès.

Le fait que les mouvements sociaux aient fait leur l'idée de démocratie en tant qu'idéal politique — un idéal stimulant et riche en défis — constitue, c'est certain, l'une des grandes avancées politiques de ces dernières décennies. L'idée fort traditionnelle selon laquelle la politique contestataire serait une activité héroïque à la seule portée de quelques athlètes de l'activisme rompus aux raffinements de la théorie, cette idée-là a été dépassée, et c'est une excellente nouvelle. Les mouvements populaires les plus exigeants sont ceux qui ont compris à quel point le fait de vouloir mener aujourd'hui une vie normale nécessitait une certaine radicalité. Tenter de mener une vie plus ou moins conventionnelle, former une famille, avoir l'opportunité de vivre dans le quartier qui nous a vu naître, faire des études correspondant à notre vocation, avoir confiance dans les institutions publiques et se voir donner la possibilité d'y participer… Tout cela oblige désormais à changer du tout au tout le monde que nous connaissons.

Mais il est également vrai, comme l'a montré Anselm Jappe, que la rhétorique du 99 % face au 1 % est profondément fallacieuse et qu'elle a laissé accroire que le changement politique pouvait être paisible et non conflictuel — comme si en augmentant les impôts des plus riches et en améliorant les services publics, nous initierions une transformation sociale à travers un alter-capitalisme plus solidaire et vert, sorte de restauration keynésienne du XXe siècle… Certains considèrent même le post-capitalisme comme une espèce de capitalisme sans capitalistes, comme si notre société avait un potentiel considérable de solidarité et comme s'il suffisait de réaliser quelques modestes ajustements propres à promouvoir la scalabilité des pratiques coopératives actuelles, en particulier dans le domaine de la technologie digitale… Cela n'a jamais été le cas, et bien moins encore aujourd'hui, en ces temps de perspectives environnementales apocalyptiques. Bien plus que les échecs du capitalisme, ce sont ses succès qu'il faut craindre.

Richard Tawney a dit un jour que le vrai langage de la transformation politique n'est pas celui des droits, mais celui des devoirs. « La démocratie est un système politique peu solide lorsqu'elle se contente d'être un système politique et rien d'autre. Elle devrait être non seulement une forme de gouvernement, mais un type de société et une forme de vie en harmonie avec ce modèle social », a-t-il aussi écrit ailleurs[16]. Je crois qu'il y a dans cette idée une vérité profonde, proche également de la pensée de Simone Weil et d'autres socialistes chrétiens de l'entre-deux-guerres. Elle nous offrira peut-être une sorte de sens de l'orientation nous aidant à éviter les chemins également sans issue de l'épopée révolutionnaire et de la paralysie consensuelle.

Une bonne partie de la gauche qui se présente comme « responsable », qui se montre rétive aux paris politiques risqués et aux changements brusques, est aujourd'hui dominée par un sentiment de nostalgie pour le passé récent, le bon vieux temps — ce bon vieux temps du nouveau travaillisme et de la globalisation à visage humain. Pareil état d'esprit me semble être le meilleur moyen d'accélérer la crise économique, sociale et politique. La Grande Récession n'est pas tant une rupture du mode d'organisation adopté par l'Occident ces quarante dernières années que le résultat des différentes tentatives réactives visant à reformuler cet ordre hérité, dans l'objectif de maintenir les privilèges des classes dominantes. Si nous voulons éviter la catastrophe, nous devons absolument passer de la radicalisation de la normalité à la normalisation de la rupture, et cela suppose d'assumer le conflit ouvert, non seulement contre une poignée de gagnants du casino économique global, mais aussi contre tous les aspects de notre vie qui participent de la barbarie capitaliste.

CÉSAR RENDUELES

Chapitre XIV

CHER PRÉSIDENT JUNCKER

Cher président Juncker,

L'Union européenne pourrait très bientôt disparaître. Les référendums de sortie, la montée en puissance des populismes, la transformation de l'alliance transatlantique, les nouvelles ambitions impériales de cette voisine proche qu'est la Russie, l'échec du Printemps arabe, la crise des réfugiés, le terrorisme, la perte de confiance générale en l'establishment politique… Toutes ces évolutions sociales et politiques des dernières années ont provoqué un affaiblissement rapide de structures politiques et publiques qui, jusqu'alors, semblaient solides et destinées à prospérer.

Tout au long des cinquante dernières années, l'Union européenne n'a cessé d'augmenter en taille et en puissance — une trajectoire sans précédent dans l'Histoire. Ce qui avait débuté après la guerre comme un projet conçu par les élites de deux pays — la France et l'Allemagne, autour d'une communauté du charbon et de l'acier destinée à normaliser leurs relations — est devenu une instance politique d'une puissance gigantesque, dont la population est estimée à plus de cinq cents millions d'habitants. Un projet extraordinaire, véritablement.

Au mois de novembre 2014, vous êtes devenu le douzième président de la Commission européenne, qui est, avec le Conseil européen, l'organe exécutif européen le plus important. Vous pourriez bien, aussi, en devenir le dernier.

Il y a quelques années, un ami, l'artiste Thomas Bellinck, qui vit et travaille à Bruxelles, avait conçu un « musée temporaire du rêve européen ». Ce musée, il l'avait intitulé, en espéranto, « Domo de Eŭropa Historio en Ekzilo », la maison de l'histoire européenne en exil. L'aviez-vous visitée, cette maison ? Elle avait été présentée comme « la première exposition internationale consacrée à la vie dans l'ancienne Union européenne ». Ramenant ses visiteurs « plus d'un demi-siècle en arrière, au début du XXIe siècle », elle leur présentait les restes d'un projet politique, plusieurs décennies après qu'il se fut effondré. Le musée lui-même paraissait pour le moins en piètre état, miteux — évoquant le genre de petite institution que tiennent à bout de bras quelques bénévoles et que visitent quelques amateurs les samedis après-midi : une enfilade de pièces sombres remplies de coupures de presse jaunies des années 2010 et de vitrines poussiéreuses accueillant des mouches mortes. Le premier objet que le visiteur pouvait admirer était une copie défraîchie du prix Nobel de la paix décerné longtemps auparavant à l'Union européenne, en cette année 2012, oubliée de longue date. Le musée, qui, en réalité, était une toute petite installation artistique, ouvrit ses portes à Bruxelles, Vienne, Athènes, Rotterdam, Wiesbaden...

Tout cela, monsieur Juncker, semblait une amusante hyperbole, mais l'artiste, lui, était très sérieux : ce projet européen entier, tout à fait remarquable, pourrait bien, un jour, laissait-il entendre, relever du passé. L'art peut parfois être visionnaire, mais je me demande si Thomas Bellinck aurait pu prévoir la rapidité avec laquelle s'est déclenchée la grande régression dont nous sommes les témoins. Avec le recul, il se pourrait bien que l'année 2016 soit envisagée dans quelque temps comme ce moment historique où le point de bascule a été atteint.

Depuis le Brexit et la victoire de Trump, nous avons vu surgir des milliers d'analyses et commentaires en temps réel. Nous avons tout lu sur ce qui faisait problème dans les rangs des politiciens, au sein des partis et même au sein des populations — mais, de façon assez surprenante, peu de lignes ont été consacrées à ce qui faisait problème dans les procédures. Se demander si les élections, dans leur forme actuelle, constituent vraiment encore le bon moyen de traduire la volonté populaire collective en gouvernements et en politiques est encore considéré comme une hérésie.

Dans la mesure où la grande régression a de nombreuses origines différentes, elle nécessitera forcément de nombreux remèdes différents. Mais je vais, dans cette lettre, focaliser mon attention sur une dimension à mes yeux extrêmement importante : la manière dont nous pratiquons la démocratie. Je m'intéresse aux procédures pratiques et aux interfaces auxquelles nous recourons pour la mettre en œuvre au quotidien. Tout cela a à coup sûr à voir avec mon itinéraire personnel. Je suis archéologue de formation : je suis persuadé que les conditions pratiques du monde matériel ne sont pas seulement d'importance secondaire, mais constituent le monde. Les instruments façonnent les résultats. Comme put le dire Churchill à l'occasion du débat portant sur les modalités de reconstruction du Parlement du Royaume-Uni, qui avait été détruit par les bombardements allemands : « Nous façonnons nos bâtiments, et ensuite c'est eux qui nous façonnent. »

Afin de permettre à la population d'avoir son mot à dire, nous disposons de ces instruments typiques que sont les élections et les référendums. Mais ces instruments sont-ils les meilleurs disponibles ? Les citoyens qui sont invités à prendre des décisions lourdes de conséquences pour l'avenir de leur société sont-ils vraiment à même de le faire dans la pénombre d'un isoloir, derrière un rideau tiré, sans la moindre obligation de s'informer préalablement des enjeux en question ni la moindre opportunité formelle d'en débattre avec autrui ? Ce vieux rituel du vote est-il véritablement, en ce début de XXIe siècle, notre meilleure innovation en termes de prise de décision collective ? Avons-nous avec lui le moyen le plus adéquat pour permettre aux gens de donner expression à leurs aspirations et à leurs préférences politiques ?

J'en doute fort. Et j'avancerai même que nous

avons un besoin impérieux de mettre à jour nos manières de pratiquer la démocratie, en en appelant à une réforme des procédures susceptible d'impliquer à nouveau les populations dans les processus démocratiques, et ce, dans le but de guérir certains des symptômes et pathologies évoqués plus haut.

Lors d'une élection, vous vous exprimez par les urnes, mais vous vous privez aussi de la possibilité de vous exprimer ensuite, plusieurs années durant. Ce système de délégation à un représentant élu avait pu être nécessaire dans le passé — à une époque où la communication était lente et l'information limitée —, mais il est désormais en déphasage complet avec la manière qu'ont les citoyens d'interagir au quotidien entre eux.

Avons-nous réellement besoin de conserver une procédure qui remonte à la fin du XVIIIe siècle, et particulièrement quand elle est si souvent pervertie, transformée en un carnaval de promesses, d'allégeances et autres effets de manches ? Glisser dans une boîte le nom de quelqu'un est-il réellement la meilleure manière d'innover à une époque se caractérisant par l'information, la communication, et où, par ailleurs, l'éducation fait de considérables progrès ? Les élections sont le combustible fossile de la politique : une fois qu'elles ont impulsé son élan à la démocratie, elles génèrent nombre de périls inédits.

Les référendums ne sont guère meilleurs. Lors d'un référendum, il est directement demandé aux populations leur avis sur un sujet bien précis alors même qu'elles n'ont pas été incitées auparavant à y réfléchir — tout en ayant été, à coup sûr, littéralement bombardées d'informations plus ou moins fausses destinées à les manipuler tout au long des mois précédant le vote.

Depuis maintenant plusieurs décennies, les référendums sont devenus un moyen courant et utile de combler le fossé entre citoyens et politiques. Il est régulièrement avancé que le référendum permet au citoyen de récupérer en partie le pouvoir qu'il délègue normalement dans une démocratie représentative traditionnelle. C'est que les citoyens, entre deux échéances électorales, peuvent avoir leur mot à dire sur un sujet bien précis. Pourtant, plutôt que de combler le fossé entre gouvernants et gouvernés, la plupart des référendums récents en ont créé de nouveaux, et bien plus profonds encore. Le Brexit, le référendum néerlandais sur le traité d'association Union européenne-Ukraine, le référendum italien sur la réforme parlementaire, le référendum colombien sur l'accord de paix passé avec les FARC nous ont tous enseigné une chose : lorsque la consultation publique se résume à répondre dans l'isoloir à une question Oui / Non, les référendums ne sont pas des gages de cohésion pour les pays qui les organisent, mais, bien au contraire, de division.

Je ne parviens pas à comprendre comment des enjeux politiques complexes tels que l'appartenance à l'Union européenne ou une réforme parlementaire pourraient se voir apporter des réponses satisfaisantes à travers un instrument aussi émoussé et inadapté pour cela qu'un référendum. Et je ne parviens pas plus à comprendre comment des « opérations » constitutionnelles aussi délicates que de la chirurgie cardiaque pourraient être menées à bien au moyen d'un instrument rouillé confié à des citoyens aux compétences douteuses.

Bien que la possibilité d'une participation substantielle représente certainement une amélioration par rapport aux élections, les référendums créent de nouvelles difficultés. Premièrement, il n'y a pas moyen de savoir si les citoyens sont correctement informés ou non. Il n'existe aucune garantie que ceux qui votent soient informés comme il conviendrait, y compris lorsque la campagne se déroule de façon honnête, équilibrée, et s'avère à l'abri de tout mensonge (une chose rare de nos jours), ou même lorsque le gouvernement (comme c'est le cas en Suisse) s'attache à délivrer une information factuelle, objective, sur les questions sur lesquelles il s'agit de trancher.

Deuxièmement, il n'y a pas moyen de savoir pourquoi les gens votent pour telle ou telle option. Dans un référendum, vous obtenez souvent une réponse à une question qui n'a pas été réellement posée. Il est fréquent qu'une proposition politique bien précise soit l'enjeu du référendum, mais qu'une proportion conséquente de l'électorat se saisisse de cette opportunité pour juger des résultats d'ensemble du gouvernement. C'est ainsi que les référendums servent parfois à sanctionner entre deux échéances électorales la majorité au pouvoir ou servent même d'élections anticipées. Tout cela devient même extrêmement étrange lorsque des chefs de gouvernement comme David Cameron ou Matteo Renzi conditionnent explicitement leur propre avenir politique à l'issue d'un référendum. Outre le fait qu'ils surestiment grossièrement leur propre popularité, ces leaders politiques ajoutent encore à la confusion. Dans de tels cas, vous obtenez une réponse à une question qui a été explicitement soulevée, mais qui n'était pas même évoquée sur le bulletin de vote...

Les élections comme les référendums sont donc des instruments plutôt imparfaits lorsqu'il s'agit de permettre aux populations de donner expression à leurs convictions politiques. Le Brexit comme la victoire de Trump témoignent douloureusement de la voie périlleuse qu'ont empruntée toutes les démocraties occidentales, et qui consiste à réduire la démocratie au vote.

Si nous refusons de mettre à jour notre technologie démocratique, le système entier pourrait bientôt s'avérer irréparable. Il est permis d'affirmer que 2016 a été la pire année pour la démocratie depuis 1933. L'arrivée à la Maison-Blanche de Donald Trump n'est pas une bizarrerie, mais le résultat très logique d'un système démocratique qui combine des procédures de vote remontant au XVIIIe siècle avec une idée du suffrage universel datant, elle, du XIXe, des médias de masse inventés, eux, au XXe siècle, et une culture des médias sociaux datant, quant à elle, du XXIe.

Au lendemain des révolutions américaine et française, les élections n'avaient pas été introduites afin de rendre la démocratie possible, mais dans le but de conférer le pouvoir à une « aristocratie naturelle », pour citer Thomas Jefferson, l'un des pères fondateurs des États-Unis. Le pouvoir ne pouvait plus demeurer entre les mains de ceux qui possédaient des titres de noblesse, des châteaux et terrains de chasse, mais devait être confié à des personnalités se distinguant par leur compétence intellectuelle et leur parfaite droiture morale. Les mots « élite » et « élections » sont reliés sur le plan étymologique : les élections sont la procédure au moyen de laquelle est créée une nouvelle élite.

Le grand apport du philosophe français Bernard Manin aura été de mettre en lumière les soubassements aristocratiques du gouvernement représentatif moderne[1]. Aux XIXe et XXe siècles, la procédure essentiellement aristocratique du vote fut démocratisée à travers l'extension du droit de vote à un nombre sans cesse croissant de citoyens : fermiers, ouvriers, femmes, générations plus jeunes, naturalisés de fraîche date… Pourtant, cette évolution fut un processus de démocratisation bien plus quantitative que qualitative : certes, de plus en plus de gens pouvaient voter, mais la grande majorité des citoyens ne pouvait pas encore avoir son mot à dire. Cocher une case à intervalles réguliers, tel était le moyen que l'on avait trouvé pour permettre aux masses de s'exprimer au sujet de ses gouvernants.

Au XXe siècle, les médias de masse — journaux, radios et télévisions — furent les canaux de communication clés entre citoyens et hommes politiques. Tout au long du dernier quart de ce XXe siècle, ils furent l'objet d'un spectaculaire processus de mercantilisation, à l'origine d'une transformation profonde de la structure et de la nature de la sphère publique. Entre le sommet de la pyramide (les gouvernants) et sa base (la population), la zone intermédiaire était bien moins organisée par la société civile que par les mécanismes du marché médiatique.

L'apparition d'Internet aux débuts du XXIe siècle provoqua un nouveau changement fondamental. Les médias sociaux transformèrent des consommateurs passifs d'informations en producteurs et distributeurs actifs d'informations. Alors que la démocratisation de l'information était autrefois acclamée, présentée comme une étape fondamentale pour l'amélioration de la qualité de la vie publique, il devient désormais évident que la phase actuelle, celle du règne d'Internet, est bien moins égalitaire, bien moins ouverte et démocratique que ce que l'on avait pu croire à l'origine. L'information nous parvient à travers les algorithmes secrets de deux grandes sociétés américaines. Facebook sait ce que nous aimons et nous en donne plus : nous nous assoupissons doucement, bien au chaud dans nos petites bulles si confortables et protégées de l'extérieur, au sein desquelles nous pouvons bavarder gentiment avec nos « amis », tous ces gens que nous « likons ». Lorsque les autres, ceux des autres camps, osent nous adresser la parole, montrant de l'agacement ou de la colère à l'endroit de ce que nous considérons comme sacré, alors nous les appelons des « trolls ». Nous sommes très éloignés de l'idéal de Jürgen Habermas, cet idéal de la discussion exempte de toute coercition [*herrschaftsfreie Diskurs*], cette discussion de haute tenue entre citoyens ayant des conceptions différentes et en débattant avec attention et respect[2].

Si Facebook édifie entre nous des murs invisibles, Google fournit abondamment aux camps se situant de chaque côté de ce mur du contenu non vérifié. Cette société se considère comme une plate-forme divulguant tout ce qui est disponible sur le Net et ne se considère pas comme un arbitre se souciant de la véracité de l'information. Aux yeux de ses dirigeants, les opinions négationnistes sur l'Holocauste sont tout aussi valides que le deuxième principe de la thermodynamique. Conséquence de cela, les informations fausses, les « fake news » (ce que l'on appelait autrefois les *mensonges*), sont devenues un trait caractéristique de la vie des démocraties modernes. Elles sont très délibérément générées et propagées par des réseaux politiques dans le but d'influer sur l'opinion publique et d'instiller en elle une profonde méfiance à l'endroit des médias traditionnels — ces médias que l'extrême droite allemande, de Pegida à l'AfD, ne cesse pas de dénigrer, les désignant comme la *Lügenpresse*, la presse à mensonges.

Un mur, deux mondes. Lorsque l'autre camp tente de nous adresser la parole, ses membres ne peuvent être que des trolls. Lorsque nous tentons, nous, de leur adresser la parole, nous ne pouvons que venir de la presse à mensonges. Et, avec des mentalités pareilles, voilà que nous nous habillons et sortons pour nous rendre au bureau de vote…

Êtes-vous surpris, monsieur Juncker, que l'Union européenne se désagrège ?

Nous avons le besoin le plus urgent de créer des espaces où les citoyens puissent venir se rencontrer, en ligne et hors ligne, en dépit de leurs différences, afin d'avoir accès à une information digne de foi et, ainsi, de délibérer de manière informée de l'avenir de nos sociétés et des directions qu'elles devraient emprunter. Or, pour le dire franchement, nous ne disposons plus d'espaces de ce genre. La sphère publique s'est considérablement dégradée, et nos démocraties en souffrent. Nous avons recours à de vieilles procédures alors même que nous nous retrouvons dans des configurations entièrement inédites. Tout se passe ici comme si nous nous déplacions dans des voitures à cheval datant du XVIIIe siècle au milieu du vacarme et des coups de klaxon d'une autoroute saturée du XXIe.

En refusant de changer nos procédures, nous avons fait du désarroi et de l'instabilité politiques des traits caractéristiques de la démocratie occidentale. Le Brexit, le petit jeu électoral, fort mal calculé, de Cameron, pourrait bien entraîner une réaction en chaîne dans des pays comme la France, les Pays-Bas, ou d'autres encore, qui pourraient décider d'organiser des référendums portant sur leur adhésion à l'Union européenne. Il va sans dire que la défection de deux membres fondateurs de l'Union européenne constituerait un coup fatal pour le rêve européen — qui représente, faut-il le rappeler, le plus grand effort historique jamais réalisé pour parvenir à une paix large et durable.

D'innombrables sociétés occidentales sont aujourd'hui affligées de ce que nous pourrions appeler un « syndrome de fatigue démocratique ». Les symptômes d'un tel syndrome sont nombreux : fièvre référendaire, difficultés sans cesse plus grandes des partis politiques à attirer des adhérents, participation faible aux élections, impuissance des gouvernements, paralysie politique — le tout sous le regard impitoyable des médias, dans un climat général de méfiance et d'agitation populiste. Le World Values Survey, ce projet international d'enquêtes sur les valeurs et les croyances autour du monde, nous donne un portrait très lugubre de nos sociétés : moins de la moitié des jeunes Européens considèrent comme essentiel de vivre dans une démocratie[3]. Mais la démocratie n'est pas le problème. Le problème est le vote, et les modalités de ce vote.

Tel est l'état du continent européen, monsieur le président. Nous sommes en train de nous écrouler. Dans votre discours sur l'état de l'Union européenne du mois de septembre 2016, vous admettiez que l'Europe traversait « au moins en partie une crise existentielle[4] ». Mais pourquoi alors la réaction officielle a-t-elle été si bancale ? Pourquoi ne voyons-nous pas s'organiser un effort concerté, inspiré, visant à contrecarrer cette crise majeure ? Pourquoi n'apparaît pas non plus la moindre nouvelle vision européenne audacieuse ?

Il me semble que l'Union européenne a toujours eu plus de facilité à élaborer des procédures lentes qu'à apporter des réponses rapides aux problèmes qui lui étaient posés. Nous n'avons pas avec elle un pays, mais un réseau complexe de nations où le consensus diplomatique prévaut sur le leadership charismatique. Mais nous avons voté pour vous. N'était-ce pas là l'idée qui sous-tendait l'élection de 2014, ses candidatures à la présidence de la Commission européenne et ses débats diffusés sur la chaîne Euronews ? Pour donner un visage à l'Europe ? S'assurer que le camp victorieux au Parlement allait bien présider le Conseil ? Vous avez gagné. Maintenant il vous faut diriger.

Pourtant, jusqu'ici, l'Union européenne s'est contentée de donner au Brexit la pire réponse qui soit : haussant les épaules, elle est retournée à ses habituels procédés techniques. « Eh bien, dans la mesure où la campagne du *Leave* s'appuyait sur quantité de mensonges, l'Union n'a pas à se remettre en cause plus que cela. Il n'y aura pas, c'est certain, de réaction en chaîne. »

Jusqu'ici, vous avez aussi donné à la victoire de Trump la pire réponse possible, en blâmant le vainqueur pour son ignorance : « Je crois que nous perdrons deux ans, le temps que M. Trump fasse le tour de ce monde qu'il ne connaît pas. » Même si cela pourrait bien être avéré, dénigrer sans détour Trump, Farage, Johnson et leurs semblables, en les présentant comme des andouilles et des menteurs, tout en refusant de prendre en considération la colère et la peur de tant de leurs électeurs — cette colère et cette peur qui expliquent leur succès —, équivaut purement et simplement à jeter de l'huile sur le feu. Oui, en effet, une partie de cette colère pourrait bien être imaginaire et gonflée par la rhétorique populiste, mais une partie de cette colère est bien réelle et mérite la plus extrême attention.

Si la démocratie s'est transformée en une bataille opposant des trolls et des menteurs, l'Union européenne, elle, s'est de plus en plus transformée en une bataille entre citoyens et conglomérats. Ce qui avait été autrefois un projet pacifiste, destiné à réunir des industries nationales afin d'éviter à l'avenir tout nouveau conflit armé, est désormais une source de tension grandissante entre de grandes entreprises privées et des citoyens en colère.

Il existe aujourd'hui, à nouveau, deux Europes, et même deux Allemagnes. Et il ne s'agit pas cette fois d'un clivage Est-Ouest ni d'une rivalité entre capitalisme et communisme. Nous avons affaire à une division entre ceux qui se sentent représentés politiquement et ceux qui n'ont pas ce sentiment tant qu'un leader populiste ne viendra pas répondre à ce manque. Et c'est alors que les vieux ressentiments, nourris de longue date, trouveront en sa personne leur exutoire.

Martin Schulz, qui a présidé le Parlement européen jusqu'en janvier 2017, et qui avait candidaté à la présidence de la Commission européenne, a même récemment osé en appeler à une « insurrection des gens honnêtes » [*Aufstand der Anständigen*[5]], stigmatisant et diabolisant ainsi de vastes pans de l'autre Europe, les envisageant ni plus ni moins comme des gens « malhonnêtes » — un procédé incroyablement stupide, qui fut aussi celui d'Hillary Clinton lorsqu'elle traita l'électorat de Trump de « panier de gens déplorables ». Une bien étrange façon de faire. Il m'avait pourtant toujours semblé jusqu'alors que la social-démocratie se devait de se soucier des plus fragiles…

Aux yeux de Guy Verhofstadt, votre rival libéral lors de la campagne pour la présidence de la Commission, la réponse à la victoire de Trump ne doit pas résider dans un plus de démocratie européenne, mais dans un plus de défense européenne. Comme si le péril le plus grand aujourd'hui ne venait pas de l'intérieur ! La menace la plus grande qui pèse aujourd'hui sur l'Union européenne n'est pas la Russie, mais l'Union européenne elle-même. Pourtant, Herman Van Rompuy, l'ancien président du Conseil européen, a pu dire récemment ceci : « Je ne peux m'empêcher de rire quand les gens se mettent à parler de déficit démocratique. Je reconnais volontiers que l'Union européenne peut et doit mieux fonctionner, mais elle ne souffre en rien d'un mauvais fonctionnement démocratique. »

Mais d'où provient ce complexe de supériorité, monsieur Juncker ? Comment l'expliquer ? Est-il affaire de génération ? A-t-il à voir avec votre génération de dirigeants politiques ? Se pourrait-il que vous n'en ayez pas même conscience ? En effet, quelles que soient vos différences idéologiques, vous semblez tous vous accorder pour dire que les populations n'ont pas encore compris à quel point l'Europe était une bonne chose pour elles. « La paix et la prospérité, répétez-vous tous la bouche en cœur, pour les soixante-dix années passées. » Mais ce refrain-là vaut-il encore quelque chose pour tous ceux qui se voient confrontés à la violence de la globalisation et aux injustices du système économique mondial que l'Europe a hâtées ? Pouvez-vous réellement vous faire une idée de la violence de notre époque ? Les agriculteurs et les ouvriers d'usine perdent leur travail en raison de la globalisation, et bientôt les salariés de la classe moyenne perdront le leur en raison de l'automatisation. L'avenir semble incertain pour de plus en plus d'Européens, et les boucs émissaires sont faciles à trouver. Il est plus facile de montrer du doigt les musulmans que les robots.

Savez-vous pourquoi une certaine phase du projet européen est maintenant derrière nous ? Parce que, dans le passé, l'Union européenne a toujours été fondée sur le consensus — un consensus qui était obtenu entre élites gouvernantes, qui l'imposaient ensuite aux masses des électeurs. Mais la démocratie n'est pas tant une affaire de consensus qu'une affaire de conflit. Et elle ne consiste pas même à régler les conflits : elle consiste à apprendre comment vivre avec eux. La démocratie essaie de traiter les conflits avant qu'ils ne dégénèrent, qu'ils ne débouchent sur la violence. La démocratie est donc, fondamentalement, par essence, célébration du conflit — mais c'est là une chose que nous n'avons quasiment jamais vue au niveau de l'Union européenne. Les textes de loi européens ont toujours plus ressemblé à des « gentlemen's agreements » qu'à des compromis obtenus à la force du poignet par les populations.

La principale raison de la désagrégation actuelle de l'Union européenne doit être trouvée dans ce fossé entre Bruxelles et les citoyens. Il est temps que ceux-ci aient leur mot à dire sur l'Europe — non pas simplement à travers la représentation, mais à travers la participation. Cocher une case tous les cinq ans n'est pas suffisant. Où réside, dans tout cela, la voix raisonnée du peuple ? Où donc les citoyens européens pourraient-ils dans des conditions pareilles obtenir la meilleure information possible, en débattre les uns les autres et décider collectivement de leur avenir ? Où pourraient-ils bien se voir donner une chance de façonner le destin de leurs communautés respectives ? Pas dans l'isoloir, c'est certain.

Nous devrions en revenir au principe central de la démocratie athénienne : désigner les représentants par tirage au sort. Dans l'ancienne Athènes, la grande majorité des fonctions publiques étaient attribuées par tirage au sort. Des États de la Renaissance comme Venise et Florence travaillaient sur la même base et connurent des siècles durant une authentique stabilité politique. Avec le tirage au sort, il devient inutile de demander à tout un chacun de voter au sujet d'une question bien précise que peu de gens comprennent réellement : vous désignez au hasard un petit nombre de personnes en vous assurant qu'elles maîtrisent suffisamment les enjeux auxquels elles devront se confronter, et qu'elles sont en mesure de prendre des décisions judicieuses. Un échantillon de la société suffisamment informé peut agir de façon plus cohérente qu'une société entière mal informée.

Allez, monsieur Juncker, prenez les Européens au sérieux. Laissez-les s'exprimer. Pourquoi éduquer les masses si, ensuite, elles ne sont pas autorisées à prendre la parole ? Regardez vers l'Irlande, la démocratie européenne la plus innovante. À la fin de l'année 2016, cent personnes ont été tirées au sort — un échantillon aléatoire destiné à constituer une Assemblée de citoyens. Voilà un pays qui croit en ses citoyens, qui leur fait confiance, au lieu d'en avoir peur. Tout au long de l'année 2017, ils débattront de cinq grands sujets, dont l'avortement, les référendums et le changement climatique. Ils pourront inviter tous les experts qu'ils souhaiteront entendre. Cette assemblée est la deuxième de ce type : de 2012 à 2014, une procédure similaire avait été mise en place afin de permettre à des citoyens irlandais de faire des recommandations politiques portant sur un certain nombre de grands enjeux, parmi lesquels le mariage entre personnes de même sexe. Leur proposition d'une réforme constitutionnelle fut plus tard votée lors d'un référendum national. Pour la première fois dans l'histoire moderne, une Constitution fut amendée après une délibération impliquant un échantillon aléatoire de citoyens. Il existe désormais, en ce XXIe siècle, diverses manières de pratiquer la démocratie. Et si vous en appeliez, pour ce qui est de l'Union européenne, à une semblable Assemblée de citoyens ? Chaque État membre de l'Union pourrait, par exemple, quatre jours durant, réunir cent citoyens tirés au sort afin de répondre à une seule grande question : *comment, avant 2020, rendre plus démocratique l'Union européenne ?* Du Portugal à l'Estonie, les citoyens tirés au sort dans chaque pays disposeraient des mêmes délais et matériels pour faire leurs propositions. Chaque pays formulerait dix recommandations. Trois mois plus tard, vingt délégués de chaque convention nationale, de nouveau tirés au sort, rejoindraient Bruxelles pour finaliser en commun une liste de vingt-cinq priorités à mettre en œuvre à l'avenir.

Il serait même possible de soumettre cette liste à un scrutin public prenant la forme d'un référendum. Mais un tel référendum ne devrait en rien consister à répondre à la traditionnelle alternative Oui / Non : il lui faudrait revêtir la forme d'un *référendum à choix multiples*. Le bulletin à glisser dans l'urne devrait lister les vingt-cinq propositions et donner aux votants la possibilité de mettre en avant les trois thématiques qu'ils jugent les plus importantes. Dans le même temps, ils se verraient demander de juger chacune des propositions, prise en tant que telle, en lui donnant une note, sur une échelle de 1 à 5.

Des référendums à choix multiples combinent le meilleur des élections avec le meilleur des référendums traditionnels : à l'instar d'un référendum Oui / Non, il y est question de sujets importants (et non pas simplement de noms de candidats) ; et comme lors des élections, les votants s'y voient donner la possibilité de choisir parmi une série entière d'options celles qui ont leur préférence (et non pas simplement l'une d'elles).

Les décideurs de l'Union européenne, tous ceux qui y élaborent ses politiques publiques, obtiendraient d'une telle procédure non seulement des résultats précis, mais aussi des sources d'inspiration : la liste des vingt-cinq priorités dressée par le panel de citoyens tout autant que le résultat du référendum à choix multiples.

Combiner des panels de citoyens tirés au sort avec des référendums à choix multiples ouverts à tous est une bonne manière d'améliorer la démocratie : une telle procédure permet d'inclure les citoyens au processus de prise de décision politique, de faire prévaloir une opinion informée sur le « feeling » et de contribuer non pas à la division des sociétés, mais à leur cohésion.

Tout cela constituerait un changement réel. En permettant aux citoyens d'avoir leur mot à dire, vous créeriez un agenda, un calendrier pour une action politique future générée par la base — de bas en haut. Vous permettriez aux citoyens de jouer un rôle actif dans le façonnement de l'Europe — qui serait dès lors *leur* Europe. Vous montreriez qu'il existe une autre voie possible, une voie innovante évitant les écueils dans lesquels tombent à la fois ceux qui en appellent à « plus d'Europe » et ceux qui veulent que « leur pays sorte de tout cela ». Vous créeriez une dynamique nouvelle entre les États membres de l'Union et Bruxelles. Et, chose plus importante encore, vous permettriez à deux Europes qui ne s'adressent plus la parole — si ce n'est dans le cadre de la diatribe digitale — de renouer avec un véritable dialogue.

Dans votre discours sur l'état de l'Union, président Juncker, vous affirmiez à juste titre que « les douze prochains mois ser[aient] cruciaux pour le destin de l'Europe ». Vous en avez même appelé à cette occasion à « une Europe qui émancipe ». De façon assez triste, vous ne pensiez en disant cela qu'à deux choses : à la 5G, l'Internet mobile, et aux volontaires humanitaires de l'Union européenne. Avec la 5G, nous retournerons encore plus vite au sein de notre petite bulle numérique — cette douillette petite bulle si bien protégée de l'extérieur, où règnent les « fake news ». Quant au corps de volontaires humanitaires, il faut bien reconnaître qu'il y a peu de chances pour que s'y côtoient un néonazi allemand, un réfugié de Syrie et un hipster vivant dans quelque grande ville. Comment osez-vous proposer des solutions aussi indigentes au moment où l'Union européenne entre en agonie ? Le défi qui est le nôtre aujourd'hui est d'une magnitude entièrement différente : il consiste à réinstaurer la confiance en un projet unique en impliquant les citoyens dans le débat portant sur l'avenir de leurs communautés. La démocratie n'est pas seulement le gouvernement du peuple, pour le peuple, mais est aussi le gouvernement par le peuple. Nous avons moins d'une année.[6]

DAVID VAN REYBROUCK

Chapitre XV

LA TENTATION POPULISTE

Deux grandes généralisations trompeuses sont à l'œuvre dans les tableaux qui sont faits de nos sociétés. La première voudrait que nous vivions à une époque d'antisémitisme universalisé, où les minorités, notamment arabo-musulmanes, se verraient traitées comme les juifs jadis : avec la défaite militaire du fascisme, le rôle auparavant joué par le juif (par la figure antisémite du juif) le serait désormais par n'importe quel groupe étranger considéré par les gens du cru comme une menace pour leur identité : les Latinos, les Africains et surtout les musulmans qui, dans nos sociétés occidentales, seraient donc aujourd'hui de plus en plus traités comme les nouveaux « juifs ». La seconde grande généralisation aujourd'hui à l'œuvre consiste à affirmer que la chute du mur de Berlin a entraîné une prolifération de nouveaux murs édifiés dans le but de nous séparer d'un très dangereux Autre (le mur séparant Israël de la Cisjordanie, le mur sur le point d'être édifié entre les États-Unis et le Mexique, etc.). Ce n'est pas faux, mais il y a une différence décisive entre l'ancien mur de Berlin et ces nouveaux murs. Le mur de Berlin incarnait la division du monde instaurée par la guerre froide — et s'il était perçu comme une grande barrière qui maintenait dans l'isolement les populations des États communistes « totalitaires », il indiquait aussi que le capitalisme n'était pas la seule possibilité, il rappelait l'existence d'une alternative — certes défectueuse — au capitalisme. Les murs que nous voyons s'ériger aujourd'hui sont, au contraire, des murs dont la construction a été déclenchée par la chute du mur de Berlin lui-même (c'est-à-dire par la désintégration du système communiste). Loin de représenter la division entre capitalisme et communisme, ils symbolisent une division qui est strictement immanente à l'ordre capitaliste global. Dans un beau mouvement hégélien, la division est retournée dans son espace propre lorsque le capitalisme a vaincu son ennemi extérieur et unifié le monde.

Pour en revenir à la première généralisation, on peut constater une différence plutôt évidente entre le fascisme *stricto sensu* et le populisme hostile à l'immigration d'aujourd'hui[1]. Rappelons-nous la prémisse de base de l'analyse marxiste du capitalisme : celui-ci est règne de l'abstraction. Les rapports sociaux y sont saturés d'abstractions, régulés et dominés par des abstractions, qui ne sont pas simplement des abstractions subjectives, de purs produits de nos esprits, mais des abstractions « objectives », qui régulent la réalité sociale elle-même. Une telle abstraction, Marx l'appelait *Realabstraktion*, « abstraction réelle ». Ces abstractions sont, dans le capitalisme, partie intégrante de notre expérience sociale : notre vie sociale, nous la vivons directement comme une vie régulée par d'impénétrables mécanismes qui se situent dans un au-delà de la représentation, qui ne peuvent être incarnés par des individus (même les capitalistes ayant remplacé les anciens maîtres se voient réduits en esclavage par des puissances se situant très au-delà de leur contrôle). Il n'est donc pas particulièrement étonnant que la *prosopopée* idéologique soit aujourd'hui à son zénith : les marchés, à nouveau, se sont mis à s'exprimer comme des personnes faisant part de leur « inquiétude » devant la possibilité que l'austérité fiscale puisse à l'avenir, suite à des élections, être rayée d'un trait de plume.

Le « juif » (la figure antisémite du juif) incarne cette abstraction : il est ce maître invisible qui tire les ficelles en coulisses. Les juifs sont pleinement intégrés à nos sociétés ; ils ont — quelle déception... — la même apparence que nous, et le problème, la mission consiste donc à les identifier clairement (souvenons-nous des ridicules tentatives nazies de circonscrire exactement les identités raciales). Les immigrés musulmans ne sont pas les juifs d'aujourd'hui : loin d'être invisibles, ils sont tout ce qu'il y a de plus visible ; ils ne sont clairement pas intégrés à nos sociétés, et personne n'affirme qu'ils tirent les ficelles en coulisses. Si l'« invasion de l'Europe » par les musulmans est un ténébreux complot, alors ce sont les juifs qui doivent être derrière tout ça — comme l'a affirmé un texte récemment publié dans les colonnes d'un hebdomadaire slovène d'extrême droite (l'un des plus importants). On peut y lire ceci : « George Soros est l'une des personnes les plus dépravées et dangereuses de notre temps, responsable de l'invasion de l'Europe par ces hordes négroïdes et sémites, et donc responsable du crépuscule de l'Europe. [...] Talmudo-sioniste type, il est un ennemi mortel de la civilisation européenne, de l'État-nation et de l'homme européen blanc. » L'objectif de Soros, poursuit l'auteur de cette tribune, serait d'édifier une « coalition arc-en-ciel composée de marginaux sociaux : pédés, féministes, musulmans et autres marxistes culturels haïssant le travail » ; une telle coalition s'attacherait ensuite à « déconstruire l'État-nation et à transformer l'Union européenne en une dystopie multiculturelle, celle des États-Unis d'Europe ».

Sur quelles forces faudrait-il donc compter pour s'opposer à Soros ? « Viktor Orbán et Vladimir Poutine, nous dit-on encore ici, sont les seuls hommes politiques à faire preuve de discernement, à avoir pleinement compris les machinations de Soros, et ils sont donc les seuls, très logiquement, à avoir interdit toute activité à ses organisations. » Par ailleurs, Soros — à en croire notre commentateur slovène — ferait preuve d'une certaine incohérence dans sa défense du multiculturalisme :

> Il le promeut exclusivement en Europe et aux États-Unis, alors que, concernant Israël, il se montre d'accord — d'une manière à mes yeux totalement injustifiée — avec le monoculturalisme, un racisme sous-jacent et une politique de construction de

> murs. Par contraste avec l'Europe et les États-Unis, il n'exige pas non plus qu'Israël ouvre ses frontières et accepte des « réfugiés ». Une hypocrisie propre au talmudo-sionisme[2].

Mis à part le stupéfiant racisme assumé comme tel de ce texte, deux choses méritent, je crois, d'être notées. Premièrement, son auteur relie antisémitisme et islamophobie : la menace qui pèserait sur l'Europe consisterait en ces hordes musulmanes de réfugiés, mais, derrière ce phénomène chaotique, se dissimuleraient bien les juifs. Deuxièmement, nous avons ici quelqu'un qui prend parti en faveur de Poutine, sujet qui divise profondément la droite européenne : d'un côté, Poutine est mauvais, il représente une menace pour l'Europe, et particulièrement pour les pays frontaliers de la Russie, anciennement communistes, tentant comme il le fait, à force de manigances, de saper l'Union européenne ; d'un autre côté, Poutine aurait vu le danger représenté par le multiculturalisme occidental, et, faisant preuve en cela de sagesse, aurait empêché son pays d'y succomber.

Ce n'est qu'en ayant à l'esprit ce contexte plus général que nous pouvons comprendre le positionnement plutôt incohérent de Trump vis-à-vis de la Russie : alors que les tenants de la ligne dure, dans le camp républicain, avaient constamment attaqué Obama au sujet de la Russie, lui reprochant une attitude à leurs yeux bien trop indulgente à l'égard de Poutine, lui reprochant d'avoir toléré les agressions militaires russes (en Géorgie, en Crimée...), et, ce faisant, d'avoir mis en danger les pays d'Europe de l'Est alliés des États-Unis, les équipes de Trump, elles, défendent maintenant une approche bien plus accommodante de la question russe. Le problème sous-jacent peut être formulé ainsi : comment réunir les deux oppositions idéologiques, l'opposition traditionalisme-relativisme laïque, et l'autre grande opposition idéologique sur laquelle est fondée la légitimité entière de l'Occident et de sa « guerre à la terreur », soit l'opposition entre les droits individuels libéraux-démocratiques et un fondamentalisme religieux qu'incarne avant tout l'« islamo-fascisme » ? L'incohérence très symptomatique des néoconservateurs américains réside en ceci : alors qu'ils privilégient, en politique intérieure, la lutte contre le laïcisme libéral (contre l'avortement, le mariage gay, etc.), contre tout ce qu'ils appellent la « culture de la mort » (revendiquant ainsi lutter en faveur d'une « culture de la vie »), voilà qu'ils privilégient, en politique étrangère, tout ce qui s'apparente, en termes de valeurs, à cette dite « culture de la mort » libérale.

Pour les néoconservateurs américains, l'Union européenne est *l*'ennemi, le véritable ennemi — c'est une chose qui n'est pas affirmée explicitement, et que l'on perçoit donc difficilement. Le discours public de ces néoconservateurs est très maîtrisé, et une telle aversion n'y transparaît jamais, mais elle explose littéralement dans le double obscène de ce discours officiel : dans la vision du monde fondamentaliste de l'extrême droite chrétienne et dans sa peur obsessionnelle d'un Nouvel Ordre mondial (Obama aurait conclu un pacte secret avec les Nations unies afin que des forces internationales interviennent sur le sol américain et internent tous les vrais patriotes américains dans des camps de concentration...[3]). La ligne dure chrétienne fondamentaliste, déployée à loisir dans les livres de Tim LaHaye et consorts, est un moyen de résoudre ce dilemme en subordonnant sans la moindre ambiguïté la seconde opposition à la première. LaHaye a écrit un roman au titre pour le moins évocateur, qui semble confirmer cela : *La Conspiration européenne*. Les musulmans terroristes ne représenteraient pas le véritable ennemi des États-Unis : ils ne seraient que de simples marionnettes manipulées en secret par les laïques européens, c'est-à-dire par les véritables forces de l'Anti-Christ bien décidées à affaiblir l'Amérique et à instaurer le Nouvel Ordre mondial — un nouvel ordre qui serait placé sous la domination des Nations unies... D'une certaine manière, il y a du vrai dans une telle vision des choses : l'Europe n'est pas simplement un autre puissant bloc géopolitique, elle est aussi synonyme d'une vision globale qui s'avère radicalement incompatible avec l'idée même d'État-nation. C'est cette dimension de l'Union européenne qui permet de comprendre la soi-disant « faiblesse » européenne : on constate en effet une corrélation surprenante entre le processus d'unification européenne et sa progressive perte de puissance militaro-politique à l'échelle du globe. Mais si l'Union européenne est devenue une confédération transnationale parfaitement impuissante et ayant grand besoin d'être protégée par les

États-Unis, pourquoi donc l'Amérique devrait-elle la craindre ? N'oublions pas que les États-Unis ont, en Irlande, soutenu financièrement des formations qui étaient bien décidées à faire triompher le Non au nouveau traité européen...

Cette vision-là, minoritaire, se voit opposer la conception libérale-démocratique, largement dominante. Ses tenants voient leur ennemi principal dans tous les types possibles et imaginables de fondamentalisme, et considèrent le fondamentalisme chrétien américain comme le très déplorable cousin américain de l'« islamo-fascisme ». Toutefois, cette prédominance de la conception libérale-démocratique est désormais menacée : ce qui n'était qu'une opinion marginale il y a peu de temps encore, une opinion qui se limitait aux diverses théories de la conspiration prospérant dans les bas-fonds des médias sociaux, occupe désormais une position centrale, voire hégémonique, dans notre espace public. Trump comme Poutine ont soutenu le Brexit. Tous deux campent sur une ligne dure, extrémiste, nationaliste-conservatrice, pouvant se résumer au slogan « America-Russia First ». Et tous deux considèrent une Europe unie comme l'ennemi numéro un — et, en cela, ils montrent tous deux une certaine prescience. Quant à l'Europe, son problème consiste à rester fidèle à son héritage, à ce legs désormais menacé par l'offensive conservatrice-populiste — et la première chose à faire afin de sauver ce legs est d'explorer à fond les raisons profondes de la victoire de Trump. Ce dernier incarne à la perfection la figure du capitaliste à la double pensée dont *Citizen Kane* avait déjà offert un magnifique exemple : lorsque Kane se voit attaqué par Thatcher, un représentant du grand capital financier, qui lui reproche de financer un journal défendant les défavorisés, il lui rétorque ceci :

> Le problème, c'est que vous ne comprenez pas que vous êtes en train de parler à deux personnes. En tant que Charles Foster Kane, qui possède 82 364 parts de la Metropolitan Transfer, je sympathise avec vous. Charles Foster Kane est un voyou, son journal devrait être dégagé vite fait, un comité devrait être formé afin d'appeler à son boycott. Si vous pouvez créer un tel comité, n'hésitez surtout pas à me démarcher pour une petite contribution, mettons mille dollars. [...] D'un autre côté, je suis le propriétaire de l'*Enquirer*. En tant que tel, il est de mon devoir — et permettez-moi de vous faire une confidence : c'est aussi un plaisir — de faire en sorte que des gens décents et travaillant dur ne soient pas volés impunément par une bande de pirates obsédés par l'argent au seul motif qu'ils n'auraient personne pour défendre leurs intérêts. Permettez-moi de vous confier un autre petit secret, monsieur Thatcher. Je pense que je suis l'homme de la situation. Vous le voyez, j'ai l'argent et j'ai les titres. Si je ne défends pas les intérêts des défavorisés, peut-être quelqu'un d'autre le fera-t-il — mais il est très probable que ce quelqu'un d'autre n'aurait pour ce faire ni l'argent ni les titres, ce qui serait très dommageable[4].

Cette dernière phrase résume d'une certaine manière tous les problèmes que pose la posture du milliardaire Trump, qui s'érige en porte-voix des dépossédés : c'est que sa fonction stratégique est d'interdire aux dépossédés de se défendre eux-mêmes. Trump est donc tout sauf incohérent : ce qui semble être de l'incohérence constitue en fait le cœur même de son projet. Sa victoire a suscité deux types de réactions qui devraient être toutes deux rejetées, car elles sont à la fois inacceptables et, en définitive, autodestructrices. La première réaction consiste en une sorte de fascination teintée d'arrogance : les électeurs de Trump seraient des débiles mentaux qui n'auraient pas compris qu'ils votaient contre leurs propres intérêts, et qui auraient succombé à la démagogie superficielle de Trump. La seconde réaction consiste à en appeler à une contre-offensive immédiate (« Il n'est plus temps de philosopher, le temps de l'action est venu », etc.), et elle fait étrangement écho à la propre posture de Trump, à son anti-intellectualisme. Judith Butler a relevé, judicieusement, que Trump, comme tout bon populiste, offre aux gens « une occasion de ne pas penser, de ne pas avoir à penser. Penser, c'est devoir réfléchir à un monde global complexe, et ce que fait Trump, c'est de tout rendre très simple, extrêmement simple[5] ». (Bien sûr — et Butler en est parfaitement consciente —, si Clinton s'est présentée comme une femme politique prenant en considération et maîtrisant les complexités de notre monde, sa manière d'évoquer ces « complexités » n'en était pas moins fallacieuse puisqu'elle avait pour but d'éluder les exigences de gauche.)

La réaction dominante dans les rangs de la gauche libérale consiste à souligner, en le déplorant, combien la colère populaire instrumentalisée par des personnalités comme Donald Trump et d'autres populistes hostiles à l'immigration génère une « régression de la culture politique ». Des vulgarités démagogiques qui, il y a encore peu d'années, n'auraient pas été tolérées dans l'espace public sont désormais devenues choses communes, représentant ainsi un danger évident et immédiat pour nos démocraties. Une autre réaction, non moins déplorable, des gens de gauche à la montée en puissance de la rage populiste consiste à entonner, avec des variations, le petit air du « Si vous ne pouvez pas les battre, rejoignez-les ! » — une nouvelle tendance se laissant constater, de la Grèce à la France, dans les rangs de la « gauche radicale » ou, plus exactement, de ce qu'il en reste : la redécouverte du nationalisme. La colère populaire qui explose partout autour de nous signifierait que les gens se seraient réveillés, qu'ils manifesteraient leur mécontentement de la façon la plus explicite qui soit, et que le prétendu dangereux tournant dénoncé par les grands médias dominants serait fondamentalement la manifestation d'un retour en force de la lutte des classes. La gauche aurait pour tâche de surmonter les craintes libérales et d'endosser cette colère populaire, de la faire sienne, et de la rediriger — en la nettoyant de tout racisme droitier — sur le terrain social-économique : l'ennemi ne serait pas l'étranger, mais la classe dominante, l'oligarchie financière, etc. Dès lors que l'on adopte une telle perspective, les mouvements identifiés par les noms « Trump » et « Sanders » représentent deux formes de populisme, de retour à une critique de l'establishment à la fois très hostile et passionnée. (Il est évidemment absurde de considérer Trump — un milliardaire passé maître dans l'exploitation de tous les arcanes juridiques — comme quelqu'un qui serait hostile à l'establishment ; mais nous avons là le paradoxe du populisme, depuis ses débuts.)

Chacune de ces réactions a ses raisons : d'un côté, l'importance des bonnes manières ne devrait jamais être sous-estimée en politique, un discours public vulgaire témoignant par définition d'une profonde désorientation politique ; d'un autre côté, il est vrai que la rage populiste droitière constitue une forme distordue de lutte des classes — comme cela avait déjà été le cas avec le fascisme. Cependant, ces positionnements sont tous deux fondamentalement défectueux. Les critiques de sensibilité libérale du nouveau populisme ne voient pas que la colère populaire n'est pas une manifestation de l'arriération des gens ordinaires, mais l'indice de la grande faiblesse de l'idéologie libérale hégémonique elle-même, qui n'est plus en mesure de « fabriquer du consentement », de sorte qu'un recours à un fonctionnement idéologique plus « primaire » devient nécessaire. Quant aux avocats de gauche du populisme, ils ne voient pas que le « populisme » n'est pas une forme neutre : au niveau de sa forme, déjà, le populisme construit l'ennemi comme un intrus venu de l'extérieur et, ce faisant, il dénie l'existence d'antagonismes sociaux immanents[6]. Pour cette raison même, le populisme — même s'il ne coïncide pas nécessairement avec la dégradation du discours public, son effondrement dans la vulgarité la plus débridée — montre tout de même une sorte de propension naturelle à verser dans la simplification vulgaire et les attaques personnelles *ad hominem*.

La gauche populiste accepte bien trop rapidement la prémisse de base de son ennemie selon laquelle l'universalisme relèverait du passé — un universalisme présenté avec dédain comme une sorte de pendant politique et culturel du capitalisme global « déraciné » et de ses experts et autres technocrates, ou présenté au mieux comme l'idéologie des démocrates habermassiens et autres défenseurs du capitalisme global à visage humain[7]. La raison de cette redécouverte du nationalisme est évidente : la montée en puissance du populisme nationaliste droitier en Europe occidentale, qui représente désormais la force politique la plus à même de défendre les intérêts des classes laborieuses, et qui, dans le même temps, s'avère la plus à même de donner lieu aux passions politiques véritables. L'idée est alors la suivante : pourquoi la gauche devrait-elle laisser ce champ des passions nationalistes à la droite radicale ? Pourquoi ne pas se réapproprier *la patrie*, « l'arracher des mains du Front national » ? La gauche radicale ne pourrait-elle pas mobiliser ces mêmes passions nationalistes et en faire un puissant outil contre le fait central de la société globale d'aujourd'hui — ce règne de plus en plus débridé du capital financier déraciné ? Une fois que nous acceptons cet horizon « de pensée », la critique de la technocratie bruxelloise au nom d'une souveraineté nationale rognée par des bureaucrates anonymes, qui est le leitmotiv principal de la droite radicale d'aujourd'hui, devient un leitmotiv du patriotisme de gauche — en Grèce, c'est l'opposition entre Varoufakis et Lapavitsas[8], ce dernier moquant le DIEM25, ce Mouvement pour la démocratie en Europe initié par Varoufakis, et son soi-disant très plat paneuropéanisme, qui préparerait le terrain à l'ennemi.

La principale avocate et théoricienne d'un populisme de gauche est Chantal Mouffe[9]. À ses yeux, la raison principale de la défaite de la gauche est à trouver dans une posture non combative mêlant argumentation rationnelle et universalisme fade, et se félicitant de la fin des très passionnées luttes idéologiques d'antan — une posture que les noms de Giddens, Beck et Habermas viendraient symboliser. Cette troisième voie post-politique ne pourrait s'opposer efficacement à la logique agonistique du « nous contre eux » telle qu'elle est mobilisée avec succès par les populistes droitiers hostiles à l'immigration. En conséquence, la bonne manière de combattre ce populisme droitier consisterait à recourir à un populisme de gauche qui, tout en conservant les « contenants » populistes de base (la logique agonistique du « nous contre eux », du « peuple » contre une élite corrompue), les « remplirait » d'un « contenu » de gauche. « Eux », dès lors, cesseraient d'être les réfugiés ou les migrants déshérités pour devenir le capital financier, la bureaucratie technocratique, etc. Ce populisme de gauche irait donc au-delà du vieil anticapitalisme ouvrier : il tenterait d'articuler une multiplicité de luttes (de l'écologie au féminisme, du droit au travail à l'éducation libre, en passant par la santé...), comme le ferait Podemos en Espagne. Mais une telle formule faite de politisation agonistique, de confrontation passionnée, contre un très plat universalisme, n'est-elle justement pas trop formelle ? Ne se pourrait-il pas qu'elle ignore la grande question qui, telle la flamme d'une bougie, luit faiblement, dans l'obscurité totale : mais pourquoi donc la gauche a-t-elle abandonné la logique agonistique du « nous contre eux » ?

Le respect « politiquement correct » des identités particulières et la haine de l'autre, et notamment la haine anti-immigrés, partagent tous deux un trait caractéristique dont il est absolument crucial de bien prendre note : la peur qu'une identité particulière soit avalée, engloutie, par l'universalité anonyme d'un Nouvel Ordre mondial, global. Lorsque les nationalistes conservateurs affirment ne vouloir qu'une chose : que leur nation puisse se prévaloir de ce même droit à l'identité que demandent les minorités sexuelles et ethniques, cette revendication parfaitement hypocrite vient néanmoins confirmer l'importance d'un point que je crois essentiel, en l'occurrence, l'impérieuse nécessité d'aller très au-delà de TOUTES les formes de politique identitaire, qu'elles soient de droite ou de gauche. Ce que l'on devrait rejeter, en guise de première et nécessaire étape, c'est l'idée que des luttes locales d'émancipation (ethniques, sexuelles, religieuses, juridiques, etc.) puissent être menées indépendamment les unes des autres. Ces luttes très diverses, il s'agit de les réunir progressivement et de les articuler au moyen d'une « chaîne d'équivalences » (pour reprendre une expression d'Ernesto Laclau), toujours fragile. L'universalité n'est pas quelque chose qui est censé apparaître au fil d'un long et fort patient processus : elle est toujours déjà là en tant que point de départ de tout authentique processus émancipatoire, en tant que sa motivation même.

La question consiste à savoir comment combiner les deux axes : universalité contre sentiment patriotique, et capitalisme contre anticapitalisme de gauche. Les quatre combinaisons possibles sont toutes occupées : nous avons un capitalisme global multiculturel, nous avons une gauche universaliste, nous avons une gauche patriote hostile à la globalisation et nous avons un capitalisme jouant la carte au niveau local du particularisme ethnicoculturel (Chine, Inde, etc.). Cette dernière combinaison gagne sans cesse en force, démontrant ce faisant que le capitalisme global peut coexister idéalement avec des identités culturelles particularistes. De surcroît, nous devrions toujours garder à l'esprit ce paradoxe proprement hégélien qui est aujourd'hui celui de la classe universelle des élites économiques et académiques : au sein de chaque communauté particulière (de chaque nation), cette élite apparaît comme un groupe spécifique que son mode de vie dans son ensemble sépare de la majorité de la population. Un professeur de lettres new-yorkais partage bien plus de choses avec un professeur de lettres parisien ou même sud-coréen qu'avec un ouvrier vivant sur Staten

Island. La forme d'apparition d'une classe universelle transnationale vient opérer une scission à l'intérieur de la nation — l'universalité divise de l'intérieur une identité particulière.

C'est pourquoi il nous faut cesser de focaliser notre attention sur le grand méchant loup populiste pour nous soucier enfin du véritable problème : la faiblesse de la position « rationnelle » modérée elle-même. Le fait que la majorité ne puisse être convaincue par la propagande capitaliste « rationnelle » et qu'elle se montre bien plus encline à adopter un positionnement populiste anti-élitiste ne devrait pas être envisagé avec dédain comme une manifestation d'arriération des classes inférieures : les populistes décèlent avec justesse l'irrationalité de cette approche rationnelle, et leur colère dirigée contre les institutions anonymes qui régissent leurs existences dans l'absence la plus totale de transparence est parfaitement justifiée. La leçon qu'il nous faut tirer du phénomène Trump, c'est que le plus grand danger pour la vraie gauche est d'accepter de conclure un pacte stratégique avec des libéraux à la Clinton au motif que le soi-disant grand péril serait le populisme tel que l'incarne Trump. Et cette leçon ne devrait pas être oubliée, puisque la petite histoire de Donald et Hillary ne tardera pas à se reproduire : le nouvel épisode de la série pourrait bien, en effet, mettre en scène un sympathique duo nommé Marine et François. Maintenant que François Fillon a été choisi pour être le candidat de la droite libérale aux élections présidentielles françaises du printemps 2017, et qu'il est possible que le second tour de ces élections le voit affronter Marine Le Pen, il est permis de supposer que nous aurions alors exactement affaire à la même configuration. Nathalie Nougayrède a affirmé dans les colonnes du *Guardian* que « François Fillon représent[ait] une aussi grande menace pour les valeurs libérales que Marine Le Pen » :

> Ce n'est pas un hasard si Poutine a dressé publiquement l'éloge de Fillon. Ce n'était pas simplement parce que le Kremlin espère voir arriver à l'Élysée un allié en matière de politique étrangère. C'est aussi parce que Poutine a décelé chez Fillon sa propre idéologie ultraconservatrice. Les tenants de cette idéologie-là considèrent que les valeurs progressistes libérales ont entraîné la « décadence » des sociétés occidentales, à force de permissivité sexuelle et de permissivité en matière de politique migratoire. Il suffit de voir avec quel mépris la propagande russe traite de la « Gayropa »[10].

Si la différence entre Clinton et Trump était celle qui sépare l'establishment libéral de la colère populiste droitière, une telle différence, si le second tour des présidentielles françaises devait bien opposer Fillon à Le Pen, se ramènerait au strict minimum. Si tous deux sont des conservateurs sur le plan culturel, Fillon est un pur néolibéral en matière économique, alors que Le Pen, elle, s'avère plus soucieuse de la protection des intérêts des travailleurs. Fillon représente la pire combinaison possible aujourd'hui : celle du néolibéralisme économique et du conservatisme social et culturel. Le seul argument susceptible d'être avancé en sa faveur est un argument purement formel : Fillon, *sur le plan formel*, représente une Europe unifiée ainsi qu'une distance minimale vis-à-vis de la droite populiste.

En ce sens, Fillon incarne la décadence immanente à l'establishment lui-même — l'aboutissement d'un long processus de défaites et de démissions. Ce fut tout d'abord la gauche radicale qui s'avéra condamnée, en raison de son incapacité totale à comprendre nos temps post-modernes et leurs nouveaux « paradigmes » — et qui fut donc sacrifiée pour cela. Puis ce fut le tour de la gauche sociale-démocrate modérée, condamnée en raison de son incapacité à comprendre les logiques du nouveau capitalisme global — et qui fut elle aussi sacrifiée pour cette raison. Nous sommes maintenant parvenus à la phase finale de ce sinistre conte, et c'est maintenant à la droite libérale modérée elle-même (c'est-à-dire Juppé) d'être sacrifiée en raison de son incapacité à comprendre quelles valeurs conservatrices doivent être engagées si nous, monde civilisé, souhaitons battre Le Pen. Toute ressemblance avec la bonne vieille histoire antinazie — comment nous avons, en toute passivité, observé les nazis chasser, une fois parvenus au pouvoir, d'abord les communistes, puis les juifs, puis la gauche modérée, puis le centre libéral, puis les conservateurs décents qui s'opposaient à eux, etc. — est pure coïncidence. Dans la situation qui est la nôtre, s'abstenir de voter est à l'évidence la SEULE chose pertinente à faire.

La gauche libérale et la droite populiste sont

désormais toutes deux encalminées dans la politique de la peur : peur des migrants, peur des féministes, ou encore peur des populistes fondamentalistes, etc. La première chose à faire ici consiste à passer de la peur à l'*angoisse* : la peur est peur d'un objet externe — d'un objet perçu comme représentant une menace pour notre identité —, alors que l'anxiété surgit lorsque nous prenons conscience que notre identité — que nous voulons protéger de cette si effrayante menace externe — pose d'une manière ou d'une autre problème. La peur nous pousse à annihiler l'objet externe alors que se confronter à l'angoisse suppose de nous transformer nous-mêmes. Il est ici tentant de renverser la célèbre phrase de Gramsci sur les « phénomènes morbides » qui font leur apparition dès que le vieux monde se meurt alors que le nouveau tarde à naître[11] : lorsqu'un ordre règne, les horreurs et les monstruosités se voient normalisées, mais lorsque l'ordre ancien agonise alors que le nouveau tarde à advenir, les horreurs, dans cette phase de transition, accèdent en tant que telles à la visibilité, se voyant pour ainsi dire dé-normalisées — et c'est alors, dans de tels moments d'espoir, que de grands actes deviennent possibles.

L'urgence de la situation présente ne devrait en rien servir d'excuse : l'urgence EST le temps de la pensée. Nous ne devrions pas avoir peur ici de renverser la thèse XI de Marx : jusqu'ici, nous avons bien trop rapidement tenté de transformer notre monde, le temps est venu de le réinterpréter sur le mode de l'autocritique, d'examiner notre propre responsabilité (d'hommes et femmes de gauche). Voilà ce que nous devrions faire aujourd'hui, maintenant que nous nous retrouvons sous le sortilège de la victoire de Trump (qui n'est — ne l'oublions pas — qu'une mauvaise surprise parmi tant d'autres). C'est qu'il nous faut rejeter le défaitisme comme l'activisme aveugle, et « apprendre, apprendre et apprendre encore » (comme l'aurait affirmé Lénine) des / les causes de ce fiasco de la politique libérale-démocrate. Dans ses *Notes Towards a Definition of Culture*, le grand poète conservateur T. S. Eliot écrivait qu'il exist[ait] des moments où la seule alternative possible consist[ait] à choisir entre l'hérésie et la non-croyance, lorsque la seule manière de maintenir en vie une religion consiste à opérer un schisme sectaire loin de son corps principal[12]. Voilà ce que nous devons faire aujourd'hui : les présidentielles américaines de 2016 ont porté l'estocade au rêve de Fukuyama d'une fin de l'Histoire et entériné la défaite de la démocratie libérale. Et la seule manière de faire réellement mordre la poussière à Trump, et de sauver ce qui mérite de l'être dans la démocratie libérale, consiste donc à opérer un schisme sectaire loin du corps principal de cette démocratie libérale — en résumé, de déplacer le curseur de Clinton à Sanders. Autant dire que les prochaines élections devraient opposer Trump et Sanders.

Il est relativement facile de concevoir le programme qui attend cette nouvelle gauche. À l'évidence, la seule manière de contrecarrer le « déficit démocratique » du capitalisme global aurait dû consister en quelque entité transnationale — Kant, il y a plus de deux cents ans déjà, ne voyait-il pas, eu égard à l'émergence d'une société globale, la nécessité d'un ordre juridique transnational et transétatique ? « [L]a communauté (plus ou moins étroite) formée par les peuples de la Terre ayant globalement gagné du terrain, on est arrivé au point où toute atteinte au droit en *un* seul lieu de la Terre est ressentie en *tous*. Aussi bien l'idée d'un droit cosmopolitique n'est pas un mode de représentation fantaisiste et extravagant du droit[13]. » Tout cela, toutefois, nous amène à ce qui est possiblement la « contradiction principielle » du Nouvel Ordre mondial : l'impossibilité structurelle de trouver un ordre politique global qui correspondrait à l'économie capitaliste globale. Et si, pour des raisons structurelles et non pas seulement en raison de limitations empiriques, une démocratie à l'échelle du globe, un gouvernement mondial représentatif, était tout bonnement chose impossible ? Le problème structurel (l'antinomie) du capitalisme global réside dans l'impossibilité (et, simultanément, dans la nécessité) d'un ordre sociopolitique qui lui correspondrait : c'est que l'économie de marché globale ne peut être directement organisée comme une démocratie libérale globale qui aurait recours à des élections à l'échelle de la planète ; et c'est que le « refoulé » de l'économie globale fait son retour dans la politique sous la forme de fixations archaïques et d'identités substantielles particularistes (ethniques, religieuses, culturelles)... C'est précisément cette tension qui définit la très délicate situation qui est aujourd'hui la nôtre : la libre circulation des marchandises à l'échelle du globe s'accompagne de séparations de plus en plus flagrantes dans la sphère sociale — alors que les marchandises circulent de plus en plus librement, les hommes, eux, se retrouvent prisonniers de nouveaux murs.

Trump promet de biffer d'un trait de plume les grands accords de libre-échange qu'avait soutenus Clinton. Une politique de gauche à opposer à ces deux-là devrait consister à élaborer des traités internationaux d'un genre inédit : des accords visant à contrôler les banques, à instaurer des critères écologiques précis, à protéger les droits des travailleurs, à garantir à tous de mêmes soins de santé, à protéger les minorités sexuelles et ethniques, etc. La grande leçon du capitalisme global, c'est que les États-nations ne peuvent faire à eux seuls le travail — seule une entité politique internationale d'un type inédit serait, peut-être, à même de brider le capital global. Un vieil homme de gauche, anticommuniste de toujours, m'a dit un jour que la crainte que Staline inspirait aux grandes puissances occidentales était la seule bonne chose qui pouvait être mise à son crédit — et peut-être pourra-t-on dire un jour la même chose de Trump : la crainte qu'il inspire désormais aux libéraux sera peut-être la seule bonne chose à mettre à son crédit. Les puissances occidentales apprirent jadis la leçon et focalisèrent alors leur attention, en pratiquant l'autocritique, sur leurs propres défauts, développant dès lors l'État-providence. Nos libéraux de gauche seront-ils capables d'accomplir quelque chose de semblable ?

La victoire de Trump a généré une situation politique entièrement nouvelle, qui donne ses chances à une gauche plus ambitieuse. Il est désormais temps de travailler dur à la formation d'une gauche politique radicale — ou, pour citer Mao : « Il y a un grand désordre sous le ciel, la situation est donc excellente. »

SLAVOJ ŽIŽEK

APPENDICES

Les contributrices et contributeurs

ARJUN APPADURAI, né en 1949 à Bombay, enseigne à la New York University. Il est actuellement Visiting Professor à l'Institute for European Ethnology de l'université Humboldt de Berlin. Il est notamment l'auteur de *Géographie de la colère* (tr. F. Bouillot, Payot, 2007).

ZYGMUNT BAUMAN, né en 1925 à Poznań et mort en janvier 2017 à Leeds, enseignait notamment à l'université de Leeds. Bauman a été honoré de nombreuses distinctions, parmi lesquelles le prix Theodor W. Adorno de la ville de Francfort-sur-le-Main (en 1998) et le prix Prince des Asturies, en 2013.

NANCY FRASER, née en 1947 à Baltimore, enseigne les sciences politiques et la philosophie à la New School de New York. Elle est notamment l'auteur de *Qu'est-ce que la justice sociale ?* (tr. E. Ferrarese, La Découverte, 2011).

HEINRICH GEISELBERGER, né en 1977 à Waiblingen, est depuis 2006 éditeur chez Suhrkamp.

EVA ILLOUZ, née en 1961 à Fès, est professeur de sociologie à l'Université hébraïque de Jérusalem et à l'EHESS à Paris. Elle écrit régulièrement dans les colonnes du quotidien israélien *Haaretz*. Elle est notamment l'auteur de *Pourquoi l'amour fait mal ?* (tr. F. Joly, Seuil, 2012).

IVAN KRASTEV, né en 1965 à Lukovit, préside le Centre for Liberal Strategies à Sofia et est Permanent Fellow à l'Institut für die Wissenschaften vom Menschen de Vienne. Depuis 2015, il écrit régulièrement des analyses pour l'édition internationale du *New York Times*.

BRUNO LATOUR, né en 1947 à Beaune, est professeur de sciences politiques à Sciences-Po Paris ainsi qu'au Centre de sociologie des organisations. Il s'est vu décerner de nombreuses distinctions, parmi lesquelles, en 2013, le prix Holberg. Il est notamment l'auteur de *Nous n'avons jamais été modernes* (La Découverte, rééd. 2005).

PAUL MASON, né en 1960 à Leigh, est auteur et journaliste télé multiprimé. Il a longtemps travaillé pour la BBC ainsi que pour Channel 4 News, et écrit désormais régulièrement dans les colonnes du *Guardian*.

PANKAJ MISHRA, né en 1969 à Jhansi, est essayiste, écrivain et critique littéraire. Il collabore, entre autres, au *New York Times*, à la *New York Review of Books* et au *Guardian*. Il a reçu en 2014 le Leipziger Buchpreis zur Europäischen Verständigung.

ROBERT MISIK, né en 1966 à Vienne, est journaliste et écrivain politique. Il écrit entre autres pour la *Tageszeitung* ainsi que pour les magazines *Falter* et *Profil*. Il tient par ailleurs un blog vidéo, FS Misik, sur le site Internet du quotidien *Der Standard*. Il s'est vu décerner en 2009 le Österreichischen Staatspreis für Kulturpublizistik.

OLIVER NACHTWEY, né en 1975 à Unna, est sociologue à la Technischen Universität de Darmstadt et consacre ses recherches aux enjeux du travail, à l'inégalité, aux mouvements protestataires et à la question de la démocratie. Il écrit régulièrement pour des quotidiens, hebdomadaires et autres sites d'information.

DONATELLA DELLA PORTA, née en 1956 à Catane, enseigne les sciences politiques et dirige le Centre of Social Movement Studies à l'École normale supérieure de Florence.

CÉSAR RENDUELES, né en 1975 à Gérone, enseigne la sociologie à l'université Complutense de Madrid.

WOLFGANG STREECK, né en 1946 à Lengerich, est sociologue. De 1995 à 2014, il a dirigé le Max-Planck-Institut für Gesellschaftsforschung de Cologne. Ses domaines de recherche sont l'économie politique comparée et les théories du changement institutionnel. Il écrit régulièrement pour la *New Left Review*. Il est notamment l'auteur de *Du temps acheté* (tr. F. Joly, Gallimard, 2014).

DAVID VAN REYBROUCK, né en 1971 à Bruges, est écrivain, dramaturge, journaliste, archéologue et historien. En 2011, il a fondé G1000, un collectif pronant des innovations démocratiques en Belgique, aux Pays-Bas et en Espagne. Son livre *Congo. Une histoire* s'est vu décerner de nombreux prix, parmi lesquels l'ECI-Literaturpreis en 2012, le NDR Kultur Sachbuchpreis et le prix Médicis essai (en 2012, là encore). Il écrit régulièrement dans les colonnes de quotidiens internationaux comme *Le Monde, La Repubblica* et *De Standaard*.

SLAVOJ ŽIŽEK, né en 1949 à Ljubljana, enseigne à la European Graduate School, au Birkbeck College de l'université de Londres ainsi qu'à l'Institut de sociologie de l'université de Ljubljana. Dernier ouvrage paru : *La Nouvelle Lutte des classes. Les vraies causes des réfugiés et du terrorisme* (tr. C. Vivier, Fayard, 2016).

Notes

PRÉFACE

1. Ulrich Beck, « Kooperieren oder scheitern. Die Existenzkrise der Europäischen Union », *Blätter für deutsche und internationale Politik*, 2, 2011, p. 41-53.

2. J. J. Messner, *Fragile States Index 2016*, Washington, The Fund for Peace, 2016, p. 7.

3. Voir à ce sujet Zygmunt Bauman, *Strangers at Our Door*, Londres, Polity, 2016.

4. Voir à ce sujet, ainsi que sur le concept de « modernisation régressive », Oliver Nachtwey, *Die Abstiegsgesellschaft. Über das Aufbegehren in der regressiven Moderne*, Berlin, Suhrkamp, 2016.

5. Ralf Dahrendorf, disparu en 2009, fut à la fois un politique et un intellectuel de tout premier plan, qui se présentait à la fin de sa vie comme un « européiste sceptique ». Aucun livre important de Dahrendorf n'a été traduit en français. (*N.d.T.*)

6. Ralf Dahrendorf, « Anmerkungen zur Globalisierung », in *Perspektiven der Weltgesellschaft*, dir. Ulrich Beck, Francfort-sur-le-Main, Suhrkamp, 1998, p. 41-54 (p. 52 et s.).

7. Richard Rorty, *L'Amérique : un projet inachevé. La pensée de gauche dans l'Amérique du vingtième siècle*, trad. de l'anglais (États-Unis) de D. Machu, Pau, PUP, 2001 ; voir tout particulièrement son chapitre IV, « Une

gauche culturelle », p. 79-106 (pour une belle lecture de cet ouvrage, voir Vincent Descombes, *Le Raisonnement de l'ours*, Paris, Seuil, 2007, p. 257-286 [*N.d.T.*]).

8. *Ibid.*, p. 90-91.

9. Wilhelm Heitmeyer, « Autoritärer Kapitalismus, Demokratieentleerung und Rechtspopulismus. Eine Analyse von Entwicklungstendenzen », in *Schattenseiten der Globalisierung. Rechtsradikalismus, Rechtspopulismus und separatistischer Regionalismus in westlichen Demokratien*, dir. Dietmar Loch et Wilhelm Heitmeyer, Francfort-sur-le-Main, Suhrkamp, 1998, p. 497-534 (p. 500).

10. Dani Rodrik, *Grenzen der Globalisierung. Ökonomische Integration und soziale Desintegration* [1997], Francfort-sur-le-Main / New York, Campus, 2000, p. 86. Peuvent également être cités ici, parmi beaucoup d'autres ouvrages : Benjamin Barber, *Djihad versus McWorld*, Paris, Desclée de Brouwer, 1996 ; Noam Chomsky, *Sur le contrôle de nos vies*, Paris, Allia, 2013 ; Viviane Forrester, *L'Horreur économique*, Paris, Fayard, 1996 ; Robert B. Reich, *The Work of Nations*, New York, Vintage Books, 1992 ; Joseph E. Stiglitz, *Quand le capitalisme perd la tête*, Paris, Fayard, 2003.

11. Karl Polanyi, *La Grande Transformation. Aux origines politiques et économiques de notre temps* [1944], trad. de l'anglais (États-Unis) de M. Angeno et C. Malamoud, Paris, Gallimard, « Bibliothèque des Sciences humaines », 1983, et « Tel », 2009 (le concept de « contre-mouvement » proposé par Polanyi est redevable au concept marxien de « causes qui contrecarrent » [*N.d.T.*]).

12. Voir à ce sujet l'article — se revendiquant explicitement de Polanyi — de Philip G. Cerny, « Globalisierung und die neue Logik kollektiven Handelns », in *Politik der Globalisierung*, dir. Ulrich Beck, Francfort-sur-le-Main, Suhrkamp, 1998, p. 263-296.

13. Autant d'événements qui furent à l'époque accompagnés par d'assez nombreux publicistes et théoriciens à l'influence certaine — que l'on pense seulement à des ouvrages comme *No Logo !* de Naomi Klein (Actes Sud, 2002) ou *Empire* de Michael Hardt et Toni Negri (10 / 18, 2004).

14. Voir sur ce point, entre autres, Ulrich Beck, *Qu'est-ce que le cosmopolitisme ?*, trad. de l'allemand de A. Duthoo, Paris, Aubier, 2006.

15. Böckenförde écrit, bien que dans un tout autre contexte : « *L'État libéral, sécularisé, dépend de conditions préalables que lui-même ne peut garantir*. » (Voir Ernst-Wolfgang Böckenförde, « Die Entstehung des Staates als Vorgang der Säkularisation », *Staat, Gesellschaft, Freiheit. Studien zur Staatstheorie und zum Verfassungsrecht* [1967], Francfort-sur-le-Main, Suhrkamp, 1977, p. 42-64 (p. 60). [Ernst-Wolfgang Böckenförde est l'un des grands juristes de l'Allemagne contemporaine, professeur des universités et membre du Tribunal constitutionnel fédéral (*N.d.T.*).]

I

UNE FATIGUE DE LA DÉMOCRATIE

1. Vladimir Poutine, Discours présidentiel à l'Assemblée fédérale du 12 décembre 2014. Pour une traduction anglaise de ce discours, voir http://en.kremlin.ru/events/president/news/19825 (dernier accès en date : novembre 2016).

2. Albert O. Hirschman, *Défection et prise de parole*, trad. de l'anglais de C. Besseyrias, Paris, Fayard, « L'espace du politique », 1995 (précédemment paru en France sous le titre *Face au déclin des entreprises et des institutions*, Paris, Les éditions ouvrières, 1972 [*N.d.T.*]).

II

DES SYMPTÔMES EN QUÊTE D'UN OBJET ET D'UN NOM

1. Franz Kafka, « Le départ », trad. de l'allemand par M. Robert, in *Œuvres complètes* II, Paris, Gallimard, « Bibliothèque de la Pléiade », 1980, p. 642-643.

2. Umberto Eco, *Cinq questions de morale*, trad. de l'italien de M. Bouzaher, Paris, Grasset, 2000, p. 153.

3. *Ibid.*, p. 156-157.

4. « The Changing Racial and Ethnic Makeup of New York City Neighborhoods » : http://furmancenter.org/files/publications/The_Changing_Racial_and_Ethnic_Makeup_of_New_York_City_Neighborhoods_11.pdf (dernier accès en date : novembre 2016).

5. Umberto Eco, *Cinq questions de morale, op. cit.*, p. 161-162.

6. *Ibid.*, p. 163.

7. *Ibid.*, p. 164.

8. Auteur d'une œuvre considérable (notamment du célèbre ouvrage *La Société du risque*), consacrée en bonne partie ces dernières années aux idées de cosmopolitique et d'empire européen, Ulrich Beck est décédé brutalement le 1er janvier 2015 à Berlin. (*N.d.T.*)

9. Otto Bauer et Karl Renner étaient des socialistes autrichiens, figures centrales de l'austro-marxisme ; quant à Vladimir Medem, il fut le grand théoricien du Bund, le mouvement ouvrier juif. Tous trois conçurent ce que l'on appelle l'autonomie culturelle personnelle extraterritoriale, ou autonomie non territoriale. (*N.d.T.*)

10. Je reviens en détail sur ces symptômes dans mon ouvrage *Retrotopia* (Cambridge, Polity, 2017).

11. Michael Walzer, *Sphères de justice. Une défense du pluralisme et de l'égalité*, trad. de l'anglais (États-Unis) par P. Engel, Paris, Seuil, 1998 et 2013, p. 70.

12. La société civile universelle de Kant. Dans son *Idée d'une histoire universelle d'un point de vue cosmopolitique* (1794), Kant prône, en guise de cinquième proposition, la constitution d'une société civile administrant universellement le droit (*N.d.T.*).

13. Pour un approfondissement et un élargissement de l'idée de zone grise (en l'occurrence celle du camp), on pourra se reporter à Primo Levi, *La Zone grise. Entretien avec Anna Bravo et Federico Cereja*, trad. de l'italien de M. Rueff, Paris, Payot et Rivages, « Manuels Payot », 2014. (*N.d.T.*)

14. Discours du pape François tenu le 6 mai 2016 à l'occasion de la remise du prix Charlemagne : http://w2.vatican.va/content/francesco/fr/speeches/2016/may/

documents/papa-francesco_20160506_premio-carlo-magno.html (dernier accès en date : décembre 2016).

15. Zygmunt Bauman est décédé le 9 janvier 2017 à Leeds, ville où il vivait et enseignait, et où a été fondé le Bauman Institute. (*N.d.T.*)

III

NÉOLIBÉRALISME PROGRESSISTE CONTRE POPULISME RÉACTIONNAIRE : UN CHOIX QUI N'EN EST PAS UN

1. Au contraire de la France, les banlieues américaines, à la périphérie des grandes agglomérations urbaines, accueillent les classes les plus favorisées, les populations les plus fragilisées habitant souvent, elles, dans les centres-villes (*N.d.T.*).

2. Là encore, on se reportera à Karl Polanyi, *La Grande Transformation. Aux origines politiques et économiques de notre temps*, *op. cit*. (*N.d.T.*).

3. Le concept de marchéisation désigne une économie accordant de plus en plus de place à la force du marché. (*N.d.T.*)

4. Autrement dit, les super-privilégiés. (*N.d.T.*)

IV

DU PARADOXE DE LA LIBÉRATION À LA DISPARITION DES ÉLITES LIBÉRALES

1. Christophe Ayad, « L'israélisation du monde (occidental) », *Le Monde*, 1er décembre 2016.

2. Pour « Alternative Right » (« droite alternative »). Ce terme définit désormais le populisme droitier autoritaire « à la Trump », sa paternité étant généralement attribuée à Richard Spencer, fondateur d'un site Internet du même nom dédié à la défense de « l'identité blanche » des États-Unis et proche des organisations suprémacistes blanches. (*N.d.T.*)

3. Allison Kaplan Sommer, « Jews-only poll highlights Israeli youths' drift to the right », *Haaretz*, 13 avril 2016.

4. Michael Walzer, *The Paradox of Liberation. Secular Revolutions and Religious Counterrevolutions*, New Haven / Londres, Yale University Press, 2015. Un ouvrage non encore traduit en français. (*N.d.T.*)

5. *Ibid.*, p. XII.

6. *Ibid.*, p. 7.

7. *Ibid.*, p. 22.

8. *Ibid.*, p. 24.

9. Itamar Rabinovich et Jehuda Reinharz (éd.), *Israel in the Middle East. Documents and Readings on Society, Politics, and Foreign Relations Pre-1948 to the Present*, Waltham, Brandeis University Press, 2008, p. 58-59.

10. Jean Birnbaum, *Un silence religieux. La gauche face au djihadisme*, Paris, Seuil, 2016.

11. Étienne Balibar, *Saeculum. Culture, religion, idéologie*, Paris, Galilée, 2012.

12. Baruch Kimmerling, *Inequality and discrimination. The End of Ashkenazi Hegemony*, Jérusalem, Keter, 2001, p. 21-29 (en hébreu).

13. Aziza Khazzoom, « The great chain of Orientalism : Jewish identity, stigma management, and ethnic exclusion in Israel », *American Sociological Review* 68 / 4, 2003, p. 481-510 ; Amnon Raz-Krakotzkin, « The Zionist return to the West and the Mizrahi Jewish perspective », in *Orientalism and the Jews*, dir. Ivan Davidson Kalmar et Derek J. Penslar, Waltham, Brandeis University Press, 2005, p. 162-181 ; Ella Shohat, « The invention of the Mizrahim », *Journal of Palestine Studies* 29 / 1, automne 1999, p. 5-20.

14. Sami Shalom Chetrit, *Intra-Jewish Conflict in Israel : White Jews, Black Jews*, Londres / New York, Routledge, 2009 ; Sammy Smooha, « The mass immigrations to Israel : a comparison of the failure of the Mizrahi immigrants of the 1950s with the success of the Russian immigrants of the 1990s », *Journal of Israeli History* 27 / 1, 2008, p. 1-27.

15. Yehouda A. Shenhav, *The Arab Jews : A Postcolonial*

Reading of Nationalism, Religion, and Ethnicity, Stanford, Stanford University Press, 2006.

16. Créé à Paris en 1925, le Parti révisionniste était sioniste, nationaliste et anticommuniste. Il fut absorbé en 1948 par le Hérout, fondé par Begin. En 1973, le Hérout devint lui-même la principale composante du Likoud, le parti de la droite conservatrice et libérale. (*N.d.T.*)

17. Pour une explication du succès du Shas, voir Yoav Peled, « Towards a redefinition of Jewish nationalism in Israel ? The enigma of Shas », *Ethnic and Racial Studies* 21 / 4, 1998, p. 703-727 [Le Shas est un parti israélien séfarade et ultra-orthodoxe. (*N.d.T.*)].

18. Lorsque Amir Peretz, qui est né au Maroc, prit la tête du Parti travailliste, en 2005, Shimon Peres considéra cela comme un pur et simple outrage et quitta le parti pour rejoindre Kadima, la formation de centre droit. Peres ne fut pas le seul à réagir ainsi : de nombreux électeurs jusqu'alors fidèles au Parti travailliste votèrent en 2006 pour Kadima, ne reconnaissant plus leur parti dès lors qu'il était dirigé par un Mizrahi.

19. Amnon Raz-Krakotzkin, « A national colonial theology. Religion, orientalism, and the construction of the secular in Zionist discourse », *Tel Aviver Jahrbuch für Deutsche Geschichte* 31, 2002, p. 312-326 ; Raz-Krakotzkin, « The Zionist return to the West and the Mizrahi Jewish perspective », *op. cit.*

20. Shlomo Deshen, « The emergence of the Israeli Sephardi ultra-orthodox movement », *Jewish Social Studies* 11 / 2, 2005, p. 77-101.

21. Eitan Schiffman, « The Shas school system in Israel », *Nationalism and Ethnic Politics* 11 / 1, 2005, p. 89-124.

22. Ami Pedahzur, « The transformation of Israel's extreme right », *Studies in Conflict and Terrorism* 24 / 1, 2001, p. 25-42.

23. Taly Krupkin, « Alt-Right leader has no regrets about "Hail Trump", but tells *Haaretz* : Jews have nothing to fear », *Haaretz*, 3 décembre 2016.

24. Jeremy Sharon, « "Trump's election heralds coming

of Messiah", says Deri », *The Jerusalem Post*, 10 novembre 2016 : http://www.jpost.com/Israel-News/Trumps-election-heralds-coming-of-Messiah-says-Deri-472282 (dernier accès en date : décembre 2016).

25. Pour une analyse brillante de l'échec des messages universalistes en Israël, voir Nissim Mizrachi, « Sociology in the garden : Beyond the liberal grammar of contemporary sociology », *Israel Studies Review* 31 / 1, 2016, p. 36-65.

26. Pour des données précises sur ce sujet, voir Hanna Ayalon, « Social implications of the expansion and diversification of higher education in Israel », *Israeli Sociology* 10, 2008, p. 33-60 (en hébreu).

V

LE RETOUR DES RÉGIMES MAJORITAIRES

1. « Il ne fait pas encore sombre, mais cela ne saurait tarder » [« Not dark yet », in *Time Out of Mind*, 1977 (*N.d.T.*)].

2. José Saramago, *Les Intermittences de la mort*, trad. du portugais par G. Leibrich, Paris, Seuil, 2008, Points, 2009, p. 22.

3. *Ibid.*

4. Roberto Stefan Foa et Yascha Mounk, « The Democratic Disconnect », *Journal of Democracy* 27 / 3 (juillet 2016), p. 5-17 (p. 7).

5. *Ibid.*, p. 10.

6. Francis Fukuyama, « La fin de l'Histoire ? », *Commentaire*, n° 47, automne 1989, p. 457-469.

7. Ken Jowitt, « After Leninism : The new world disorder », *Journal of Democracy* 2 (hiver 1991), p. 11-20. Jowitt développa plus tard ses idées dans *The New World Disorder : The Leninist Extinction*, Berkeley, University of California Press, 1992 (voir tout particulièrement ses chapitres VII à IX).

8. *Ibid.*, p. 259.

9. Arjun Appadurai, *Géographie de la colère. La violence à l'âge de la globalisation*, trad. de l'anglais (États-Unis)

de F. Bouillot, Paris, Payot, 2007, « Petite Bibliothèque Payot », 2009, p. 42.

10. Harry Kreisler, « The Individual, charisma and the Leninist extinction. A conversation with Ken Jowitt » (« Conversations with History » Series of the Institute of International Studies, UC Berkeley, décembre 1999) ; un entretien consultable à l'adresse suivante : http://globetrotter.berkeley.edu/people/Jowitt/jowitt-con0.html (dernier accès en date : novembre 2016).

11. Viktor Orbán, discours de Băile Tusnad (tenu le 26 juillet 2014) ; une traduction anglaise de ce discours est consultable à l'adresse suivante : http://budapestbeacon.com/public-policy/full-text-of-viktor-orbans-speech-at-baile-tusnad-tusnadfurdo-of-26-july-2014/10592 (dernier accès en date : novembre 2016). [Pour une analyse — et un démontage — de la stratégie de Viktor Orbán consistant à faire passer son État illibéral pour une démocratie illibérale, on pourra lire : Jan-Werner Müller, *Qu'est-ce que le populisme ? Définir enfin la menace*, trad. de l'allemand de F. Joly, Paris, Premier Parallèle, 2016 ; rééd. Gallimard, « Folio essais », 2017 (*N.d.T.*)].

12. *Ibid.*

13. On se reportera ici aux *Études sur la personnalité autoritaire* de Theodor W. Adorno (tr. de l'allemand de H. Frappat, Paris, Allia, 2007), réalisées aux États-Unis, au temps de l'exil, de la guerre et de l'immédiat après-guerre, avant qu'Adorno, Horkheimer et leurs collègues de l'Institut de Recherche sociale ne retrouvent Francfort. (*N.d.T.*)

14. Karen Stenner, *The Autoritarian Dynamic*, Cambridge / New York, Cambridge University Press, 2010.

15. Jonathan Haidt, « When and why nationalism beats globalism », *The American Interest* 12 / 1, 10 juillet 2016 : http://www.the-american-interest.com/2016/07/10/when-and-why-nationalism-beats-globalism/ (dernier accès en date : novembre 2016).

16. Gáspár Miklós Tamás, « What is post-fascism ? » (13 septembre 2001) : https://www.opendemocracy.net/people-newright/article_306.jsp (dernier accès en date : novembre 2016).

17. « History of the World Values Survey Association » : http://www.worldvaluessurvey.org/WVSContents.jsp?CMSID=History (dernier accès en date : novembre 2016). Le World Values Survey est un projet international réalisant des enquêtes sur les valeurs et les croyances autour du monde. (*N.d.T.*)

18. Max Roser, « Happiness and life satisfaction » (2016) : https://ourworldindata.org/happiness-and-life-satisfaction/ (dernier accès en date : novembre 2016).

19. Mark Lilla, *The Shipwrecked Mind. On Political Reaction*, New York, New York Review Books, 2016, p. XIV.

20. Mark Lilla, « Republicans for revolution », *The New York Review of Books*, 12 janvier 2012.

21. Dani Rodrik, *The Globalization Paradox : Democracy and the Future of the World Economy*, New York, W. W. Norton & Company, 2011.

22. Pour une analyse de ces stratégies et méthodes de démantèlement, on pourra là encore se reporter à : Jan-Werner Müller, *Qu'est-ce que le populisme ? Définir enfin la menace, op. cit*. (*N.d.T.*)

VII

SURMONTER LA PEUR DE LA LIBERTÉ

1. Le *borough council* est le conseil municipal d'un *borough*, c'est-à-dire d'une ville représentée à la Chambre des communes par un ou plusieurs députés. (*N.d.T.*)

2. Voir Michel Foucault, *Naissance de la biopolitique. Cours au Collège de France 1978-1979*, Paris, EHESS-Seuil-Gallimard, « Hautes études », 2004.

3. Je remercie le romancier Jim Crace pour cette métaphore de l'oxygénation, qu'il m'a suggéré d'utiliser ici.

4. Equitable Life était la plus ancienne mutuelle d'assurance-vie au monde, et l'une des plus renommées jusqu'au moment où sa réputation fut ruinée — en même temps que ses adhérents — par le scandale en question. (*N.d.T.*)

5. Le système de santé publique du Royaume-Uni. (*N.d.T.*)

6. L'arrêt Viking du 11 décembre 2007 donne raison à la compagnie finlandaise Viking qui souhaitait soustraire l'un de ses navires sous pavillon estonien à l'application de la convention collective finlandaise. L'arrêt Laval du 18 décembre 2007, lui, donne raison à la société suédoise de construction Laval, qui employait des salariés lettons en Suède et qui refusait de leur appliquer la convention collective du secteur. Dans ces deux cas, la Cour européenne de justice condamne en outre les actions collectives menées par les organisations syndicales et qui visaient à forcer les entreprises à respecter les conventions collectives. (*N.d.T.*)

7. Nous devons l'idée de la *survival of the fittest* (la survie du plus apte) à Herbert Spencer. Darwin l'a reprise dans la cinquième édition de *L'Origine des espèces* (1869). (*N.d.T.*)

8. Joe Twyman, « Trump, Brexit, Front national, AfD : branches of the same tree » (16 novembre 2016) : https://yougov.co.uk/news/2016/11/16/trump-brexit-front-national-afd-branches-same-tree/ (dernier accès en date : novembre 2016).

9. Voir mon ouvrage *Postcapitalism : A Guide to Our Future*, Londres, Allen Lane, 2015.

10. Erich Fromm, *Escape From Freedom* (1941), New York, Henry Holt, 1994, p. 207. Éd. allemande : *Die Furcht vor der Freiheit*, Munich, dtv, 1990 et 2008. (*N.d.T.*)

11. Voir note 2 du chap. IV. (*N.d.T.*)

12. Henrik Braconier, Giuseppe Nicoletti, Ben Westmore, « Policy challenges for the next fifty years » (2014), OECD Economic Policy Papers 9 : http://www.oecd.org/economy/Policy-challenges-for-the-next-fifty-years.pdf (dernier accès en date : novembre 2016).

VIII
LA POLITIQUE À L'ÈRE DU RESSENTIMENT
LE SOMBRE HÉRITAGE DES LUMIÈRES

1. Sigmund Freud, « Lettre à Frederik van Eeden », *Œuvres complètes*. Vol. XIII. *1914-1915*, Paris, PUF, 1988, p. 125.

2. Robert Musil, « L'Europe désemparée ou Petit voyage du coq à l'âne », *Essais, conférences, critique, aphorismes et réflexions*, trad. de l'allemand et préface de Ph. Jaccottet, Paris, Seuil, 1984, p. 142-143.

3. Sigmund Freud, « Lettre à Frederik van Eeden », *op. cit*.

4. Michael Ignatieff, « Messianic America : Can he explain it ? », *The New York Review of Books*, 19 novembre 2015 (un article consacré à l'intellectuel marxiste Perry Anderson).

5. Karl Marx, « Plus-value et capital », *Le Capital*, septième section, in *Œuvres* I, trad. et éd. M. Rubel, Paris, Gallimard, « Bibliothèque de la Pléiade », 1963, p. 1117-1118.

6. Thomas Piketty, « Pour une autre mondialisation ». Ce texte est consultable sur le blog de l'économiste, à l'adresse suivante : http://piketty.blog.lemonde.fr/2016/11/15/ pour-une-autre-mondialisation/ (dernier accès en date : décembre 2016).

7. Gary Younge, « How Trump took middle America », *The Guardian :* https://www.theguardian.com/membership/2016/nov/16/how-trump-took-middletown-muncie-election (dernier accès en date : novembre 2016).

8. Mike Davis, « Not a revolution — yet » (15 novembre 2016) : http://www.versobooks.com/blogs/2948-not-a-revolution-yet (dernier accès en date : novembre 2016).

9. Fédor Dostoïevski, *Les Carnets du sous-sol*, trad. du russe de A. Markowicz, in *Œuvres romanesques. 1859-1864*, Arles, Actes Sud, « Thesaurus », 2015, p. 1314.

10. Robert Musil, « L'Europe désemparée ou Petit voyage du coq à l'âne », *op. cit.*, p. 154.

11. Sigmund Freud, *L'Avenir d'une illusion*, trad. de

l'allemand de B. Lortholary, Paris, Seuil, « Points », 2011, p. 40.

12. Voir note 2 du chap. IV. (*N.d.T.*)

13. Site Internet à la fois ultraconservateur et trash, dont le cofondateur, Stephen Bannon, se vit confier par Donald Trump les rênes de sa campagne. Bannon est désormais le conseiller stratégie en chef de Trump. (*N.d.T.*)

14. Alexis de Tocqueville, *De la démocratie en Amérique*, in *Œuvres* II, Paris, Gallimard, « Bibliothèque de la Pléiade », 1992 (voir tout particulièrement son livre II, chap. I).

15. Alexis de Tocqueville, *Voyage en Angleterre et en Irlande de 1835*, in *Œuvres* I, Paris, Gallimard, « Bibliothèque de la Pléiade », 1991, p. 514.

16. Voir Max Scheler, *L'Homme du ressentiment*, Paris, Gallimard, « Les Essais », 1933, et « Idées », 1971. (*N.d.T.*)

17. Albert Camus, *L'Homme révolté*, in *Œuvres complètes* III. *1949-1956*, Paris, Gallimard, « Bibliothèque de la Pléiade », 2008, p. 75.

18. Stephen Kotkin, *Magnetic Mountain : Stalinism as a Civilization*, Berkeley / Los Angeles, University of California Press, 1997, p. 364.

19. Voir Theodor W. Adorno et Max Horkheimer, *La Dialectique de la raison* [1944], trad. de l'allemand d'É. Kaufholz, Paris, Gallimard, « Bibliothèque des Idées », 1974, « Tel », 1983. (*N.d.T.*)

20. Tony Judt (avec Timothy Snyder), *Thinking the Twentieth Century*, Londres, Penguin, 2012, p. 386.

21. Voir Pierre Manent, *Situation de la France*, Paris, Desclée de Brouwer, 2015. (*N.d.T.*)

22. Tocqueville cité par Leo Damrosch, *Tocqueville's Discovery of America*, New York, Farrar, Straus & Giroux, 2010, p. 91 [Voir Alexis de Tocqueville, *De la démocratie en Amérique, op. cit*. (*N.d.T.*)].

IX
LE COURAGE DE L'AUDACE

1. Pierre Bourdieu, « Penser la politique », in *Actes de la Recherche en sciences sociales*, 71 / 72, 1988, p. 2-4.

2. Joan C. Williams, « What so many people don't get about the American working class », *Harvard Business Review*, 10 novembre 2016 : https://hbr.org/2016/11/what-so-many-people-dont-get-about-the-u-s-working-class (dernier accès en date : décembre 2016).

3. Carlos Hanimann, « "Egal was die Linke macht" », entretien avec Silja Häusermann, *Die Wochenzeitung* 47/2016, 24 novembre 2016 : https://www.woz.ch/-74ce (dernier accès en date : décembre 2016).

4. Didier Eribon, *Retour à Reims*, Paris, Fayard, 2009, rééd. « Champs », Flammarion, 2010.

5. *Ibid.*, p. 27.

6. John Harris, « Does the Left have a future ? », *The Guardian*, 6 septembre 2016 : https://www.theguardian.com/politics/2016/sep/06/does-the-left-have-a-future (dernier accès en date : décembre 2016).

7. Voir Barack Obama, *L'Audace d'espérer. Un nouveau rêve américain*, Paris, « Points », Seuil, 2009. Le titre de cet ouvrage est tiré d'un discours tenu par Obama en juillet 2004 à l'occasion du congrès annuel des démocrates.

X
LA DÉ-CIVILISATION
SUR LES TENDANCES RÉGRESSIVES À L'ŒUVRE DANS LES SOCIÉTÉS OCCIDENTALES

1. Leo Löwenthal, *Falsche Propheten. Studien zum Autoritarismus, Schriften 3* [1949], Francfort-sur-le-Main, Suhrkamp, 1990, p. 29.

2. Voir Göran Therborn, « An age of progress ? », *New Left Review* II / 99, 2016, p. 27-38 (p. 35).

3. Voir Michelle Alexander, *The New Jim Crow. Mass*

Incarceration in the Age of Colorblindness, New York, New Press, 2010.

4. Voir Oliver Nachtwey, *Die Abstiegsgesellschaft. Über das Aufbegehren in der regressiven Moderne*, Berlin, Suhrkamp, 2016.

5. Norbert Elias, *La Société de cour*, trad. de l'allemand de P. Kamnitzer et J. Étoré, Paris, Flammarion, « Champs », 2008 ; *La Civilisation des mœurs*, trad. de l'allemand de P. Kamnitzer, Paris, Pocket, 2003 ; *La Dynamique de l'Occident*, trad. de l'allemand de P. Kamnitzer, Paris, Pocket, 2003.

6. Il en résulta plus tard un élément conservateur : lorsque le soulèvement de la moyenne bourgeoisie atteignit son apogée, l'optimisme retomba et l'enjeu consista dès lors, de plus en plus, à défendre la position alors obtenue. Le regard, à partir de cette date, se tourna bien moins vers le futur que vers le passé et la nation (voir Norbert Elias, *Studien über die Deutschen. Machtkämpfe und Habitusentwicklung im 19. und 20. Jahrhundert* [1989], Francfort-sur-le-Main, Suhrkamp, 1992, p. 174 et s.).

7. Les luttes de classes ont peu intéressé Elias dans la mesure où il s'est surtout consacré à l'étude des changements, sur le long terme, des structures de la personnalité.

8. Voir Theodor W. Adorno et Max Horkheimer, *La Dialectique de la raison* [1944], *op. cit.*

9. Norbert Elias, *Studien über die Deutschen, op. cit.*, p. 225.

10. Theodor W. Adorno et Max Horkheimer, *La Dialectique de la raison, op. cit.*, p. 13.

11. Voir Ulrich Beck, *La Société du risque*, trad. de l'allemand de L. Bernardi, Paris, Aubier, 2001, et Flammarion, « Champs Essais », 2008.

12. Voir, par exemple, au sujet des reculs de l'organisation de la société civile aux États-Unis, Robert Putnam, *Bowling Alone. The Collapse and Revival of American Community*, New York, Simon & Schuster, 2000.

13. Pierre Bourdieu, *Contre-feux. Propos pour servir à la résistance contre l'invasion néo-libérale*, Paris, Raisons d'agir, 1998.

14. Voir Max Horkheimer, « Zur Kritik der instrumentellen Vernunft », *Gesammelte Schriften*, vol. VI : *Zur Kritik der instrumentellen Vernunft und Notizen 1949-1969* [1967], Francfort-sur-le-Main, Fischer, 1991, p. 19-186. [Voir Max Horkheimer, *Théorie traditionnelle et théorie critique*, trad. de l'allemand de C. Maillard et S. Muller, Paris, Gallimard, « Les Essais », 1974, et « Tel », 1996 (*N.d.T.*)].

15. Voir Max Horkheimer, « Autorité et famille » [1936], *ibid.* (*N.d.T.*)

16. Sociologue américain libéral (1902-1979), qui « importa » aux États-Unis la pensée de Max Weber. Les rares traductions françaises de Talcott Parsons sont, hélas, toutes indisponibles. (*N.d.T.*)

17. Axel Honneth, « Verwilderung des sozialen Konflikts. Anerkennungskämpfe zu Beginn des 21. Jahrhunderts », in *Strukturwandel der Anerkennung. Paradoxien sozialer Integration in der Gegenwart* [2011], dir. Ophelia Axel, Stephan Lindemann *et alii*, Francfort-sur-le-Main, Campus, 2013, p. 17-39. [Voir également Axel Honneth, *Le Droit de la liberté. Esquisse d'une éthicité démocratique*, trad. de l'allemand de F. Joly et P. Rusch, Paris, Gallimard, « NRF Essais », 2015 (*N.d.T.*).]

18. Norbert Elias, *Studien über die Deutschen, op. cit.*, p. 225. Les standards en question ont toutefois aussi connu des reculs barbares, tout particulièrement au temps du fascisme.

19. *Ibid.*, p. 462 et s.

20. Voir Branko Milanović, *Die ungleiche Welt. Migration, das Eine Prozent und die Zukunft der Mittelschicht*, Berlin, Suhrkamp, 2016.

21. Norbert Elias, *Studien über die Deutschen, op. cit.*, p. 243.

22. Voir Norbert Elias avec John L. Scotson, *Logiques de l'exclusion* [1965], trad. de l'anglais de P.-E. Dauzat, Paris, Fayard, 1997 [dans notre traduction (*N.d.T.*)].

23. Norbert Elias, *Studien über die Deutschen, op. cit.*, p. 463.

24. Sighard Neckel, Ferdinand Sutterlüty, « Negative Klassifikationen. Konflikte umd die symbolische Ordnung

sozialer Ungleichheit », in *Integrationspotenziale einer modernen Gesellschaft. Analysen zu gesellschaftlicher Integration und Desintegration*, dir. Wilhelm Heitmeyer et Peter Imbusch, Wiesbaden, Verlag für Sozialwissenschaften, 2005, p. 409-428.

25. Voir Theodor W. Adorno, *Études sur la personnalité autoritaire, op. cit.*

26. Voir Oliver Decker, Johannes Kiess et Elmar Brähler, *Die stabilisierte Mitte. Rechtsextreme Einstellung in Deutschland 2014*, Leipzig, Kompetenzzentrum für Rechtsextremismus- und Demokratieforschung der Universität Leipzig, 2014 : http://research.uni-leipzig.de/kredo/Mitte_Leipzig_Internet.pdf (dernier accès en date : décembre 2016).

27. Norbert Elias, *Studien über die Deutschen, op. cit.*, p. 414.

28. Voir Norbert Elias, *La Société des individus*, trad. de l'allemand de J. Etoré, Paris, Pocket, 1998.

XI

POLITIQUE PROGRESSISTE ET POLITIQUE RÉGRESSIVE DANS LE NÉOLIBÉRALISME TARDIF

1. Le Parti populaire autrichien est un parti de sensibilité à la fois démocrate-chrétienne et conservatrice. (*N.d.T.*)

2. Donatella della Porta, *Social Movements in Times of Austerity*, Cambridge, Polity, 2015.

3. Hanspeter Kriesi *et alii*, *West European Politics in the Age of Globalization*, Cambridge, Cambridge University Press, 2008.

4. Manuela Caiani, Donatella della Porta, Claudius Wagemann, *Mobilizing on the Extreme Right. Germany, Italy, and the United States*, Oxford, Oxford University Press, 2012.

5. Karl Polanyi, *La Grande Transformation. Aux origines politiques et économiques de notre temps, op. cit.*

6. *Ibid.*, chap. 11, p. 193-198. (*N.d.T.*)

7. Cité *in* D. della Porta, *Social Movements in Times of Austerity, op. cit.*, p. 19.

8. Voir, entre autres, David Harvey, *Brève histoire du néolibéralisme*, trad, de l'anglais (États-Unis) d'A. Burlaud et A. Feron, Paris, Les Prairies ordinaires, 2014.

9. Voir Donatella della Porta, *Can Democracy be Saved ?*, Oxford, Polity, 2013, et Donatella della Porta, *Social Movements in Times of Austerity, op. cit.*

10. *Ibid.*

11. Zygmunt Bauman, *Le Présent liquide. Peurs sociales et obsessions sécuritaires*, trad. de l'anglais de L. Bury, Paris, Seuil, 2007.

12. Colin Crouch, *L'Étrange Survie du néolibéralisme*, trad. de l'anglais de Y. Coleman, Zurich, Diaphanes, 2016.

13. Donatella della Porta, *Democracy in Social Movements*, Londres, Palgrave, 2009 ; Donatella della Porta (dir.), *Another Europe : Conceptions and Practices of Democracy in the European Social Forums*, Londres, Routledge, 2009.

14. Donatella della Porta *et alii*, *Late Neoliberalism and its Discontents in the Economic Crisis*, Londres, Palgrave, à paraître.

15. Donatella della Porta (dir.), *Global Diffusion of Protest. Riding the Protest Wave in the Neoliberal Crisis*, Amsterdam, Amsterdam University Press, 2017 ; Donatella della Porta, Joseba Fernández, Hara Kouki et Lorenzo Mosca, *Movement Parties Against Austerity*, Cambridge, Polity, 2017.

16. Hanspeter Kriesi *et alii*, *West European Politics in the Age of Globalization, op. cit.*, p. 8.

17. *Ibid.*

18. Kenneth Roberts, « Populism and Social Movements », *in* Donatella della Porta et Mario Diani (dir.), *Oxford Handbook on Social Movements*, Oxford, Oxford University Press, 2015, p. 681-682.

19. *Ibid.*, p. 685.

20. Kenneth Roberts, *Changing Course in Latin America : Party Systems in the Neoliberal Era*, Cambridge, Cambridge University Press, 2015.

21. Donatella della Porta (dir.), *Global Diffusion of Protest, op. cit.*

22. Michael Burawoy, « Facing an unequal world », *Current Sociology* 63 / 1, 2015, p. 5-34.

XII
LE RETOUR DES ÉVINCÉS : LE DÉBUT DE LA FIN DU CAPITALISME NÉOLIBÉRAL

1. Comme le lecteur s'en apercevra, j'utilise en les prenant à rebours des concepts ayant intégré en peu de temps le répertoire de la rhétorique politique.

2. Voir Wolfgang Streeck, *Du temps acheté. La crise sans cesse ajournée du capitalisme démocratique*, trad. de l'allemand de F. Joly, Paris, Gallimard, « NRF Essais », 2014.

3. Wolfgang Streeck, « Industrielle Beziehungen in einer internationalisierten Wirtschaft », *in* Ulrich Beck (dir.), *Poltik der Globalisierung*, Francfort-sur-le-Main, Suhrkamp, 1998, p. 169-202.

4. Peter Mair, Richard S. Katz, « Changing models of party organization and party democracy. The emergence of the cartel party », *Party Politics* 1 / 1, 1995, p. 5-28.

5. Voir note 1.

6. Voir sur ce point Wolfgang Streeck, *Du temps acheté. La crise sans cesse ajournée du capitalisme démocratique, op. cit.*

7. L'État fiscal est cet État qui était encore en mesure de lever l'impôt ; l'État débiteur est cet État qui, après s'être surendetté faute de pouvoir lever l'impôt, se retrouve sous la coupe des institutions bancaires et financières ; l'État de la consolidation, quant à lui, est cet État qui se retrouve dès lors dans l'obligation de s'astreindre à une cure d'austérité le vidant de sa substance et le privant de tout pouvoir. Voir *ibid.* (*N.d.T.*)

8. Voir Oliver Nachtwey, *Die Abstiegsgesellschaft. Über das Aufbegehren in der regressiven Moderne*, Berlin, Suhrkamp, 2016.

9. Colin Crouch, *Post-démocratie*, trad. de l'anglais de Y. Coleman, Zürich, Diaphanes, 2013.

10. Sur la contribution de l'économiste Arthur B. Laffer

à la politique d'endettement étatique et à la politique fiscale reaganienne, voir David A. Stockman, *The Triumph of Politics. How the Reagan Revolution Failed*, New York, Harper and Row, 1986.

11. Ce terme, qui avait été jusque-là cantonné à la théorie littéraire et à la psychologie, n'est que récemment entré en politique, mais y a fait une carrière étonnamment rapide. Ce qui ne saurait étonner. À en croire Wikipedia, un récit a pour visée de conférer de la signification, de transmettre des émotions, de donner une orientation et d'inspirer confiance. Voir à ce propos : https://de.wikipedia.org/wiki/Narrativ (dernier accès en date : novembre 2016). Cette notion est particulièrement invoquée au sujet de l'« Europe », où l'on réclame toujours un meilleur « récit » dès que les choses tournent à l'aigre.

12. Le 15 novembre 2016, l'équipe rédactionnelle des Oxford Dictionaries a annoncé que l'expression « post-vérité » était le mot de l'année. En Allemagne, la Gesellschaft für deutsche Sprache lui a tout de suite emboîté le pas, annonçant que l'expression « *post-faktisch* » était également le « mot de l'année » : des « couches de la population toujours plus importantes » éprouveraient de plus en plus de répugnance pour « ceux d'en haut » ; elles montreraient, paraît-il, une certaine tendance à ignorer les faits et même à accepter bien volontiers de flagrants mensonges. Les « temps post-factuels » se caractériseraient, nous dit-on, non pas par une quelconque exigence de vérité, mais par l'expression d'une « vérité ressentie ». Après des décennies d'hégémonie constructiviste dans les facultés de lettres (le récit !), une soudaine redécouverte de la vérité objective, et tout cela pour mieux offenser les concitoyens non universitaires…

13. La ressemblance avec les *literacy tests*, auxquels les citoyens américains de peau noire étaient jadis soumis dans les États du Sud, n'est pas chose négligeable. Sandro Gaycken, « directeur du Digital Society Institute, un institut de recherche stratégique dédié aux questions posées par l'ère digitale aux entreprises allemandes », nous en a offert un bel exemple le 29 novembre 2016 dans les colonnes de

la *Frankfurter Allgemeine Zeitung* : « Ce dont nous avons besoin, y écrit-il, c'est d'une "gnosicratie". Qui veut voter doit démontrer qu'il en a les compétences. [...] Il faut qu'à l'entrée des isoloirs des variantes d'un texte à choix multiples soient soumises aux personnes désirant voter — variantes d'un texte soulevant des questions relativement simples dans chacun des grands domaines de la politique (politique extérieure, politique intérieure, environnement, économie, etc.), auxquelles toutes ces personnes devraient s'astreindre à répondre. Celles qui y répondraient correctement auraient alors le droit de voter. »

14. Michael Gove, cité par Henry Mance, « Britain has had enough of experts, says Gove », *Financial Times* (3 juin 2016) : https://www.ft.com/content/3be49734-29cb-11e6-83e4-abc22d5d108c (dernier accès en date : novembre 2016).

15. Une référence à l'ouvrage éponyme de Karl Jaspers, paru au début des années 1930 en Allemagne, et dont la traduction française (que nous devons à W. Biemel et J. Ladrière) fut publiée en 1951 chez Desclée de Brouwer. (*N.d.T.*)

16. Ève Chiapello et Luc Boltanski ont ainsi montré dans leur ouvrage *Le Nouvel Esprit du capitalisme* (Paris, Gallimard, « NRF Essais », 1999) comment les valeurs de « 1968 » avaient été cooptées par un capitalisme soucieux de s'adapter à une société en pleine mutation.

17. En français dans le texte. (*N.d.T.*)

18. Voir Ernesto Laclau, *La Raison populiste*, trad. de l'anglais de J.-P. Ricard, Paris, Seuil, « L'ordre philosophique », 2008 ; Chantal Mouffe, *Agonistique. Penser politiquement le monde*, trad. de l'anglais de D. Beaulieu, Paris, Beaux-Arts de Paris Éditions, 2014.

19. Les « populistes » leur rendent la pareille en présentant tous les avocats de la doctrine « TINA », quelle que soit leur affiliation idéologique, comme des membres d'une « élite » unique, unifiée, impossibles à distinguer les uns des autres, et se plaçant tous au service de la globalisation.

20. La dimension internationale du conflit est intéressante. L'internationale des internationalistes met en garde

contre une internationale des nationalistes, qu'il s'agirait de combattre en commun au nom de la démocratie — et inversement. Il est également question, de temps à autre, d'une internationale « autoritaire » qui devrait être combattue par l'internationale (néo)libérale aussi bien sur le plan de la politique intérieure que sur celui de la politique extérieure. (Nationalisme et autoritarisme sont ainsi confondus.) Il est vrai que les dirigeants des partis européens présentés comme populistes, mais aussi Trump et le dictateur en devenir de la Turquie, s'expriment le plus souvent de façon positive au sujet de la Russie.

21. En Allemagne, l'AfD est le parti qui compte le plus de « followers » sur son compte Facebook.

22. Robert D. Putnam, *Our Kids : The American Dream in Crisis*, New York, Simon & Schuster, 2015.

23. Voir Wolfgang Streeck, *How Will Capitalism End ?*, Londres et New York, Verso, 2016, p. 35-46.

24. Voir ici les *Cahiers de prison* d'Antonio Gramsci, édités par Robert Paris aux éditions Gallimard, et plus particulièrement les *Cahiers* 3 (« Bibliothèque de Philosophie », 1996). (*N.d.T.*)

25. Peter Mair, « Representative versus responsible government », MPIfG Working Paper n° 09 / 8, septembre 2009 : http://www.mpifg.de/pu/workpap/wp09-8.pdf (dernier accès en date : novembre 2016).

26. N. N., « May will niedrigste Unternehmenssteuern der G20 », *Frankfurter Allgemeine Zeitung*, 21 novembre 2016 : http://www.faz.net/aktuell/wirtschaft/wirtschaftspolitik/theresa-may-will-niedrigste-unternehmenssteuern-der-g20-14537468.html (dernier accès en date : novembre 2016).

27. L'*helicopter money* — une expression que nous devons à Milton Friedman — désigne une politique monétaire du dernier recours consistant, afin de lutter contre la déflation, à lancer la planche à billets et à distribuer ceux-ci directement aux ménages (comme d'un hélicoptère). Une telle politique constitue l'ultime moyen de forcer une population à consommer. (*N.d.T.*)

28. Allusion très ironique à une certaine posture morale

que résume cette expression devenue célèbre en Allemagne, au milieu des années 2000 — époque où un certain nombre de dirigeants politiques et syndicaux en appelèrent à une « insurrection des gens honnêtes » contre l'extrême droite à un moment où les attaques racistes se multipliaient contre les immigrés. (*N.d.T.*)

29. Alison Smale, Steven Erlanger, « As Obama exits world stage, Angela Merkel may be the liberal West's last defender », *The New York Times*, 12 novembre 2016 : http://www.nytimes.com/2016/11/13/world/europe/germany-merkel-trump-election.html (dernier accès en date : novembre 2016).

30. Karl Marx, *Le 18 Brumaire de Louis Bonaparte*, in *Œuvres* IV. *Politique*, éd. M. Rubel, Paris, Gallimard, « Bibliothèque de la Pléiade », 1994, p. 533. (*N.d.T.*)

XIII

DE LA RÉGRESSION GLOBALE AUX CONTRE-MOUVEMENTS POST-CAPITALISTES

1. Robert Castel, *La Montée des incertitudes. Travail, protections, statut de l'individu*, Paris, Seuil, 2009.

2. David Harvey, *Brève histoire du néolibéralisme, op. cit.*

3. Karl Polanyi, *La Grande Transformation. Aux origines politiques et économiques de notre temps, op. cit.*

4. James Petras, *The Left Strikes Back : Class And Conflict In The Age Of Neoliberalism*, New York, Perseus, 1999.

5. Anthony Giddens, *Modernity and self-identity*, Stanford, Stanford University Press, 1991 ; Ronald Inglehart, Christian Welzel, *Modernization, Cultural Change, and Democracy*, Cambridge, Cambridge University Press, 2005.

6. Dans les pays d'Europe du Nord, une légende a fait florès, selon laquelle la crise économique espagnole serait due au gaspillage public et à des politiques économiques irresponsables. Ce qui est sûr, c'est que jusqu'en 2007 l'Espagne était un modèle d'orthodoxie économique libérale et que sa dette atteignait 35 % du PIB (la même année, la dette allemande dépassait 60 % du PIB). La dette

espagnole augmenta vertigineusement lorsque, aux lendemains de la crise, le gouvernement décida de maintenir contre vents et marées la politique de réduction des dépenses publiques et se soumit à l'austéricide imposé par l'Union européenne.

7. Owen Jones, « There is a model for the new politics we need. It's Spain », *The Guardian*, 22 juin 2016.

8. Pew Research Global, « Emerging and Developing Economies Much More Optimistic than Rich Countries about the Future », 8 septembre 2014 ; Fondation BBVA, « Values and Worldviews », 5 avril 2013.

9. Certains courants de la gauche européenne suspectent Podemos et d'autres mouvements du changement en Espagne de glisser vers l'espace politique du populisme de droite. Pour le moment au moins, c'est un complet malentendu. Le programme de Podemos se superpose presque parfaitement à celui des partis de la gauche transformatrice traditionnelle. Bien plus, les tentatives d'élargir sa base électorale en recourant à un langage idéologiquement peu connoté — l'opposition entre « ceux d'en bas » et « la caste », ou encore les appels au patriotisme — n'ont eu qu'un succès limité, et les enquêtes montrent que l'identité politique continue à jouer un rôle crucial chez ses électeurs.

10. La notion de travail reproductif renvoie à tous les métiers et toutes les tâches favorisant la naissance d'un enfant en bonne santé et sa pleine intégration à la société. (*N.d.E.*)

11. En français dans le texte (*N.d.T.*).

12. Richard Sennett, *Le Travail sans qualités. Les conséquences humaines de la flexibilité*, trad. de l'anglais (États-Unis) de P.-E. Dauzat, Paris, Albin Michel, 2000 ; Christopher Lasch, *Le Moi assiégé. Essai sur l'érosion de la personnalité*, trad. de l'anglais (États-Unis) de C. Rosson, Paris, Climats, 2008.

13. Albert O. Hirschman, *Les Passions et les intérêts. Justifications politiques du capitalisme avant son apogée*, trad. de l'anglais (États-Unis) de P. Andler, Paris, PUF, 1980 et 2014.

14. Peter Gowan, *The Globalization Gamble : The*

Dollar-Wall Street Regime and its Consequences, Londres, Verso, 1999.

15. La « classe pour soi », notion marxiste, est cette classe dont les membres ont pris collectivement conscience de leurs intérêts communs. (*N.d.E.*)

16. Richard H. Tawney, *Equality*, New York, Harper, 1931.

XIV
CHER PRÉSIDENT JUNCKER

1. Voir Bernard Manin, *Principes du gouvernement représentatif*, Paris, Flammarion, « Champs », 1997.

2. Voir Jürgen Habermas, *L'Espace public* [1962], trad. de l'allemand de Marc B. de Launay, Paris, Payot, 1978 ; ainsi que, du même auteur, *De l'éthique de la discussion*, trad. de l'allemand de M. Hunyadi, Paris, Éditions du Cerf, « Passages », 1992, rééd. Flammarion, « Champs », 1999. (*N.d.T.*)

3. Voir Roberto Stefan Foa, Yascha Mounk, « The democratic discontent », *Journal of Democracy* 27 / 3, juillet 2016, p. 5-18 (p. 7) : http://www.journalofdemocracy.org/sites/default/files/Foa%26Mounk-27-3.pdf (dernier accès en date : décembre 2016).

4. Jean-Claude Juncker, « State of the Union Address 2016 : Towards a better Europe — a Europe that protects, empowers and defends », 14 septembre 2016 : http://europa.eu/rapid/press-release_SPEECH-16-3043_en.htm (dernier accès en date : décembre 2016).

5. Voir note 28 du chap. XII. (*N.d.T.*)

6. Le 1er mars 2017, Jean-Claude Juncker a présenté devant le Parlement européen un Livre blanc détaillant diverses propositions de relance du projet européen. Écartant l'hypothèse d'une désintégration de l'Union, ce Livre blanc envisage plusieurs pistes, dont celle d'une « Europe à plusieurs vitesses ». (*N.d.T.*)

XV
LA TENTATION POPULISTE

1. Je m'appuie ici sur un texte (en slovène) d'Alenka Zupančič, « AIMO », *Mladina*, hiver 2016 / 2017.

2. Bernard Brščič, « George Soros is one of the most depraved and dangerous people of our time » (en slovène), *Demokracija*, 25 août 2016, p. 15.

3. Il y a deux ans de cela, des rumeurs circulaient déjà dans les rangs de ces fondamentalistes : des troupes latino-américaines étaient déjà à l'œuvre dans les plaines du Midwest, en train d'y construire de gigantesques camps de concentration…

4. Voir, pour le scénario en langue originale : http://www.dailyscript.com/scripts/citizenkane.html

5. Scott MacLeod, « Global Trouble. American philosopher Judith Butler discusses American vulgarity, Middle East upheaval, and other forms of the global crisis », *The Cairo Review of Global Affairs* (automne 2016) : https://www.thecairoreview.com/q-a/global-trouble/ (dernier accès en date : décembre 2016).

6. Pour une critique conceptuelle de l'usage fait, à gauche, de la notion de populisme, voir Slavoj Žižek, *Pour défendre les causes perdues*, trad. de l'anglais de D. Bismuth, Paris, Flammarion, 2012.

7. Pour une très juste analyse de ce dédain, et des faiblesses d'une telle posture, on se reportera avec profit à Jan-Werner Müller, *Qu'est-ce que le populisme ?, op. cit.* (*N.d.T.*)

8. Dissident du mouvement Syriza et membre fondateur de l'Unité populaire, formation marxiste très hostile à l'Europe, jusqu'à vouloir s'en retirer absolument. (*N.d.T.*)

9. Pour une explication concise de sa position, on pourra lire Chantal Mouffe, « Pour un populisme de gauche », *Le Monde*, 21 avril 2016.

10. Nathalie Nougayrède, « François Fillon is as big a threat to liberal values as Marine Le Pen », *The Guardian*, 28 novembre 2016 : https://www.theguardian.com/

commentisfree/2016/nov/28/francois-fillon-threat-liberal-values-marine-le-pen-france (dernier accès en date : décembre 2016).

11. Voir note 24 du chap. XII. (*N.d.T.*)

12. Voir T. S. Eliot, *Notes Towards the Definition of Culture*, Londres, Faber & Faber, 1973.

13. Emmanuel Kant, *Vers la paix perpétuelle*, trad. de J.-F. Poirier et F. Proust, présentation de F. Proust, Paris, Garnier-Flammarion, 1991 et 2006, p. 96-97.

APPENDICES

DANS LA COLLECTION FOLIO / ESSAIS

375 Thomas Hobbes : *Léviathan (ou Matière, forme et puissance de l'État chrétien et civil).*
376 Martin Luther : *Du serf arbitre.*
377 Régis Debray : *Cours de médiologie générale.*
378 Collectif : *L'enfant.*
379 Shmuel Trigano : *Le récit de la disparue (Essai sur l'identité juive).*
380 Collectif : *Quelle philosophie pour le XXIe siècle ?*
381 Maurice Merleau-Ponty : *Signes.*
382 Collectif : *L'amour de la haine.*
383 Collectif : *L'espace du rêve.*
384 Ludwig Wittgenstein : *Grammaire philosophique.*
385 George Steiner : *Passions impunies.*
386 Collectif : *Histoire de la musique I, vol. 1. Des origines à Jean-Sébastien Bach.* Édité sous la direction de Roland-Manuel.
387 Collectif : *Histoire de la musique I, vol. 2. Des origines à Jean-Sébastien Bach.* Édité sous la direction de Roland-Manuel.
388 Collectif : *Histoire de la musique II, vol. 1. Du XVIIIe siècle à nos jours.* Édité sous la direction de Roland-Manuel.
389 Collectif : *Histoire de la musique II, vol. 2. Du XVIIIe siècle à nos jours.* Édité sous la direction de Roland-Manuel.
390 Geneviève Fraisse : *Les deux gouvernements : la famille et la Cité.*
392 J.-B. Pontalis : *Ce temps qui ne passe pas* suivi de *Le compartiment de chemin de fer.*
393 Françoise Dolto : *Solitude.*
394 Marcel Gauchet : *La religion dans la démocratie. Parcours de la laïcité.*
395 Theodor W. Adorno : *Sur Walter Benjamin.*
396 G. W. F. Hegel : *Phénoménologie de l'Esprit, I.*
397 G. W. F. Hegel : *Phénoménologie de l'Esprit, II.*
398 D. W. Winnicott : *Jeu et réalité.*
399 André Breton : *Le surréalisme et la peinture.*

400 Albert Camus : *Chroniques algériennes 1939-1958 (Actuelles III).*
401 Jean-Claude Milner : *Constats.*
402 Collectif : *Le mal.*
403 Shmuel Trigano : *La nouvelle question juive (L'avenir d'un espoir).*
404 Paul Valéry : *Variété III, IV et V.*
405 Daniel Andler, Anne Fagot-Largeault et Bertrand Saint-Sernin : *Philosophie des sciences, I.*
406 Daniel Andler, Anne Fagot-Largeault et Bertrand Saint-Sernin : *Philosophie des sciences, II.*
407 Danilo Martuccelli : *Grammaires de l'individu.*
408 Collectif : *Les philosophes et la science.* Édité sous la direction de Pierre Wagner.
409 Simone Weil : *La Condition ouvrière.*
410 Colette Guillaumin : *L'idéologie raciste (Genèse et langage actuel).*
411 Jean-Claude Lavie : *L'amour est un crime parfait.*
412 Françoise Dolto : *Tout est langage.*
413 Maurice Blanchot : *Une voix venue d'ailleurs.*
414 Pascal Boyer : *Et l'homme créa les dieux (Comment expliquer la religion).*
415 Simone de Beauvoir : *Pour une morale de l'ambiguïté* suivi de *Pyrrhus et Cinéas.*
416 Shihâboddîn Yahya Sohravardî : *Le livre de la sagesse orientale (Kitâb Hikmat al-Ishrâq).*
417 Daniel Arasse : *On n'y voit rien (Descriptions).*
418 Walter Benjamin : *Écrits français.*
419 Collectif : *Le Pentateuque (La Bible d'Alexandrie).* Édité sous la direction de Cécile Dogniez et Marguerite Harl.
420 Harold Searles : *L'effort pour rendre l'autre fou.*
421 Le Talmud : *Traité Pessahim.*
422 Ian Tattersall : *L'émergence de l'homme (Essai sur l'évolution et l'unicité humaine).*
423 Eugène Enriquez : *De la horde à l'État (Essai de psychanalyse du lien social).*
424 André Green : *La folie privée (Psychanalyse des cas-limites).*
425 Pierre Lory : *Alchimie et mystique en terre d'Islam.*

426 Gershom Scholem : *La Kabbale (Une introduction. Origines, thèmes et biographies).*
427 Dominique Schnapper : *La communauté des citoyens.*
428 Alain : *Propos sur la nature.*
429 Joyce McDougall : *Théâtre du corps.*
430 Stephen Hawking et Roger Penrose : *La nature de l'espace et du temps.*
431 Georges Roque : *Qu'est-ce que l'art abstrait ?*
432 Julia Kristeva : *Le génie féminin, I. Hannah Arendt.*
433 Julia Kristeva : *Le génie féminin, II. Melanie Klein.*
434 Jacques Rancière : *Aux bords du politique.*
435 Herbert A. Simon : *Les sciences de l'artificiel.*
436 Vincent Descombes : *L'inconscient malgré lui.*
437 Jean-Yves et Marc Tadié : *Le sens de la mémoire.*
438 D. W Winnicott : *Conversations ordinaires.*
439 Patrick Pharo : *Morale et sociologie (Le sens et les valeurs entre nature et culture).*
440 Joyce McDougall : *Théâtres du je.*
441 André Gorz : *Métamorphoses du travail.*
442 Julia Kristeva : *Le génie féminin, III. Colette.*
443 Michel Foucault : *Philosophie (Anthologie).*
444 Annie Lebrun : *Du trop de réalité.*
445 Christian Morel : *Les décisions absurdes.*
446 C. B. Macpherson : *La theorie politique de l'individualisme possessif.*
447 Frédéric Nef : *Qu'est-ce que la métaphysique ?*
448 Aristote : *De l'âme.*
449 Jean-Pierre Luminet : *L'Univers chiffonné.*
450 André Rouillé : *La photographie.*
451 Brian Greene : *L'Univers élégant.*
452 Marc Jimenez : *La querelle de l'art contemporain.*
453 Charles Melman : *L'Homme sans gravité.*
454 Nûruddîn Abdurrahmân Isfarâyinî : *Le Révélateur des Mystères.*
455 Harold Searles : *Le contre-transfert.*
456 Le Talmud : *Traité Moed Katan.*
457 Annie Lebrun : *De l'éperdu.*
458 Pierre Fédida : *L'absence.*
459 Paul Ricœur : *Parcours de la reconnaissance.*

460 Pierre Bouvier : *Le lien social.*
461 Régis Debray : *Le feu sacré.*
462 Joëlle Proust : *La nature de la volonté.*
463 André Gorz : *Le traître* suivi de *Le vieillissement.*
464 Henry de Montherlant : *Service inutile.*
465 Marcel Gauchet : *La condition historique.*
466 Marcel Gauchet : *Le désenchantement du monde.*
467 Christian Biet et Christophe Triau : *Qu'est-ce que le théâtre ?*
468 Trinh Xuan Thuan : *Origines (La nostalgie des commencements).*
469 Daniel Arasse : *Histoires de peintures.*
470 Jacqueline Delange : *Arts et peuple de l'Afrique noire (Introduction à une analyse des créations plastiques).*
471 Nicole Lapierre : *Changer de nom.*
472 Gilles Lipovetsky : *La troisième femme (Permanence et révolution du féminin).*
473 Michael Walzer : *Guerres justes et injustes (Argumentation morale avec exemples historiques).*
474 Henri Meschonnic : *La rime et la vie.*
475 Denys Riout : *La peinture monochrome (Histoire et archéologie d'un genre).*
476 Peter Galison : *L'Empire du temps (Les horloges d'Einstein et les cartes de Poincaré).*
477 George Steiner : *Maîtres et disciples.*
479 Henri Godard : *Le roman modes d'emploi.*
480 Theodor W. Adorno/Walter Benjamin : *Correspondance 1928-1940.*
481 Stéphane Mosès : *L'Ange de l'Histoire (Rosenzweig, Benjamin, Scholem).*
482 Nicole Lapierre : *Pensons ailleurs.*
483 Nelson Goodman : *Manières de faire des mondes.*
484 Michel Lallement : *Le travail (Une sociologie contemporaine).*
485 Ruwen Ogien : *L'Éthique aujourd'hui (Maximalistes et minimalistes).*
486 Collectif : *La pensée en Chine aujourd'hui.* Édité sous la direction d'Anne Cheng, avec la collaboration de Jean-Philippe de Tonnac.

487 Merritt Ruhlen : *L'origine des langues (Sur les traces de la langue mère)*.
488 Luc Boltanski : *La souffrance à distance (Morale humanitaire, médias et politique)* suivi de *La présence des absents*.
489 Jean-Marie Donegani et Marc Sadoun : *Qu'est-ce que la politique ?*
490 G. W. F. Hegel : *Leçons sur l'histoire de la philosophie*.
491 Collectif : *Le royaume intermédiaire* (*Psychanalyse, littérature, autour de J.-B. Pontalis*).
492 Brian Greene : *La magie du Cosmos* (*L'espace, le temps, la réalité : tout est à repenser*).
493 Jared Diamond : *De l'inégalité parmi les sociétés* (*Essai sur l'homme et l'environnement dans l'histoire*).
494 Hans Belting : *L'histoire de l'art est-elle finie ?* (*Histoire et archéologie d'un genre*).
495 Collectif : *La littérature française : dynamique et histoire I*. Édité sous la direction de J.-Y. Tadié.
496 Collectif : *La littérature française : dynamique et histoire II*. Édité sous la direction de J.-Y. Tadié.
497 Catherine Darbo-Peschanski : *L'*Historia (*Commencements grecs*).
498 Laurent Barry : *La parenté*.
499 Louis Van Delft : *Les moralistes. Une apologie*.
500 Karl Marx : *Le Capital* (*Livre I*).
501 Karl Marx : *Le Capital* (*Livres II et III*).
502 Pierre Hadot : *Le voile d'Isis* (*Essai sur l'histoire de l'idée de Nature*).
503 Isabelle Queval : *Le corps aujourd'hui*.
504 Rémi Brague : *La loi de Dieu* (*Histoire philosophique d'une alliance*).
505 George Steiner : *Grammaires de la création*.
506 Alain Finkielkraut : *Nous autres, modernes (Quatre leçons)*.
507 Trinh Xuan Thuan : *Les voies de la lumière (Physique et métaphysique du clair-obscur)*.
508 Marc Augé : *Génie du paganisme*.

509 François Recanati : *Philosophie du langage (et de l'esprit).*
510 Leonard Susskind : *Le paysage cosmique (Notre univers en cacherait-il des millions d'autres ?)*
511 Nelson Goodman : *L'art en théorie et en action.*
512 Gilles Lipovetsky : *Le bonheur paradoxal (Essai sur la société d'hyperconsommation).*
513 Jared Diamond : *Effondrement (Comment les sociétés décident de leur disparition et de leur survie).*
514 Dominique Janicaud : *La phénoménologie dans tous ses états (Le tournant théologique de la phénoménologie française* suivi de *La phénoménologie éclatée).*
515 Belinda Cannone : *Le sentiment d'imposture.*
516 Claude-Henri Chouard : *L'oreille musicienne (Les chemins de la musique de l'oreille au cerveau).*
517 Stanley Cavell : *Qu'est-ce que la philosophie américaine ? (De Wittgenstein à Emerson, une nouvelle Amérique encore inapprochable* suivi de *Conditions nobles et ignobles* suivi de *Status d'Emerson).*
518 Frédéric Worms : *La philosophie en France au XXe siècle (Moments).*
519 Lucien X. Polastron : *Livres en feu (Histoire de la destruction sans fin des bibliothèques).*
520 Galien : *Méthode de traitement.*
521 Arthur Schopenhauer : *Les deux problèmes fondamentaux de l'éthique (La liberté de la volonté — Le fondement de la morale).*
522 Arthur Schopenhauer : *Le monde comme volonté et représentation I.*
523 Arthur Schopenhauer : *Le monde comme volonté et représentation II.*
524 Catherine Audard : *Qu'est-ce que le libéralisme ? (Éthique, politique, société).*
525 Frédéric Nef : *Traité d'ontologie pour les non-philosophes (et les philosophes).*
526 Sigmund Freud : *Sur la psychanalyse (Cinq conférences).*
527 Sigmund Freud : *Totem et tabou (Quelques concordances entre la vie psychique des sauvages et celle des névrosés).*

528 Sigmund Freud : *Conférences d'introduction à la psychanalyse.*
529 Sigmund Freud : *Sur l'histoire du mouvement psychanalytique.*
530 Sigmund Freud : *La psychopathologie de la vie quotidienne (Sur l'oubli, le lapsus, le geste manqué, la superstition et l'erreur).*
531 Jared Diamond : *Pourquoi l'amour est un plaisir (L'évolution de la sexualité humaine).*
532 Marcelin Pleynet : *Cézanne.*
533 John Dewey : *Le public et ses problèmes.*
534 John Dewey : *L'art comme expérience.*
535 Jean-Pierre Cometti : *Qu'est-ce que le pragmatisme ?*
536 Alexandra Laignel-Lavastine : *Esprits d'Europe (Autour de Czeslaw Milosz, Jan Patočka, István Bibó. Essai sur les intellectuels d'Europe centrale au XXe siècle).*
537 Jean-Jacques Rousseau : *Profession de foi du vicaire savoyard.*
538 Régis Debray : *Le moment fraternité.*
539 Claude Romano : *Au cœur de la raison, la phénoménologie.*
540 Marc Dachy : *Dada & les dadaïsmes (Rapport sur l'anéantissement de l'ancienne beauté).*
541 Jean-Pierre Luminet : *Le Destin de l'Univers (Trous noirs et énergie sombre) I.*
542 Jean-Pierre Luminet : *Le Destin de l'Univers (Trous noirs et énergie sombre) II.*
543 Collectif : *Qui sont les animaux ?* Édité sous la direction de Jean Birnbaum.
544 Yves Michaud : *Qu'est-ce que le mérite ?*
545 Luc Boltanski : *L'Amour et la Justice comme compétences (Trois essais de sociologie de l'action).*
546 Jared Diamond : *Le troisième chimpanzé (Essai sur l'évolution et l'avenir de l'animal humain).*
547 Christian Jambet : *Qu'est-ce que la philosophie islamique ?*
548 Lie-tseu : *Le Vrai Classique du vide parfait.*
549 Hans-Johann Glock : *Qu'est-ce que la philosophie analytique ?*
550 Hélène Maurel-Indart : *Du plagiat.*

551 Collectif : *Textes sacrés d'Afrique noire.*
552 Mahmoud Hussein : *Penser le Coran.*
553 Hervé Clerc : *Les choses comme elles sont (Une initiation au bouddhisme ordinaire).*
554 Étienne Bimbenet : *L'animal que je ne suis plus.*
555 Sous la direction de Jean Birnbaum : *Pourquoi rire ?*
556 Tchouang-tseu : *Œuvre complète.*
557 Jean Clottes : *Pourquoi l'art préhistorique ?*
558 Luc Lang : *Délit de fiction (La littérature, pourquoi ?).*
559 Daniel C. Dennett : *De beaux rêves (Obstacles philosophiques à une science de la conscience).*
560 Stephen Jay Gould : *L'équilibre ponctué.*
561 Christian Laval : *L'ambition sociologique (Saint-Simon, Comte, Tocqueville, Marx, Durkheim, Weber).*
562 Dany-Robert Dufour : *Le Divin Marché (La révolution culturelle libérale).*
563 Dany-Robert Dufour : *La Cité perverse (Libéralisme et pornographie).*
564 Sander Bais : *Une relativité bien particulière*... précédé de *Les équations fondamentales de la physique (Histoire et signification).*
565 Helen Epstein : *Le traumatisme en héritage (Conversations avec des fils et filles de survivants de la Shoah).*
566 Belinda Cannone : *L'écriture du désir.*
567 Denis Lacorne : *De la religion en Amérique (Essai d'histoire politique).*
568 Collectif : *Où est passé le temps ?* Édité sous la direction de Jean Birnbaum.
569 Simon Leys : *Protée et autres essais.*
570 Robert Darnton : *Apologie du livre (Demain, aujourd'hui, hier).*
571 Kora Andrieu : *La justice transitionnelle (De l'Afrique du Sud au Rwanda).*
572 Leonard Susskind : *Trous noirs (La guerre des savants).*
573 Mona Ozouf : *La cause des livres.*
574 Antoine Arjakovsky : *Qu'est-ce que l'orthodoxie ?*
575 Martin Bojowald : *L'univers en rebond (Avant le big-bang).*
576 Axel Honneth : *La lutte pour la reconnaissance.*

577 Marcel Gauchet : *La révolution moderne (L'avènement de la démocratie I).*
578 Ruwen Ogien : *L'État nous rend-il meilleurs ? (Essai sur la liberté politique).*
579 Gilles Cohen-Tannoudji et Michel Spiro : *Le boson et le chapeau mexicain (Un nouveau grand récit de l'univers).*
580 Thomas Laqueur : *La Fabrique du sexe (Essai sur le corps et le genre en Occident).*
581 Hannah Arendt : *De la révolution.*
582 Albert Camus : *À « Combat » (Éditoriaux et articles 1944-1947).*
583 Collectif : *Amour toujours ?* Édité sous la direction de Jean Birnbaum.
584 Jacques André : *L'Imprévu (En séance).*
585 John Dewey : *Reconstruction en philosophie.*
586 Michael Hardt et Antonio Negri : *Commonwealth.*
587 Christian Morel : *Les décisions absurdes II (Comment les éviter).*
588 André Malraux : *L'Homme précaire et la Littérature.*
589 François Noudelmann : *Le toucher des philosophes (Sartre, Nietzsche et Barthes au piano).*
590 Marcel Gauchet : *La crise du libéralisme. 1880-1914 (L'avènement de la démocratie II).*
591 Dorian Astor : *Nietzsche (La détresse du présent).*
592 Erwin Panofsky : *L'œuvre d'art et ses significations (Essais sur les « arts visuels »).*
593 Annie Lebrun : *Soudain un bloc d'abîme, Sade.*
594 Trinh Xuan Thuan : *Désir d'infini (Des chiffres, des univers et des hommes).*
595 Collectif : *Repousser les frontières ?* Édité sous la direction de Jean Birnbaum.
596 Vincent Descombes : *Le parler de soi.*
597 Thomas Pavel : *La pensée du roman.*
598 Claude Calame : *Qu'est-ce-que c'est que la mythologie grecque ?*
599 Jared Diamond : *Le monde jusqu'à hier.*
600 Lucrèce : *La nature des choses.*
601 Gilles Lipovetsky, Elyette Roux : *Le luxe éternel.*
602 François Jullien : *Philosophie du vivre.*

603 Martin Buber : *Gog et Magog.*
604 Michel Ciment : *Les conquérants d'un nouveau monde.*
605 Jean Clair : *Considérations sur l'État des Beaux-Arts.*
606 Robert Michels : *Sociologie du parti dans la démocratie moderne.*
607 Philippe Descola : *Par-delà nature et culture.*
608 Marcus du Sautoy : *Le mystère des nombres (Odyssée mathématique à travers notre quotidien).*
609 Jacques Commaille : *À quoi nous sert le droit ?*
610 Giovanni Lista : *Qu'est-ce que le futurisme ? suivi de Dictionnaire des futuristes.*
611 Collectif : *Qui tient promesse ?*
612 Dany-Robert Dufour : *L'individu qui vient (... après le libéralisme).*
613 Jean-Pierre Cometti : *La démocratie radicale (Lire John Dewey).*
614 Collectif : *Des psychanalystes en séance (Glossaire clinique de psychanalyse contemporaine).*
615 Pierre Boulez (avec Michel Archimbaud) : *Entretiens.*
616 Stefan Zweig : *Le Monde d'hier.*
617 Luc Foisneau : *Hobbes (La vie inquiète).*
618 Antoine Compagnon : *Les Antimodernes (De Joseph de Maistre à Roland Barthes).*
619 Gilles Lipovetsky, Jean Serroy : *L'esthétisation du monde (Vivre à l'âge du capitalisme artiste).*
620 Collectif : *Les origines du vivant (Une équation à plusieurs inconnues).* Par l'Académie des sciences.
621 Collectif : *Où est le pouvoir ?* Édité sous la direction de Jean Birnbaum.
622 Jean-Pierre Martin : *La honte (Réflexions sur la littérature).*
623 Marcel Gauchet : *L'avènement de la démocratie III (À l'épreuve des totalitarismes (1914-1974).*
624 Moustapha Safouan : *La psychanalyse (Science, thérapie et cause).*
625 Alain Roger : *Court traité du paysage.*
626 Olivier Bomsel : *La nouvelle économie politique (Une idéologie du XXI*[e] *siècle).*
627 Michael Fried : *La place du spectateur (Esthétique et origines de la peinture moderne).*

628 François Jullien : *L'invention de l'idéal et le destin de l'Europe.*
629 Danilo Martuccelli : *La condition sociale moderne (L'avenir d'une inquiétude).*
630 Ioana Vultur : *Comprendre (L'herméneutique et les sciences humaines).*
631 Arthur Schopenhauer : *Lettres, tome I.*
632 Arthur Schopenhauer : *Lettres, tome II.*
633 Collectif : *Hériter, et après ?* Édité sous la direction de Jean Birnbaum.
634 Jan-Werner Müller : *Qu'est-ce que le populisme ? (Définir enfin la menace).*
635 Wolfgang Streeck : *Du temps acheté (La crise sans cesse ajournée du capitalisme démocratique).*
636 Collectif : *La cognition (Du neurone à la société).* Édité sous la direction de Daniel Andler, Thérèse Collins et Catherine Tallon-Baudry.
637 Cynthia Fleury : *Les irremplaçables.*
638 Nathalie Heinich : *L'élite artiste (Excellence et singularité en régime démocratique).*
639 François Jullien : *Entrer dans une pensée ou Des possibles de l'esprit* suivi de *L'Écart et l'entre.*
640 Régis Debray : *Civilisation (Comment nous sommes devenus américains).*
641 Collectif : *Mai 68, Le Débat.*
642 Geneviève Fraisse : *Le Privilège de Simone de Beauvoir.*
643 Collectif : *L'âge de la régression.* Édité sous la direction d'Heinrich Geiselberger.
644 Guy Debord : *La Société du Spectacle.*
645 Guy Debord : *Commentaires sur la société du spectacle (1988)* suivi de *Préface à la quatrième édition italienne de « La Société du Spectacle » (1979).*
646 Asma Lamrabet : *Islam et femmes (Les questions qui fâchent).*
647 Collectif : *De quoi avons-nous peur ?* Édité sous la direction de Jean Birnbaum.
648 Claude Romano : *Être soi-même (Une autre histoire de la philosophie).*

Composition : Nord Compo
Impression Novoprint
le 15 décembre 2021.
Dépôt légal : décembre 2021
1er dépôt légal dans la collection : août 2018

ISBN 978-2-07-277930-5/ Imprimé en Espagne.

430834